# 소쉬르의 2차 일반언어학 강의: 1908~09

알베르 리들링제 & 샤를 파투아의 노트

**소쉬르의 2차 일반언어학 강의: 1908~09**
알베르 리들링제&샤를 파투아의 노트

초판1쇄 펴냄 2021년 10월 22일

**지은이** 페르디낭 드 소쉬르
**엮은이** 고마쓰 에이스케
**영역** 조지 울프
**옮긴이** 김현권
**펴낸이** 유재건
**펴낸곳** 그린비
**주소** 서울시 마포구 와우산로 180, 4층
**대표전화** 02-702-2717 | **팩스** 02-703-0272
**홈페이지** www.greenbee.co.kr
**원고투고 및 문의** editor@greenbee.co.kr

**주간** 임유진 | **편집** 홍민기, 신효섭, 구세주, 송예진 | **디자인** 권희원 | **마케팅** 유하나
**물류유통** 유재영, 한동훈 | **경영관리** 유수진

ISBN 978-89-7682-835-4 94160  978-89-7682-881-1 (세트)

學問思辨行: 배우고 묻고 생각하고 판단하고 행동하고

독자의 학문사변행을 돕는 든든한 가이드 _그린비 출판그룹

**그린비** 철학, 예술, 고전, 인문교양 브랜드
**엑스북스** 책읽기, 글쓰기에 대한 거의 모든 것
**곰세마리** 책으로 통하는 세대공감, 가족이 함께 읽는 책

# 소쉬르의 2차 일반언어학 강의: 1908~09

알베르 리들링제 & 샤를 파투아의 노트

페르디낭 드 소쉬르

김현권 옮김

그린비

# 한국어판 옮긴이 서문

페르디낭 드 소쉬르Ferdinand de Saussure의 『일반언어학 강의』Cours de lingistique générale(1916)는 잘 알다시피 바이Charles Bally와 세슈에Albert Sechehaye가 세 번에 걸친 소쉬르의 일반언어학 강의(1907년, 1908/09년, 1910/11년)를 받아 적은 제자들의 강의노트에 기반하여 편집·종합한 책이다. 이들은 소쉬르의 강의를 직접 청강하지 않았으나 이 책을 출간했으며, 이 책은 20세기 인문학에 가장 큰 영향을 끼친 사상의 원조가 되었다.

그러나 고델이 1957년에 『소쉬르의 일반언어학 강의의 수고 원전』 에서 이 편집본의 원자료 문제를 제기한 이래로,[1] 소쉬르 수고手稿를 바 탕으로 소쉬르 언어학의 원사상을 이해하려는 노력이 계속되어 왔다.[2] 이번에 한국어판으로 펴내는 이 책은 소쉬르의 강의를 받아 적은 학생

---

1  Robert Godel, *Les sources manuscrites du Cours de linguistique générale de F. de Saussure*, Genève: Droz, 1957.

2  이를테면 Rudolf Engler ed., *Cours de Linguistique Générale. édition critique par Rudolph Engler*, 3 vols., Wiesbaden: Harrassowitz, 1967~1968; Tullio De Mauro ed., *Cours de Linguistique Générale. édition critique preparee par T. De Mauro*, Paris: Payot, 1972; Estanislao Sofia, *La "Collation Sechehaye" du Cours de linguistique générale de Ferdinand de Saussure*, Leuven: Peeters, 2015.

들의 필기 원본을 편집한 판본으로서, 바이와 세슈에를 통과하기 이전의 소쉬르 목소리를 생생히 담고 있는 자료다. 바이와 세슈에가 『일반언어학 강의』의 편집을 위해 사용했던 학생들의 노트를 고마쓰小松英輔가 편집하여 일본어판으로 출간했고, 첫 번째와 두 번째 강의는 조지 울프가, 마지막 강의는 로이 해리스가 영역해 프랑스어 원문과 영어 번역문이 좌우쪽에 배치된 형태로 출간되었다. 이 한국어판은 이 세 권의 프랑스어-영어 편집판을 저본으로 한다.[3]

바이와 세슈에는 『일반언어학 강의』의 출간을 위해 첫 번째와 두 번째 강의는 리들링제Albert Riedlinger의 노트에 기초했고, 두 번째 강의는 파투아Charles Patois의 노트 또한 함께 참고했다. 고마쓰가 편집한 강의노트 또한 이들의 것이다. 세 번째 강의의 경우 사정이 조금 다르다. 바이와 세슈에는 데갈리에Georges Dégallier와 세슈에의 부인이 된 뷔르데Marguerite Sechehaye-Burdet의 노트를 주로 참조했지만 세 번째 강의를 가장 완벽하게 받아 적은 콩스탕탱Emile Constantin의 노트(11권, 407쪽 분량)는 참조하지 못했다. 『강의』가 출간된 후인 1958년에 콩스탕탱이 그 수고를 고델에게 전해 주었기 때문이다. 고마쓰가 편집한 세 번째 강의의 노트는 바로 이 콩스탕탱의 노트다. 한국어판은 이 세 권의 고마쓰 판

3  저본은 세 번째 강의가 가장 먼저 출간되었고, 이후 첫 번째와 두 번째 강의가 뒤를 따랐다. 〈3차 강의〉 Eisuke Komatsu and Roy Harris eds. and trans., *F. de Saussure Troisiéme cours de linguistique générale(1910-1911), d'après les cahiers d'Emile Constantin*, Oxford & N.Y.: Pergamon, 1993; 〈1차 강의〉 Eisuke Komatsu and George Wolf eds. and trans., *F. de Saussure Premier cours de linguistique générale(1907), d'après les cahiers d'Albert Riedlinger*, Oxford & N.Y.: Pergamon, 1996; 〈2차 강의〉 Eisuke Komatsu and George Wolf eds. and trans., *F. de Saussure Deuxième cours de linguistique générale(1908-1909), d'après les cahiers d'Albert Riedlinger et Charles Patois*, Oxford & N.Y.: Pergamon, 1997. 본 한국어판의 번역 및 편집에 있어 프랑스어 원문을 영어 대역문보다 우선시했다.

을 저본으로 하되, 고마쓰가 생략한 부분 중 필요한 부분들을 다른 여러 판본을 참조하여 삽입해 두었다.[4][5]

저본 자체가 강의를 받아 적은 노트이다 보니 문장이나 설명이 미완결된 것이 꽤 있다. 체계와 형식의 면에서도 통일성이 잘 갖춰지지 않은 부분이 적지 않다. 소쉬르가 '구어'를 강조하면서 언어 사례를 음성표기로 많이 적고 있는데, 당시는 국제음성기호IPA가 제정되기 전이어서 읽기가 다소 힘든 면도 있을 것이다. 이러한 난점들을 최대한 보

4 Robert Godel, "Cours de linguistique générale(1908-1909). Introduction (d'après des notes d'étudiants)", *Cahiers Ferdinand de Saussure* 15, 1957, pp.3~103; Eisuke Komatsu, *Cours de linguistique générale. Premier et troisième cours, d'après les notes de Riedlinger et Constantin*, Tokyo: Université Gakushuin, 1993; Émile Constantin, "Linguistique générale, Cours de M. le Professeur de Saussure, 1910-1911", *Cahiers Ferdinand de Saussure* 58, 2005, pp.83~289. 마지막 문헌은 메히야(Claudia Mejia)와 감바라라(Daniele Gambarara)가 편집한 판본으로서 다른 판본들이 바이와 세슈에의 편집틀을 따라 생략한 인도유럽언어학에 대한 부분까지 모두 담고 있다(『3차 강의』에는 이 부분 또한 발췌하여 번역·삽입하였다. 또한 저본과 메히야·감바라라 판의 원문이 다를 경우 이 사실을 각주로 밝혀 두었다).
5 또한 『일반언어학 강의』 편집의 문헌학적 논의에 대해서는 다음 자료들을 참조하라. 김현권, 「소쉬르의 『일반언어학 강의』와 『제3차 강의노트』의 비교」, 『언어학』 78호, 2017, 165~193쪽; Alessandro Chidichimo, "Une source du premier cours de linguistique générale de Saussure, octobre 1906," *Semiotica* 217, 2017, pp.195~213; *L'apport des manuscrits de Ferdinand de Saussure*, *Langages* 185(special issue), 2012; Estanislao Sofia, "Quelques problèmes philologiques posés par l'oeuvre de Ferdinand de Saussure", *Langages* 185, 2012, pp.35~50; Estanislao Sofia, "Cent ans de philologie saussurienne: Lettres échangées par Albert Sechehaye et Charles Bally en vue de l'édition du Cours de linguistique générale(1916)", *Cahiers Ferdinand de Saussure* 66, 2013, pp.187~197; Estanislao Sofia, "Cent ans de philologie saussurienne II: Complément à la correspondance entre Charles Bally et Albert Sechehaye au cours de l'élaboration du Cours de linguistique générale(1913)", *Cahiers Ferdinand de Saussure* 69, 2016, pp.245~252; Estanislao Sofia, "Cent ans de philologie saussurienne III: Albert Riedlinger(1883-1978) et sa 'collaboration' avec les éditeurs", *Cahiers Ferdinand de Saussure* 70, 2017, pp.175~195; François Vincent, "Le premier cours de linguistique générale professé par Ferdinand de Saussure à Genève: cours I et sténographie Caille: transcriptions et commentaires", *Cahiers Ferdinand de Saussure* 67, 2014, pp.175~190.

완하되, 가독성을 해치지 않는 경우라면 가능한 한 편집자의 원편집을 존중하여 번역하였다. 이 강의노트를 출간하는 가장 큰 목적은 소쉬르 강의의 '진짜 내용'을 가장 가깝게 추적하는 것이기 때문이다. 저본에 달려 있지 않은 소제목 등 옮긴이가 개입한 부분은 책 전체에서 고딕체로 표기해 구분함으로써 원자료의 원본성을 존중했다. 권별로 최대한 체계적·형식적 통일성을 갖추려 했는데, 그 상세 사항에 관해서는 각 권 서두의 서문, 주해, 일러두기 및 옮긴이 주를 참조하길 바란다.

소쉬르는 용어 문제에 매우 신경을 썼으므로 번역에서도 그 정신을 가능하면 지키려고 노력하였다. 경험적 자료로서 구체적 언어 une(des) langue(s)는 '개별언어(들)', '개별어', '언어'로 번역하였고, idiome는 좁은 지역에 국한된 개별어로서 '소지역어'를 가리키는데(표준어에 대한 방언 개념으로 이해하면 안 된다), 맥락에 따라 '특유어', '개별 특유어, 또는 '개별어'로 번역하였고, parler(local)는 '지역 집단어', '집단어'로, patois는 '지역어'로, dialecte는 '방언'으로 번역하였다. la langue는 개별어로서의 언어를 가리키는 총칭적 용법이면 '언어'로 번역하였지만, 발화parole나 인간언어langage와 대립되거나 이론적 추상의 구성체로서 la langue를 가리키는 논의에서는 '언어랑그'로 음역을 병기하였다. 그런데 문맥에 따라 애매한 경우에도 '언어랑그'로 그대로 번역하였다. langage는 '인간언어'로 번역하였으나 문맥상 이를 가리키는 것이 명백하면 그냥 '언어'로도 번역하였다. 문맥상 애매한 경우에는 역시 '언어랑가주'로도 번역하였다. 그러나 명사+de (la) langue, 명사+de langues, 명사+de langage, 명사+linguistique 같은 경우에는 구별하여 번역한 경우도 있으나, 뒤의 명사가 수식하는 경우에는 '언어+해당 명사'로 번역하여 구별이 안 되는 경우도 있다. 다음으로 대어족, 어족, 어군, 어파, 분파 등의 언어 분류학상의 위계의 위치에 대한 지적이 나오는데, 현대의 분류학적 지위와 구별해서 봐야 할 것이다. 아울러 『일반언어학 강의』 이전 한국어 번역본[6]에서 사용했던 '기표/기의'는 '시니피앙/시니피에'로, '본체'는 '실재체'로 번역하였다.

또 『3차 강의』는 2018년에 에피스테메 출판사에서 번역본을 출간한 바 있으나 미비점을 보완·번역하여 첫 번째와 두 번째 강의와 함께 그린비출판사에서 시리즈로 엮어 출판한다는 점을 밝힌다.

에멀링이 지은 『20세기 현대예술이론』에서 소쉬르는 놀랍게도 프로이트, 마르크스, 니체와 함께 비평이론에 대한 철학적·미학적 사유의 선구자로 제시되어 있으며, "그들의 저술 없이는 비평이론의 기틀이 마련되지 않았을 것"이라고 한다.[7] 이 네 명의 선구자에 이어 20세기 현대예술이론가로 제시된 스물두 명 가운데 소쉬르의 영향을 직간접으로 받은 것으로 널리 알려진 사상가로 알튀세르, 바르트, 바타유, 보드리야르, 부르디외, 데리다, 푸코, 이리가레, 크리스테바, 라캉, 메를로퐁티가 꼽힌다. 스물두 명 중 절반이나 되는 열한 명의 사상가와 예술비평이론가들이 직간접적으로 소쉬르의 영향권 아래 있다. 이쯤 되면 소쉬르는 언어학자라기보다는 20세기 사상사의 큰 맥을 형성하는 사상가로 자리매김하기 때문에 그를 직접 대면하여 사상의 원류를 더 포괄적으로 깊이 연구할 만한 가치가 충분할 것으로 생각한다.

미사의 청람서재에서, 김현권

6  페르디낭 드 소쉬르, 『일반언어학 강의』, 김현권 옮김, 지만지, 2012.
7  Jae Emerling, *Theory for Art History*, New York: Routledge, 2005. 한국어판은 제이 에멀링, 『20세기 현대예술이론』, 김희영 옮김, 미진사, 2015. 인용문은 한국어판 12쪽.

# 차례

## 리들링제의 노트

# 파투아의 노트

# 서문

소쉬르의 두 번째 일반언어학 강의는 1908년 11월 5일 화요일(추정)에 시작되었고, 1909년 6월 24일 화요일에 끝났다(이 책 p.70[121쪽][1] 각주 참조). 청강생은 리들링제, 고티에, 부샤르디, 콩스탕탱, 파투아 등 모두 열한 명이었다. 리들링제의 강의노트가 강의의 세부사항을 거의 모두 보여 주지만, 그는 때로 콩스탕탱의 노트를 빌렸다. 그래서 이 두 학생의 노트 중 누구 것이 원본인지 여전히 잘 모른다. 반면 파투아의 노트는 독자적이며, 파투아가 소쉬르의 세계를 수용한 양상을 잘 보여 준다.

두 번째 강의의 구조는 첫 번째와 세 번째 강의와는 아주 다르다. 우선 이 책에 인쇄된 텍스트 — 일반언어학에 대한 서론 — 는 전체 텍스트의 5분의 2밖에 안 되며, 나머지 부분은 이 편집본에서는 생략했는데, 이 생략 부분은 인도유럽제어에 관해 구체적으로 기술하고 있다. 다소 기대에 어긋나지만, 이 부분의 강의는 언어학 이론의 구축이 아니라 인도유럽어의 기술이 목표였음을 보여 준다.

---

1 원서에서 원서 내 다른 페이지를 인용한 경우, 본 한국어판에서의 해당 쪽수를 위와 같은 형태로 병기했다.

그렇지만 이론적 관점에서, 우리는 강의 전반부에서 무언가 새로운 내용을 발견할 수 있다. 첫 번째 강의에서 기호론이 간단히 언급되었지만, 두 번째 강의에서 소쉬르는 처음으로 언어기호와 관련해서 기호학을 논의한다. 언어란 사회적 산물이며, 이는 기호체계로 구성된다고 말한다. 사회생활이 기호의 기반 위에서 영위되므로 기호과학은 연구 대상이다. 이러한 의미에서 언어과학은 기호학에 속한다고 한다. "[언어는] 일반적인 모델이 될 것이다"(리들링제가 여백에 추가⟨p.7$^{39쪽}$⟩). 그러나 파투아의 구절은 소쉬르의 생각을 잘 요약한다. "예절기호도 또한 이 기호학으로도 분류할 수 있다. 이것은 개인의 죽음을 넘어서 지속되는 형식을 통해서 표현되는 비개인적 언어이다"(p.114$^{186쪽}$).

학문적 이상理想이 독자에게 이 위대한 사상가의 미출간 수고를 제시하는 것이라면, 이 이상은 편집한 이 책의 뒷부분에서 실현된다. 파투아의 강의노트를 여기에 최초로 출간하는 것이기 때문이다. 그의 노트에는 이따금 간단하고 단순한 면이 있지만, 간단명료한 표현 속에서 소쉬르의 또 다른 목소리를 들을 수 있다. 독자들이 파투아의 이 텍스트에서 찾아낸 새로운 발견이 새로운 소쉬르 연구의 출발점이 되기를 희망한다.

소쉬르 수고 독회에 참여하여 이 책을 완성하는 데 도움을 준 미야케 노리요시三宅德嘉와 마쓰자와 가즈히로松澤和宏에게 심심한 사의를 표한다.

고마쓰 에이스케

# 엮은이 서문

## 리들링제의 노트

이번에 출간하는 소쉬르의 두 번째 일반언어학 강의를 받아적은 로베르 리들링제 학생의 프랑스어 강의노트는 제네바대학 공공도서관 수고과手稿課, 페르디낭 드 소쉬르, 대학강의 761/IV에서 인출한 것이다. 군데군데 희미해진 검은 잉크로 직접 손으로 쓴 이 텍스트는 엮지 않은 무선철로 만든 14첩 분량이고, 각 첩은 4~20장으로서(한 번 접은 10판＝20장＝40쪽), 희미하게 줄이 쳐진 꽤 양질의 종이 노트이다(220×180mm, 본문은 190×125mm). 각 첩의 분량은 다음과 같다. 1첩 20장(pp.1~40), 2첩 20장(pp.41~80), 3첩 10장(pp.81~100), 4첩 8장(pp.101~116), 5첩 4장(pp.117~119(오른쪽 면). 텍스트는 p.119의 절반 아래쪽에 "음성학이 거기에 일정한 역할을 한다. 1909년 1월 21일 목요일 D. G."라는 글로 끝난다. p.120의 맨 위에 '요약'이 적혀 있으나 그 첩의 나머지 부분은 공백으로 남아 있다), 6첩 18장(pp.120(오른쪽 면)~155(왼쪽 면). p.120의 맨 위에는 '일반언어학 입문으로서 인도유럽어학 개관'이라고 적혀 있다. 페이지의 오른쪽 위에는 연필로 '1909년 여름 학기,

1909년 6월 24일 종강'이 적혀 있다). 7첩 20장(pp.156~195. p.165[157쪽]의 맨 위에는 '일반언어학 입문으로서 인도유럽어학 개관'이 적혀 있다. 이 텍스트는 "인도유럽어족 전체를 포괄하는 저서들 중 상당수는"이라는 말로 강의를 시작한다. p.188[176쪽] 중간에 "인도유럽어족의 주요 민족, 그리고 각 민족의 언어와 보다 특수하게 관련된 문제 고찰", p.195 맨 위에 '민족과 유물 조사'가 적혀 있고, 텍스트는 "서부로부터 시작할 것이다. I 켈트어"로 시작된다). 8첩 20장(pp.196~235. p.219의 맨 위에 <u>켈트어의 주요 특성</u>'), 9첩 20장(pp.236~275. p.275 중간에 '<u>이탈릭어파</u>'), 10첩 20장(pp.276~315. p.303 중간에 '<u>게르만어파</u>'), 11첩 20장(pp.316~355. p.330에 '<u>인도유럽어족 내에서 게르만어파를 구별하기 위한 가장 두드러진 특징 재고</u>'), 12첩 20장(pp.356~395. p.361 중간에 '<u>주요 방언의 방언적 특성</u>'), 13첩 20장(pp.396~435. p.409에 "시간 부족으로 유럽 북부의 동쪽에서 슬라브어와 라트비아어로부터 설명을 시작하는 것이 더 낫다"), 14첩 14장(pp.436~462. p.462 아래에 잉크로 리들링제의 필체로 적은 '1909년 6월 24일 목요일 11/1/4 46호실, 종강'이 나온다). 이 노트첩은 거칠고 딱딱한 피복판이 입혀진 헐거운 바인더 속에 들어 있다. 종이 한 장이 바인더 앞표지 안주머니에 꽂혀 있고, "몇몇 약어 키워드"가 적혀 있다(예컨대 'ide. = indo-européen'. 그리고 리들링제가 가필한 곳(부연 설명, 참고서지 등)은 소쉬르 선생의 강의가 아님을 구별하기 위해 대괄호를 사용하여 표시했다). 강의노트 쪽수는 보라색 연필로 오른쪽 면의 오른쪽 위와 왼쪽 면의 왼쪽 위에 연속으로 적혀 있다. 여백에 잉크로 가필한 곳은 많지만, 연필로 쓴 곳은 아주 적다. 이 중 대부분은 리들링제의 손으로 쓴 것 같지 않다. 첫 번째 강의의 리들링제 노트처럼 파란 연필로 밑줄 친 곳이 더러 있다.

전체 수고 텍스트는 상태가 양호하며, 후에 리들링제 자신이 받아 적은 실제 노트를 다시 베껴 썼는데, (추가로 가필하기 이전에) 급우들의 노트와 비교한 후 그런 것으로 결론지을 수 있다. 엥글러가 언급하듯, 리들링제는 강의가 끝난 후에 강의에 참석한 급우들을 수차례 모아 강의노트를 완성했다고 한다(예컨대 강의노트 여백에 가필한 곳 뒤에 'B.'가 나오는데, 이는 부샤르디를 가리킨다)(소쉬르, 『일반언어학 강의』, 엥글러 비판본, Wiesbaden: Harrassowitz, 1968, p.xii). 한 가지 징표를 들자면, 우리가 살펴본 바대로 리들링제의 노트에는 실제로 줄을 그어 지운 데가 없다. 리들링제는 텍스트를 베껴 쓰며 문장을 쓰다 말고 다른 문단으로 새롭게 넘어가고, 차후에 쓰다 만 줄에서 그 문장을 끝내려고 되돌아가고, 여백에다 가필했다. 또한 고티에가 기록한 날짜는 있지만(아래 참조), 텍스트상으로는 강의들이 분명하게 끊어지지 않는다.

　편집 규약에 대해 말하자면,[1] 구절의 구두점은 의미를 보다 분명하게 하기 위해 때때로 편집했다. 예컨대 리들링제는 때로 의문문의 끝에 세미콜론을 남겨 두고, 여기에 물음표를 넣었다. 독일어 단어 첫 글자를 대개 대문자로 쓰지 않았지만, 이를 그대로 두었다. 대부분의 그리스어에는 악센트 부호가 찍혀 있지 않으나, 이것도 별도로 넣지 않았다. 거의 모든 사례에서 악센트는 이 사례의 설명과는 무관하기 때문이다. 라틴어 사례의 장단음 표시도 마찬가지다. 인용되거나 언급된 언어 표현 중 텍스트에서 인용부호를 표시하지 않은 것은 이탤릭체로 표기했다. 외국어는 인용부호 안에 있건 그렇지 않건 상관없이 이탤릭체로 썼다. 성과 수의 불일치, 잘못된 대문자, 다른 실수들은 바로잡았다.

---

1　이어지는 내용을 참고하되, 본 한국어판의 편집 규약은 '일러두기'를 참조하라.

언급했듯이 리들링제는 텍스트에 대괄호를 쳐서 가필을 했는데, 이것을 확인해서 그대로 각주에 넣었다. 리들링제의 필체가 아니라 무시할 만한 연필 글씨를 제외하고는, 여백이나 행간에 가필한 것은 화살괄호 속에 넣었다. 단어와 구에 잉크로 밑줄이 쳐져 있는 경우는 밑줄을 그었다. 파란 펜으로 그은 밑줄은 무시하였다. 대괄호는 편집자가 개입한 부분이다. 강의 날짜는 고티에가 쓴 것이며, 고델의 예를 따라(예컨대 p.69[121쪽]까지) 각주에 넣었는데, 강의의 첫 부분에는 시간 기재가 중간에 단절되어 있다(몇몇 군데는 빠져 있다). 마지막으로 소쉬르의 『일반언어학 강의』(1907)를 적은 리들링제 노트의 참조에 부가하여 첫 번째 강의에 대한 우리 편집본(Eisuke Komatsu and George Wolf eds. and trans., *Premier cours de linguistique générale(1907) d'après les cahiers d'Albert Riedlinger*, Oxford: Pergamon, 1996)의 참조 쪽수를 대괄호 속에 추가했다.

페르가몬 출판사의 첫 번째 일반언어학 강의와 세 번째 일반언어학 강의 판본의 관례를 따라 인도유럽제어 개관은 생략했다. 두 번째 강의에서 이 개관은 다른 두 강의와는 달리 일반언어학적 문제와 관련되는 주제 전체를 다룬 뒤에 나온다. 두 번째 강의 주제의 분량 비율은 위에 제시한 노트첩을 보면 알 수 있다.

첫 번째 강의에서와 마찬가지로 리들링제의 노트는 노트가 남아 있는 다섯 학생의 노트 중 가장 충실하고 분량도 많다(부샤르디 4권 301쪽, 콩스탕탱 6권 306쪽, 고티에 6권 240쪽, 파투아 3권 214쪽, 리들링제 14첩 462쪽. 고델, 『일반언어학 강의 수고 원자료』, p.15와 엥글러, 앞의 책, p.xi 참조). 이 강의노트에서 발췌한 구절은 사실 다른 학생들의 노트처럼 파편화되고 뒤섞여 있어서 바이와 세슈에의 『일반언어학 강의』

편집본의 저본으로 사용되기 전에 재배열되었다. 그리고 이들은 파편화된 상태로 엥글러가 재배열해서 출간했다. 이로 인해 (1) 강의가 진행된 그대로 따라가기가 매우 어렵고, (2) 다른 강의들과의 차이를 파악하기 어렵다. 더욱이 엥글러만이 이『강의』에 나온 내용에 상응하는 구절들을 노트에서 발췌하여 출간했다. 두 번째 강의를 적은 리들링제의 노트와 관련해서 엥글러가 생략한 구절은 이 편집본에서 최초로 출간했고, 그 구절들은 다음과 같다(쪽수 : 행). 71:1~72:27, 94:24~95:12, 95:17~98:32, 99:4~100:3, 101:12~104:6, 104:24~104:34, 104:36~106:15, 107:5~109:30. 이는 이 편집본의 거의 14쪽에 해당하는 분량이다. 반면 리들링제의 강의노트 pp.287~408에 해당하는 약 13쪽(이 편집본의 약 7쪽 반 분량)은 인도유럽어 활용형의 역사, 음성변화에 대한 인종과 기후의 영향, 기층의 타당성, 게르만어 동사의 특이성을 다룬 것인데, 이는 엥글러 비판본에는 포함되었지만 이 편집본에는 포함하지 않았다. 모두 인도유럽어 개관에 속하는 부분이기 때문이다.

## 파투아의 노트

소쉬르의 두 번째 일반언어학 강의를 적은 샤를 파투아의 강의노트는『일반언어학 강의』의 두 편집자와 고델, 엥글러에게는 알려지지 않았고, 이 책에서 최초로 출간하는 자료로서, 출처는 제네바대학 공공도서관 수고과 Ms.fr 3971이다. 앞표지에 "M. de Saussure, Cours de linguistique générale, Ch. Patois, Route de Lyon 82"라고 적혀 있다. 이 텍스트는 연어살 색의 빳빳한 종이 표지로 된 노트 세 권에 담겨 있다. I권은 43장(25장(p.50) 뒤의 1장은 찢겨나갔다), II권은 40장, III권은 26장이다. 크기는 220×135mm(본문은 184×110mm)이다. 텍스트는 군데군데 색이 바랜 검은 잉크로 적혀 있고, 노트는 비교적 양질의 종이로 줄이 쳐져 있다. 파투아가 매긴 쪽수는 연속 번호로서 I권 pp.1~86, II권 pp.89(2장)~170, III권 pp.173(2장)~214(끝 페이지, 남은 장은 빈 노트)이다. '일반언어학 입문으로서 인도유럽언어학 개관'은 p.75²³¹ᵖ(I권. 이 텍스트는 "'인도유럽'이라는 이 용어만으로도 특히 역사의 개념, 통시언어학의 개념이 떠오른다"로 시작한다)에서 시작하여 p.92(II권)의 중간까지 이어진다. 여기에 뒤이어 '인도유럽언어학에 대한 일반적 개요'(리들링제의 '~ 개관[2]'에 상응)가 나오고, p.101 맨 위에 '인도유럽어족의 주요 민족과 각 언어의 아주 특수한 문제 조사'가 나오고, 이는 '인도유럽어의 음성체계'로 글을 시작한다. 두 번째 강의 전체는 슬라브어로 끝나며, 뒤이어 '그 외의 인도유럽족의 개정'(그리스인, 알바니아인, 다코트라키아인, 프리기아인, 아르메니아인, 이란민족군, 인도아리아인(산스크리트어))이 나온다(p.211. III권). 위에서 살펴본 바대로("시간이 없어서") 소쉬르는 시간이 모자라 강의를 끝내려는 듯이 보인다.

p.214 끝부분에 파투아의 필체가 아닌 것으로 "1910년 7월 적음. 1911년 6월 연구 조사"라고 연필로 쓰여 있다.

파투아의 텍스트는 두 부분으로 확연히 나뉜다. p.53('통시주의/공시주의'가 적힌 박스로 끝난다. 이 책에서는 p.139²¹⁵ᵖ)까지 텍스트는 몇 군데 선으로 지운 곳이 있으나 깔끔하게 베껴 쓴 글이다. p.53부터는 텍스트의 왼쪽에 줄을 쳐 글을 가필하고, 왼쪽 여백을 좀 넓게 두고 여기에 장과 주제의 제목, 때로는 주제 번호를 매겼다. 이전까지보다는 훨씬 빈번히 줄을 그어 지우고, 밑줄을 긋고, 필체는 다소 신중하지 못한 듯이 보인다. 텍스트 내내 파투아는 속기(뒤플루예 속기법의 유사 변형 방식)를 빈번히 사용한다.

우리는 리들링제의 텍스트와 같은 편집 규약을 따랐고, 마찬가지로 『소쉬르의 3차 일반언어학 강의: 1910~11』(Eisuke Komatsu and Roy Harris eds. and trans., *Troisième cours de linguistique générale(1910-1911) d'après les cahiers d'Emile Constantin*, Oxford: Pergamon, 1993)의 편집 규약을 따라 여백 노트, 주제 제목, 그리고 노트 I권 p.53 이후의 요점 정리는 생략했다. 노트의 한두 단어는 읽을 수 없었는데, 공백을 두고 대괄호로 표시하고 점을 찍었다. 마지막으로 왼쪽의 좁은 여백은 그대로 살려 두고, 리들링제의 텍스트와 상호 참조를 위해 대괄호 속에 쪽수를 넣었다.[2]

이 판본의 프랑스어 전체 텍스트를 읽고 많은 오류를 바로잡아 주신 가브리엘 베르구니우 Gabriel Bergounioux 교수께 감사를 드린다. 첫 번째 강의의 프랑스어 텍스트에서 많은 오자를 바로잡아 주신 데에 대해서도 이 자리를 빌려 거듭 감사드린다. 그 오자 목록을 여기에 제시해 둔다. 1:28 ethnologiste, 2:19 phonétique, 4:23 dérive, 5:12 1540, 7:8 tributaire, 11:12 matériellement, 15:2 leurs, 23.10 et al. au crayon, 36:36 phénomènes, 40:43 générale, 43:17 légitimement, 43:21 époque, 47:6 ἑπτά, 58:7 gast-gasti, 62:27 répressionnaire, 64:16 dois, 66:20 début, 66:35 même, 70:24 donné, 72:17 entendus, 78:14 degrés, 79:16 nasale, 87:11 à une, 97:21 rapiéçage, 103:11 résultat.[3]

수고 자료를 편리하게 이용하는 데 도움을 주신 제네바대학 공공

---

2 「파투아의 노트」 왼쪽 여백에 상호 참조용으로 기록된 숫자는 「리들링제의 노트」의 (수고 페이지가 아닌) 원서 페이지인데, 본 한국어판에서는 이를 활용할 수 있도록 「리들링제의 노트」 여백에도 원서 페이지를 함께 기록해 두었다.

도서관의 수고과 직원들께도 또한 감사를 드리며, 출간을 도와주신 메기 울프 양께도 사의를 표한다.

고마쓰 에이스케

조지 울프

---

3 『1차 강의』의 원서 기준 '쪽수 : 줄수' 꼴로 기록해 둔 것인데, 한국어판에서는 별도의 표시 없이 교정되어 있다.

# 영어판 옮긴이의 말

소쉬르는 1907년에 행한 첫 번째 일반언어학 강의의 초반에서 언어 연구를 다른 외적인 관심사로부터 독립시키려고 시도한 후 언어로 향하는 '두 개의 문'을 구별했다. (1) "각자가 현재 상태에 처해 있는 언어의 측면으로서, 각자는 이를 직접적인 감각<sup>의식</sup>을 가지고 통제한다", (2) "언어본능이 아무 소용이 없고, 많은 사람이 그 존재를 의심조차 하지 않는 측면, …… 언어감각을 빠져나가며 …… 학습해야 한다." 그는 "우리는 언어사 연쇄의 한 고리를 구성한다. 우리는 이 연결고리 하나를 보는 것이지 연쇄 전체를 보는 것은 아니다"라고 말했다(『1차 강의』, p.27<sup>75쪽</sup>).

하지만 소쉬르가 역사적 시각으로 언어 연구를 시작하기로 한 것은 화자들이 자기 언어의 역사를 전혀 모르기 **때문이었다**. 그것은 이 역사적 시각이 정태적 시각보다 더욱 중요해서가 아니었다. 언어에 대한 개념을 완성하기 위해서는 이를 논의하는 것이 필요하다고 느낀 것은 언어가 우리 언어의식을 빠져 달아나기 때문이었다. 따라서 첫 번째 강의는 주로 음성변화와 유추라는 역사적 주제를 다루었다. 인도유럽 제어에 대한 개관을 마치기 직전까지 소쉬르는 통시언어학 연구를 끝내고서 "이제 가장 자연스러운 관점은 언어를 정태적 관점에서, 즉 일정 상태의 언어를 고찰하는 것이다"라는 점을 인식했다. 하지만 시간이 별로 없었다. "학기 말(7~8강!)이 되어 이제 정태언어학은 더 이상 다룰 수 없다. 차후에 이는 한 학기 전체 강의의 주제가 될 것이다"(앞의 책, p.102[211쪽]).

이 약속은 두 번째 강의에서 어느 정도 지켜진 것으로 볼 수 있다(전체 강의를 이 주제에만 할애할 수는 없었다). 1908/09학년도에 행한 이 두 번째 강의에서 소쉬르는 초반에 언어의 내적 연구 문제를 가지고 씨름했고, 이를 계속 다룬(이 책 p.63[113쪽]까지) 후에 강의 전반부 끝에 가서 통시론을 짧게 다루었다. 그러고 나서 그는 다시 인도유럽제어를 개관했는데, 이는 당해 연도 강의의 8분의 5에 해당하는 시간이었다.

이러한 지적은 소쉬르의 용어 la langue의 번역 문제와도 밀접한 연관이 있다. 이 주제는 세 번째 강의를 다룬 고마쓰와 해리스의 책 「영어판 옮긴이 서문」(그리고 『1차 강의』의 「엮은이 주해」)에 논의했지만, 두 번째 강의의 일반언어학의 입문으로서 인도유럽어학 개관 초반에 소쉬르가 지적한 논의에서도 놀랍게도 잘 예시되고 있다. 여기서 그는 왜 인도유럽어족에 논의를 국한하는지, 단지 한 어족에만 특정한 특질에 지나치게 좁게 한정하여 집중함으로써 일반적인 문제를 오도하는 위험을 범하지 않는지의 문제를 제기한다. "인도유럽어의 아주 특이한 특성에 관점을 국한하면, 언어에 대해 일반적인 견해를 갖지 못하게 방해받을 위험은 없는가?"(p.70[121쪽]). 이는 소쉬르가 la langue를 단지 산스크리트어나 프랑스어처럼 '개별어'a language로 생각하는 것이 아니라 친족관계가 없는 어족도 포함하여 특정한 언어를 초월하는 것으로 생각하는 것으로 볼 수 있는 직접적인 진술이다. 왜냐하면 여기서 소쉬르는 분명

'언어'<sub>the language</sub>를 통해 일종의 이상적인 인도유럽어를 의미하려는 것이 아니기 때문이다.

아래에서 우리가 취한 입장은 수정주의적 입장이다. 즉 이 프랑스어 la langue의 용법이 영어에서 그 등가어가 없다는 점은 인정하지만, 우리는 'the language'를 쓸 수밖에 다른 선택의 여지가 없다는 것이다(이따금 『3차 강의』를 따라 'a language'로도 번역했다). 더욱이 소쉬르가 이 프랑스어 용법의 한계를 시험하고 있는 듯하기에 이러한 번역상의 일치가 독자에게 면역력을 길러 주고, 영어 화자들에게 영어 용어 'the language'[즉 언어체계<sub>system</sub>]처럼 그 용어를 도입하는 이 시점에서 언어 연구에도 무척 새로운 개념이 될 것이다.

조지 울프

**일러두기**

1 '†' 표시가 없는 각주는 모두 옮긴이가 추가한 것이다. 원주 아래에 별표(*)로 이어지는
  내용이 있는 경우, 이 또한 옮긴이가 추가한 것이다.

2 원서에서 강조를 위해 사용된 이탤릭체는 굵은 글자로 바꾸었다.

3 원서의 인용 부호(《 》)는 작은따옴표로 바꾸었다.

4 원어의 괄호, 대괄호, 화살괄호는 최대한 살려 번역하는 것을 원칙으로 하되, 어법상의
  차이와 강의 필기라는 특성 때문에 옮기기 어려운 부분이 있는 경우 유연성을 발휘했
  다. 원서에서 열고 닫는 괄호의 짝이 맞지 않는 경우, 가능한 선에서 옮긴이가 수정했으
  며, 이러한 경우를 제외하고는 옮긴이가 임의로 괄호를 추가하지 않았다.

5 고딕체로 쓰인 절(소)제목, 번호, 외국어 단어 독음 및 뜻풀이, 참조 쪽수 등은 모두 옮
  긴이가 추가한 것이다.

6 단행본·정기간행물에는 겹낫표(『 』)를, 논문·단편 등에는 낫표(「 」)를 사용했다.

7 외국 인명이나 지명, 작품명은 2002년 국립국어원에서 펴낸 외래어표기법을 따르는 것
  을 원칙으로 하되, 관례가 굳어서 쓰이는 것들은 관례를 따랐다.

리들링제의 노트

# Linguistique
## générale

semestre d'hiver 1908/1909
prof. M. Ferd de Saussure)

La ling. n'est pas tout simple dans
son principe, dans sa méthode, dans l'ensemble de
ses recherches, parce que le langue
ne l'est pas. Au 1. abord c'est le contraire
qui paraît, la langue nous paraît [le langage?]
tt près de notre main ; peut-être est-elle
trop près (voile - Bar.-Müller = plutôt (de Saussure)
verre de la lunette par lequel et au travers
duquel nous saisissons les autres objets
Il y a là une illusion. Le langue offre
les contrastes, les paradoxes les plus
troublants à ceux qui veulent le saisir
par un côté ou un autre. Y-a-t-il
rien de plus arbitraire que les mots
de la langue ; puis pourrait aussi bien
marcher en avant. Le choix est arbitraire
et cep.dt. le plus petite modification
de la pron. de "puis" en peut changer     prononciation
le sens jusqu'à le rendre intelligible.     (mettons exemple trois
Donc semble être ce qu'il y a de + fixe     qui se confond avec trois
    ce choix arbitraire                     si on n'abrège de la pron.)
Et cep.dt. malgré cette fixité nous      jusqu'à ce le dise quinine
ne comprenons pas la langue d'il y a

1979/23

# 일반언어학

1908/1909 겨울 학기
페르디낭 드 소쉬르 교수

## 서론

## I. 언어학과 그 대상

언어학의 연구를 전체적으로 볼 때, 원리가 〈방법이〉 간단하지 않다. 그것은 언어<sup>랑그</sup>가 간단하지 않기 때문이다. 우선 겉모습과는 반대로 언어[1]는 우리 곁에 아주 가까이 있다. 아마도 지나치게 근접해 있는 것 같다( = 막스 뮐러[2]에게는 베일 = 〈(소쉬르에게는)〉 다른 사물을 바라보는 안경 렌즈였다). 이것은 환상이다. 언어[3]의 이런저런 어느 한 측면을 포착하려는 사람들에게 언어는 아주 혼란스러운 대조나 역설을 보여 준다. 언어의 단어보다 더 자의적인 것이 있는가? 'fuir'<sup>도망치다</sup>는 '전진하다'를 〈의

---

1† la langue 위의 대괄호 속에 : 혹시 le langage가 아닐까?
2  Max Müller(1823~1900). 독일 출신의 문헌학자이자 동양학자. 대부분의 생애를 영국에서 보냈으며, 인도학에 특히 기여한 바가 크다. 비교종교학을 연구하여 현대 종교학의 아버지로도 불린다.
3  여기서 '언어'로 번역된 것은 대부분 la langue, 즉 기호학적 대상으로서 랑그를 의미한다. 혼동이 야기될 수 있는 문맥에서는 la langue를 언어로 번역하였지만, 실은 une langue나 des les langues인 곳도 있다.

미할〉〈수도〉 있다. 그 의미의 선택은 자의적이지만, fuir를 발음만 조금 바꾸어도 의미가 바뀌고, 심지어 의미를 이해하지 못할 수도 있다. 〈더 좋은 사례 : trois숫자3의 발음을 길게 발음하면, Troie트로이와 혼동된다.〉 그래서 〈이 자의적 선택은〉 더욱 고정된 듯이 보인다. 하지만 이 고착성에도 불구하고 사람들은 불과 수 세기 전의 언어들을 이해하지 못한다. 또 다른 역설이 있다.

말을 하기 위해 언어의 기관器官을 반드시 사용할 필요가 있는가? 그러면 농아들은……

언어랑그에는 많은 측면이 있고, 이들은 흔히 상충되기도 한다. 그래서 언어를 그 어디에 분류할 수도 없고, 이와 비교할 수 있는 것도 없다. 언어에 특이한 면이 있다는 것을 증명하려면, 지난 50년간의 언어학을 고찰해 보면 충분하다(이 언어학은 보프[4]의 비교문법으로부터 비롯되었다). 1840년과 1860년경의 언어학자들이 언어학의 대상의 성질에 대해 지녔던 환상적이고 신화적인 관념이 놀라울 따름이다. 따라서 이 연구 대상은 그렇게 단순하지 않다는 것이 틀림없다.

[2]     1875년경 옛 언어학자들의 관점을 새로이 개선한 세대[5]는 빛나는 영역을 찾아냈다. 이들이 찾아낸 가장 〈기본적인〉 문제는 그렇게 분명한 것이 아니어서 모든 학자들이 동의하지는 않았다.

이 난점에 대한 이유는 다음과 같다.

---

4  Franz Bopp(1791~1867). 독일의 비교언어학자이자 인도유럽언어학자. 파리에서 4년간 머물며 거의 대부분의 시간을 도서관에서 산스크리트어 문헌들을 연구했다. 미셸 브레알의 스승이기도 하다. 주저로『산스크리트어, 젠드어, 그리스어, 라틴어, 리투아니아어, 고슬라브어, 고트어, 독일어의 비교문법』(Vergleichende Grammatik des Sanskrit, Zend, Griechischen, Lateinischen, Litthauischen, Altslawischen, Gotischen und Deutschen, 1833~1852)이 있다.
5  소장문법학파가 추구한 연구의 신경향을 가리킨다.

어느 측면에서 포착하든 언어ʳⁿᵍ에는 언제나 양면성이 있으며, 이들은 영원히 서로 〈상응하면서 어느 한 측면은 오직 다른 측면에 의해서만 가치를 갖는다. 예컨대〉 우리가 발화하는 음절은 음성에 근거하는가 아니면 귀가 지각하는 그 무엇에 있는가? 〈맞다. 하지만〉 음성은 음성기관에 존재하는 것이 아니다. 그래서 언어를 음성으로 환원시켜도 그것을 구강조음과 분리시킬 수는 없다. 이와 반대로 언어에서 청각인상을 제거하면, 음성기관의 운동조차 규정할 수 없다. 이 양면의 상응은 빠져나올 수 없는 덫이다. 때로는 이 이원성을 알아채지 못하기도 하고, 또 어느 한 측면에만 관심을 갖기도 한다. (그래서 〈음소〉 k의 두 측면은 이 대응 때문에 단 한 측면이 된다.) 〈하지만 음성이 단순하다고 가정해보자.〉 그러면 언어ʳⁿᵍ를 만드는 것은 이 언어음성인가? 음성은 사고의 수단〈──이 수단이란 단어도 여전히 덫이다. 음성을 이처럼 부르면, 음성에 독자성을 부여할 위험이 있다 ──〉이며, 음성 자체로는 사고와 독립적으로 존재할 수 없다.

음성이 의미와 결부된다는 정확하고 일정한 조건하에서 단어가 된다. 이러한 음성과 의미의 대응은 언어학의 각 층위에서 증명되기 때문에 음성과 의미를 동시에 취하지 않고서는 과연 형태가 무엇인지를 말할 수 없다.

$$\frac{X}{O} \left\{ \quad \frac{\square}{A} \right.$$

| 청각-음성적 | 정신-생리적 |
|---|---|
| 복합 단위 | 복합 단위 |

하지만 이것은 우리 내부에서 고찰한 언어<sup>랑그</sup>이다. 우리가 개인을 관찰하면, 이 복합 단위는 적어도 두 개인에게서 그 영역을 찾아야 한다. 그리하여 세 번째 복합 단위가 생겨난다.

[3]
$$\{ \; - \; X$$

〈A씨의〉 입에서 〈B씨의〉 귀에 이르는 경로와 그 반대 경로는 언어의 전체 생태가 될 것이며, 〈이는 매번 청자의 마음<sup>정신</sup>을 통하는 경로를 연루시킨다.〉 이러한 이중적인 복합 단위를 사용하려면, 두 개인이 필요하다. 〈언어는〉 개인 단 한 사람에게는 별로 소용이 없다. 〈언어는 다른 동료와 의사소통을 하기 위해 만들어진 것이기 때문이다.〉 결국 언어는 사회적인 삶을 통해 승인을 받는다.

따라서 언어에는 서로 상응하는 양면이 늘 존재한다.

$$\frac{\text{사회적}}{\text{개인적}}$$

언어가 삶을 영위하는 영역을 고찰해 보면, 거기에는 개인언어와 사회언어가 늘 존재한다. 〈형태와 문법은 단지 사회적으로만 존재한다. 하지만 언어변화는 개인에게서 시작된다.〉 이들 양면 중 어느 한 측면은 오직 추상을 통해서만 제거할 수 있지만, 여기에는 항상 위험이 뒤따른다. 〈어느 한 측면에 귀속되는 것이 동시에 다른 측면에도 귀속되기 때문이다. 이와 같은 이원성 속에 늘 있으면서도〉 언어의 가장 진정하고 가장 본질적인 자리가 어디인지를 묻는다면, <u>인간언어</u><sup>랑가주</sup>( = 개인에게서 고찰된 언어<sup>랑그</sup>로서 이는 단지 잠재적 능력, 말하는 능력, 말하기 위해 구비된 조직이다. 그러나 개인은 혼자서는 결코 이 언어에 이를 수 없다)와 무엇보다도 사회적 언어를 구별해야 한다. 언어현상이 존재하려면, 그 출발점이 어디든 그것은 모든 사람이 관여하는 현상이다. 대중집단의 승인으로 단위가 존재하며, 이 단위는 앞에서 단계별로 지적한 이원성 가운데 결국 처하게 된다. 그러면 이 단위는 무엇에 상응하는가? 언어는 제도<sub>institution</sub>라고 말한 미국 언어학자 휘트니[6]의 견해(바프로[7], 『현대인의 보편사전』*Dictionnaire universel des contemporains* 참조)는 타당하다. 하지

[4] 만 그는 지나치게 앞서 나가서 〈말하기를,〉 우리는 표현수단으로 우연히 음성기관을 채택하게 되었으며, 〈말을 한다는 것은 곧 〈예컨대〉 손가락을 사용하는 것과 마찬가지로 [언어가] 아주 편리한 제도라는 것을 인정하는 셈이라고 했다. 그러나〉 소쉬르 선생은 언어의 자연적 측면을 강조하려고 하지 않았다. 이 제도는 무엇보다도 규약<sub>convention</sub>이다. 그러나 언어가 다른 모든 규약과 즉각 차별화되는 것은 매일 수백만 번 사용되는 수천 개의 기호에 기반을 둔다는 점이다. 그리하여 언어는 수많은 말들이 작동시키는 엄청나게 복잡한 체계이다.

〈정의:〉 따라서 언어<sup>랑그</sup>는 사회집단이 채택한 필수적인 규약의 집합으로서, 개인의 언어능력을 행사하게 만든다. 이 언어능력은 언어와는 구별되는 사상<sub>事象</sub>이지만, 이 언어 없이는 발휘될 수 없다.

---

6† 여백에 대괄호 속에: 동양학자(인도학 학자)이자 언어학자. 1827년생, 1894년 6월 7일 사망.
  * William D. Whitney(1827~1894). 미국의 언어학자이자 문헌학자, 베다 문헌학 및 산스크리트어 전문가. 독일에서 보프의 문하에서 연구했다. 널리 알려진 주저는 『언어의 삶과 성장: 언어과학 개요』(*The Life and Growth of Language: An Outline of Linguistic Science*, 1875)이다.
  7  Louis Vapereau(1819~1906). 프랑스의 작가이자 사전편찬학자.

〈정의:〉발화<sup>파롤</sup>는 이 언어라는 사회규약을 이용해서 언어능력을 실현하는 개인의 행위를 가리킨다. 발화에는 사회규약이 허용하는 것이 실현된다는 관념이 들어 있다.

여러 다른 학문 내에서 언어학의 지위를 정할 수 있는 채비가 갖춰졌다. 우리가 고찰한 측면과는 다르지만, 이들과는 나란히 평행하는 다른 측면들도 있다. 우리는 언어를 개인과 사회의 차원에서 고찰하였다. 그러나 서로 다른 사회는 언어가 같지 않다. 언어는 지리적으로 달라진다.[8] 두 종류의 다양성이 있다.

1) 상대적 다양성[9] : 통일성 내의 다양성이다. 로망스어의 통일은 프랑스어, 이탈리아어 등으로 더 작게 분열된다. 프랑스어도 결코 하나의 언어가 아니다. 수많은 〈소지역〉 방언으로 구분되는데, 이 지역어<sub>patois</sub> 중 어느 하나를 택하여 그것이 하나의 언어라고 생각하면 착각이다.

2) 근본적 다양성[10] : 〈예컨대〉 인도유럽어와 중국어 사이의 다양성이다. 이들 언어는 사고표현의 기반이 다르다. 인종 문제가 제기된다. 언어와 민족지학의 관계가 출현하는 것을 보게 된다.

이 다양성은 언어가 제공하는 혼란스러운 이원적 측면 중의 한 측면은 아니다. 지리적 〈다양성〉 현상에서 사태는 더 간단하다. 지리적 다양성은 다른 측면의 산물이며, 언어의 다른 측면으로 환원되어야 한다는 것, 그리고 이 지리적 다양성은 언어의 일차적 측면이 아니라는 것을 잘 안다. 프랑스어와 라틴어의 차이를 생각해 보면, 이 다양성이 시

[5]

---

8  여기서 일반화가 가능한 추상적 대상으로서의 언어(la langue)와 이 언어의 구체적 실현체로서의 언어(une langue)의 개념이 다소간 섞여 있다.
9  친근관계가 있는 어족이나 어군 내의 언어들의 다양성이다.
10 친근관계를 정의할 수 없는 다른 어족이나 어군에 속하는 언어들 간의 다양성이다.

간의 산물이라는 것을 알 수 있다. 따라서 언어는 시간과 관련이 있다. 즉 언어<sup>랑그</sup>는 역사를 갖는다. 〈이것이 이 사태를 가장 간단히 표현하는 방식이다.〉 이 사실은 아주 간단한 것처럼 보이지만, 이 역사적 관점을 충분히 고려하지 못한 결과, 초기 언어학은 수많은 오류를 범하기에 이르렀다. 이 역사적 관점은 또 다른 관점은 지나치게 무시했는데, 오늘날 다른 방향에서 이를 극복해야 한다. 즉 언어는 시간과의 관계 이외에도 또 다른 측면이 있다는 점이다. 언어의 역사와 언어 자체를 구별하는 것, 언어의 과거 상태와 현재 상태를 구별하는 것이 아주 단순한 것 같지만, 〈이 두 사상<sub>事象</sub>의 관계는 아주 밀접해서 거의 구별할 수 없다〉. 이는 이원적인 측면이자 풀어헤치기 어려운 복잡하게 얽혀 있는 사안이다. 이 두 측면, 즉 지금 일어나는 것과 시간상에서 일어나는 것〈계기적인 시기들 사이에 일어나는 것〉을 구별해야 한다. 이 두 측면은 별개의 두 분야를 형성한다. 〈규칙을 설정하려면, 언제나 이 두 관점을 혼동하게 된다.〉 따라서 시간상에서<sup>11</sup> 진행되는 통시적 법칙과 정태적 법칙을 구별해야 한다.

〈이 두 가지 법칙을 보여 주는〉 쉬운 사례는 라틴어 악센트가 프랑스어에 미친 영향이다. 〈'프랑스어의 강세 악센트는 라틴어 악센트처럼 언제나 동일한 음절에 온다',<sup>12</sup> 다른 한편 '악센트 뒤에 있는 음절은 탈락한다'.〉 하지만 또 다른 복잡한 법칙도 있다. 이 두 측면은 언어의 내

---

11† 대괄호 속에 : 동태적(dynamiques).

12 라틴어의 악센트 법칙은 어말음절이 길면 어말 제1음절(pénultième)에, 어말음절이 짧으면 어말 제2음절(anté-pénultième)에 악센트가 오는 것이다. 그러나 프랑스어로 내려오면서 어말음절의 탈락으로 프랑스어는 모든 단어가 어말음절에 악센트를 갖는 유형(oxyton)으로 변하게 되었다.

적 분류에 이용된다.

　〈우리가 언어를 분류하고 그 위치를 설정하게 만드는 또 다른 현상은 없을까?〉 시간상에서 〈언어의〉 분류가 가능한 것은 언어가 문자로 기록되기 때문이다. 라틴어 문자법écriture의 중요성을 부인할 수는 없지만, 문자언어와 발화언어의 혼동으로 초기에 수많은 〈초보적인〉 실수를 저지르는 원인이 되었다. 더욱이 실어증[13]에 걸린 환자들은 글을 쓸 수 없고, 그 반대도 마찬가지다. 〈따라서 이 두 가지 능력은 어떤 경우에도 두뇌에서 인접하는 두 부위이다.〉[14] 그러므로 문자와 언어의 관[6]　계는 무시해서는 안 된다. 하지만 발화언어〈만〉이 언어학의 대상이라는 점을 잊어서는 안 된다. 〈문자로 기록되지 않은 비정상적인 언어의 역사는 어떤 것도 주목할 것이 없다. 그 반대로〉 문자로 기록된 적이 없는 언어가 규범을 만든다. 발화언어langue parlée에 문자언어langue écrite가 미치는 영향들은 복잡하다(우리는 어떤 것을 선택하고 〈빈번히 기록되는 단어들만 보존한다.〉 그래서 발음은 오염된다. 예컨대 sept cent[숫자700 15], Lefèvre 대신에 Lefebure[16]). 이러한 영향은 언어의 병리학적 측면으로 생

---

13† 여백의 대괄호 속에 : 부예(Bouillet)의 『사전』(Dictionnaire)에 나오는 네 가지 유형의 실어증을 참조.

14 브로카 영역에 손상을 입은 실어증과 베르니케 영역에 손상을 입은 실어증, 두 유형이 있다. 전자는 언어 표현에, 후자는 언어 이해에 장애를 겪는다.

15 [sɛtsɑ̃]로 발음되는데, 자음 앞에서는 [sɛ]로도 발음되었다. concept에서는 [kɔ̃.sɛpt]로 발음된다.

16 "Lefèvre(라틴어 faber에서 유래)라는 성(姓)은 원래 두 가지의 문자법이 있었는데, 하나는 대중적인 단순한 Lefèvre였고, 다른 하나는 학술어적, 어원적인 Lefèbvre였습니다. 옛 문자 체계에서 v와 u가 혼동되어 Lefèbvre가 Lefebúre로 읽혔지요. 여기에서 b는 실제로 이 단어에 전혀 없었던 것이고, u는 모호해서 생겨난 것이었습니다. 그런데 지금은 이 형태가 실제로 발음되고 있는 것입니다"(『일반언어학 강의』, 1916, p.53[김현권 옮김, 지만지, 2012, 65쪽] 참조).

각될 수도 있으나 무시할 수 없다. 문자언어와 발화언어, 〈이것 역시〉 언어의 이중적 상응의 한 가지이며, 언어 양면성의 한 면모이다. 이 언어의 이원적 상응 내에 기호체계의 이원성이 있다. 이 상응은 바람직하지 않은 결과를 초래했고, 여전히 그 효력을 미치고 있다. 우리는 문자로 기록된 단어에서 벗어날 수 없다. 이 두 사상事象을 분리시키기가 어려운 것을 보여 주는 놀라운 사례는 중국인에게 〈문자는 제2의 언어가 되었다는 사실이다.〉 문자로 기록된 단어는 별개의 단어가 되었고, 이 한자는 심지어 대화에 관여하여 발화언어를 설명하기도 한다. 발화단어가 서로 유사하면 중국인은 기호한자를 쓴다!17

〈문헌어langue littéraire18가 된 것은 오직 문자로 기록된 언어뿐이다.〉 〈언어에 대한〉 문자의 중요성은 무시할 수 없다. 문자는 이처럼 매우 중요해서 언어학이 문헌학이 아닌가 하는 의구심을 자아내었다. 루이 아베19는 〈언어학이〉 문헌학의 방향으로 계속 접근해서 문헌학과 뒤섞여 버릴 것이라고 했다. 아베는 특히 (라틴) 문헌학자이기도 했지만, 언어학 분야에서도 〈높이 존경받는〉 인물이다. 언어집단은 어떤 유형의 언어를 만들어 낸다. 그래서 문자로 기록된 언어가 〈규범이 되고,〉 방언과 나란히 무시할 수 없는 존재가 된다. 언어는 문자로 기록되면서 즉각 인위적이 〈되지만〉 언어 자체와 구별되지 않는다. 문자로 기록된 그리스어는 방언에 따라 네댓 개의 인공언어 사례를 보여 준다. 문자가 문

---

17 구두로 의사소통이 어렵거나 안 될 때 한자를 써서 필담으로 대화하는 경우에도 이에 해당된다.
18 사용 영역에 따라 다양한 의미를 지닐 수 있는데, 여기서는 문헌, 특히 문학작품에 사용된 언어를 가리킨다.
19 Louis Havet(1849~1925). 프랑스의 문헌학자이자 그리스어·라틴어 전문가.

예의 발달과 결탁되면서 〈또다시〉 문자로 기록된 문헌어를 계속 유지하게 되었다.[20]

## 외적으로 정의한 언어의 성질

[7]    언어학에 과학으로서의 지위를 부여하려면, 언어를 모든 측면에서 포착해서는 안 된다. 명백한 사실은 심리학, 생리학, 인류학, 〈문법, 문헌학〉 등의 여러 학문도 언어를 연구 대상으로 요구한다는 점이다. 그러므로 이러한 분석적인 방법은 아무런 결론에 이르지 못한다. 우리는 종합적인 방도를 따라야 한다. 언어의식<sup>감각/직관</sup>에 필수적인 것을 취하면, 언어에 대상으로서 그 진정한 지위를 부여할 수 있다.

이는 그렇게 어려운 일인가? 언어는 무엇보다도 <u>기호체계</u>라는 것, 기호과학에 기대어야 한다는 것은 분명한 사실이 아닌가? 이 기호학은 기호가 무엇으로 구성되며 그 법칙이 무엇인지를 알려준다. 기호과학은 기존의 학문 가운데는 존재하지 않는다. 그것은 <u>기호학</u>sémiologie이 될 것이다(이는 의미론sémantique[21]과는 아무 관계가 없다. 언어 내 〈단어의〉 의미과학은 형태과학과 대립한다!). 또 분명한 사실은 언어는 기호로 구성되는 모든 종류의 체계를 포괄하지 않는다는 점이다. 그러므로 언어학보다 더욱 광범위한 기호과학이 존재해야 한다(기호체계: 해상기호, 맹인과 농아의 기호, 마지막으로 〈가장 중요한 것인〉 문자 자체!). 그렇지만 언어가 이 기호과학의 주요한 분야를 차지하리라는 점을 바로 지적하

---

20† 고티에의 노트에 따르면, 이하의 내용은 1908년 11월 12일 강의이다. 고델, 『일반언어학 강의 수고 원자료』, 1954, p.66 참조.

21  파리고등연구원 시절 소쉬르의 후원자인 미셸 브레알이 『의미론 시론』(*Essai de sémantique*, 1897)에서 처음 사용한 용어로, 의미작용에 관한 당시의 신생 학문이다.

자. 〈그것은 이 기호과학의 일반적인 모델이 될 것이다.〉 하지만 요행히
도 그렇게 될 것이다. 이론적으로 볼 때, 언어는 이 기호체계의 한 가지
특정한 사례에 지나지 않는다. 〈이 기호과학이 어떤 학문이 될지는 말
할 수 없지만,〉 이 〈기호과학〉 군群은 언어학 자체처럼 당연히 존재하
는 것이며, 연구할 가치도 있다. 따라서 기호학은 과학으로서 우선적인
지위를 요구한다.

　　문자에서 언어체계와 유사한 기호체계를 마주하게 된다. 그 주요
특성은 다음과 같다.

1) 기호의 자의적 특성. 〈(기호와 지칭할 대상 사이에는 아무 관계가 없
다.)〉

2) 순전히 부정적이고 차별적인 기호의 가치. 〈기호는 그 가치를 오직
차이에서 가져온다.〉 (예컨대 같은 사람이 쓴 t는

$$\tau \quad T \quad \dagger \quad t$$

[8]　처럼 여러 가지일 수 있지만, t에 요구되는 것은 l이나 n과는 전혀 달라야 한
다는 것이다!)

3) 문자의 가치는 〈일정한 체계 내에서〉 대립된 값으로서만 작용한다.
그 가치는 대립적이며, 대립에 의해서〈만〉 생겨난 가치일 뿐이다. 〈가
치의 수에는 제한이 있다.〉 (위의 2)와 꼭 같은 특성은 아니다. 하지만 결
국은 부정적 가치 내에 해소될 것이다. 러시아인의 p는 그리스인에게는 r이
될 수도 있다[22]등.)

2)와 3)은 1)의 필연적인 결과이다.

4) 기호를 산출하는 수단의 전적인 무관함 ── 이는 또한 1)로부터도 생

겨난다. 내가 t를 검은색으로나 흰색으로 쓰든, 성기게 쓰든, 또는 입체감 있게 쓰든 〈그것은 무관하다〉.

우리는 이 모든 특성을 언어에서 발견할 수 있다.

1): 단어 'Apfel'[은] '사과'로 알려진 과일을 가리킬 수 있다. 기호와 관념의 연합에서 이 기호 자체만을 가지고 이 '사과'란 관념과 연결짓는 것이 아니다. 상징symbole이란 용어를 피하는 이유이다. 상징은 그 자체로서는 기호와 정반대가 된다(예컨대 정의의 상징인 저울의 경우, 기호와 관념 사이에는 모종의 관계가 있다).

2), 3): 모든 것이 차이로 구성되고, 대립으로 구성된다.

〈엄밀히는 3)과 관련되지만, 2)와 3)에도 해당하는 사례는〉 예컨대 εφην 말하고 있었다 = 미완료이고 εστην 세웠다 = 아오리스트인 것은 φημι 말하다가 εφην의 이웃이기 때문이고, εστην의 주위에 στημι 서다가 없기 때문이다. 따라서 이들 기호는 그 내재적 가치로 작용하는 것이 아니다. 체스 게임처럼 그 상대적 위치에 의해 작동한다.

4): 〈(이 특성은 그리 분명하지 않다.)〉 언어를 음성기관을 통해 발화하는 것이 필요한가? 그렇지 않다. 단어는 문자로도 옮길 수 있다. 옮기는 수단은 별로 중요하지 않다. 그래서 언어와 다른 기호체계의 비교는 여기까지 할 수 있고, 이것이 언어의 본질은 아니라고까지 단언할 수 있다.

문자에는 외재적 계열의 특성이 있다.

1) 〈문자는〉 공동체의 합의, 즉 구성원 사이의 계약을 전제로 한다. 〈우리가 계약의 필요성을 제기하는 것과 거의 동시에〉 또 다른 사실이 이

---

22 러시아어 문자 p는 그리스어 문자 ρ에 대응하는데, 두 글자 모두 음가가 r이다. 러시아 키릴 문자는 그리스어 문자를 모형으로 해서 만들어졌기 때문에 유사하다.

규약의 진정한 성질을 환기시킨다. 즉

[9] 2) 〈문자는 규약에, 즉 자의적인 사상에 기반하지만,〉 개인은 이 규약의 어떤 것도 변화시킬 수 없다. 심지어 공동체 전체도 〈그럴 수 없다.〉 일단 문자를 채택하면, 이 문자에 치명적인 변화가 전개되는 것을 볼 수 있다. 개인적이든 사회적이든 그 어떤 의지로도 이 문자를 변경할 수 없다. 기원상 의지적인 이 규약은 한 세대가 지나면 더 이상 의지적이지 않게 된다. 후속 세대들은 그것을 수동적으로 수용해야 한다.

　　이 두 가지 특성은 또한 언어<sup>랑그</sup>에서도 발견된다. 〈1) 사회적 규약. 이 규약이 존재하는 것은 확실하지만〉 원초적 합의에만 머무르지 않는 것〈은 더욱 분명하다〉. 이 합의란 말하자면 단지 이론일 뿐이다. 〈그렇다면 자유롭고도 완벽한 규약이 제정된 것을 바로 알면,〉 두 번째 특성을 대면하게 된다. 즉 〈후속〉 세대는 언제나 〈이 규약의〉 그 어떤 것도 변경할 수 없을 것이란 점이다.[23]

　　이 비교는 훨씬 더 〈세부사항까지〉 전개할 수 있다. 〈또〉 기호체계 〈문자 이외의 체계 — 해상신호 체계까지〉와 언어체계의 유사점을 발견할 수 있다. 이 두 체계가 동일한 질서 내에 있는 것 같은 생각이 든다. 〈그러나 완전히 동일한 것을 찾아서는 안 된다. 신호 담당자가 해상신호 체계를 바꿀 수는 있지만, 이것을 그냥 내버려 둔다고 가정하면, 언어학에서 일어나는 사태와 거의 유사해진다. 농맹아의 언어에서도 같은 현상을 목격할 수 있다. 그리하여 언어를 둘러싸는 원을 그리면, 우리 눈앞에 현존하는 것은 인간의 사회적 행위이며, 이는 학문을 형성하기에 아주 독특하다는 점은 확실하다.〉 이 모든 현상은 학문의 대상,

---

23† 이하 1908년 11월 16일 강의. 고델, 앞의 책, p.67 참조.

즉 심리학과 사회학에 속하는 과학의 대상이다. 과학으로서 이 분야의 정확한 지위를 결정하는 것은 심리학자들이 할 일이다(〈소쉬르 선생의 구상을 고려한〉 나빌의 〈학문〉 분류[24] 참조). 우리가 할 일은 여러 기호체계 내에서 언어를 별개의 체계로 만드는 것이 무엇인지를 결정하는 일이다. 그러나 다시 주목할 점은 언어를 학문분야로 분류할 때, 그것이 아주 낯선 것으로 보이지 않는 것은 이를 기호학과 〈결부지었기〉 때문이라는 점이다.

[10]

〈기호학은 어디에서 끝나는가? 이는 말하기 어렵다.〉 이 학문은 계속 그 영역이 확대될 것이기 때문이다. 기호들, 예컨대 예절행위는 거기에 속한다. 이 예절행위는 무엇인가를 의미하기 때문에 일종의 언어 un langage가 된다. 이 기호는 비인간적이다. 〈(그 미세한 의미를 제외하면. 하지만 언어에 대해서도 이처럼 똑같이 말할 수 있다.)〉 예절행위는 개인이 변경할 수도 없고, 개인 외부에서 지속적으로 사용된다. 이들의 단계 〈와 차이〉를 결정하는 것은 기호학의 과제 중 하나가 될 것이다. 이처럼 언어기호도 전적으로 자의적이다. 반면 어떤 예절행위〈예컨대 중국 예법에서 황제 앞에서 땅에 엎드려 절을 하는 것!〉는 이 자의적 특성을 벗어나서 거의 상징에 가까운 것이 될 것이다.

모든 형식, 〈의례,〉 관습은 기호학적 특성을 지닌다. 관습의 의미가 완전히 소멸되는 사례가 있다면, 언어의 단어도 〈화자에게〉 이해될 수 없는 사례가 발생할 수 있다(다시 말해, 단어의 의미작용이 더 이상 인지되지 않거나 원래 의미와는 완전히 다른 의미작용을 갖는 경우가 있다).

---

24  나빌(Adrien Naville)은 『학문의 새로운 분류』(*Nouvelle classification des sciences*, 1901)라는 책을 썼다.

기호학의 영역 경계가 어디인지 알려면 할 일이 많다. 하지만 왜 지금까지 다른 학문처럼 고유한 대상을 설정하고, 별개의 독립 학문으로 인정받지 못했는가? 의례, 관습 등을 다른 기호와 동일시하면, 이 의례는 다른 시각에서 그 모습이 드러날 것이다. 아마도 분명 이 시각에서는 통일된 모습을 더 잘 볼 수 있고, 이들을 기호학 내에서 기호학을 위해 통합할 필요성을 느낄 것이다.

기호학이 별도의 학문으로 성립되지 못한 것은 무엇 때문이〈었〉는가? 그것은 기호의 주요 체계가 언어이기 때문이며, 기호학의 본질적 측면과 그 생태를 알려면 언어의 기호를 연구해야 하기 때문이다. 언어 연구는 언어학자 이외의 다른 학자들이 했으나, 이 언어란 주제를 본질적 측면에서 접근하지 않았다. 이러한 사유로 〈언어를 연구할 때,〉 심리학자, 철학자, 심지어 〈일반 대중이〉 연구하듯이 이 기호학적 주제를 언어 이외의 다른 관점에서 연구하면, 이 주제가 명확히 드러나지 않는다. 〈실제로〉1) 이들은 언어를 어휘 목록으로 생각하고, 언어의 가치는 공존에 의한 가치들의 상호 결정이라는 점을 도외시했다. 모든 가치의 크기는 상호의존적이다. 프랑스어에서 'jugement'판단의 가치가 무엇인가를 결정하려면, 이는 오직 이것을 둘러싼 주위 단어로만 정의할 수 있다. 그 단어 자체 내에 있는 것을 말하기 위해서나 그것이 아닌 것이 무엇인지를 말하기 위해서도 그렇다. 이를 다른 언어로 번역할 때도 마찬가지이다. 이 점에서 기호, 단어는 체계라는 전체 내에서 고찰해야 할 필요성이 생겨난다. 마찬가지로 유의어 'craindre무서워하다, redouter두려워하다'는 오직 나란히 인접하면서 존재한다. 'craindre'는 'redouter'가 존재하지 않으면, 전자의 의미는 후자의 내용으로 더 풍부해진다. chien개, loup늑대같이 완전히 별개의 의미가 다른 기호를 생각해도 똑같은 현상이 발

[11]

생한다. 2) 둘째로, 기호에 더욱 깊이 천착하면 개인에게서 그 메커니즘을 연구하게 되고, 정신적·물리적 작용을 분석하면 그것을 개인에게서 포착할 수 있다. 그렇지만 이는 단지 기호의 실행일 뿐이며, 그 본질적 특성은 아니다(〈베토벤의 소나타 연주가 소나타 곡 자체가 아닌 것처럼〉). 그러면 왜 개인을 선택하는가? 개인은 접근이 훨씬 쉽고, 우리 의지에 달려 있기 때문이다. 3) 셋째로, ―― 기호를 사회적으로 고찰해야 한다는 점을 인정하면 ―― 우선 의지에 가장 의존적인 것만 포착하려는 유혹이 있다. 그런데 이 측면에 만족하고 본질을 포착했다고 착각할 수도 있다. 이러한 이유로 우리는 언어를 계약, 합의라고 말하는 것이다. 연구해야 할 기호의 가장 흥미로운 점은 그것이 우리 의지를 벗어난다는 측면이다. 이것이 기호의 진정한 면모인데, 그것은 이 의지를 더 이상 무엇으로 환원할 수 없는 까닭이다. 따라서 18세기 철학자들의 언어 처리 방식은 언어를 법제法制로서, 의지에 의존된 것으로 간주했다. 그런데 언어는 법제보다도 더 의지에 의존적이다. 우리는 언어를 만들어 내는 것이 아니라 오히려 언어를 수용해야 한다.[25] 사람들이 기호에 합의하는 시점이란 사실상 존재하지 않는다. 그것은 이상일 뿐이다. 그 시점이 존재하더라도 언어의 정상적 생태와 함께 고찰할 수는 없다. 언어의 기원 문제에는 일반적으로 거기에 부여할 만한 중요성이 없다. 〈이

[12] 문제는 존재하지도 않는다.〉(론강의 발원지 문제 ―― 유치한 질문!) 언어 생성의 시기 자체는 포착할 수도 없고, 알 수도 없다. 원초적 계약은 언어 내에 일상적으로 일어나는 것〈언어의 항구적인 조건〉과 혼동된다.

---

25† 여백의 대괄호 속에 : 더 나은 표현 : 법제가 법을 제정하는 것이 아니라 준수하는 것으로 보이는 영역이 있다면, 언어랑그의 경우가 그렇다.

기호 하나를 언어에 증가시키면, 여러분은 다른 기호들의 의미작용을 그만큼 감소시키는 것이다. 〈이와 반대로 만일 애초에 단지 두 개의 기호만 취했다면, 모든 의미작용은 이 두 기호에 분산되었을 것이다. 그중 한 기호는 대상의 절반을, 다른 것은 나머지 절반을 가리켰을 것이다.〉 합의 시기는 다른 시기와 구별되지 않고, 합의에 몰두하는 사이에 본질적인 측면을 도외시했다. 즉

1) 기호체계도 언어체계처럼 후속 세대에 의해 수동적으로 수용된다(학자들은 이 기호체계를 사려 깊은 행위로, 즉 언어의 적극적인 관여로 생각했다)는 사실.

2) 기호체계의 특성은 어떤 경우에도 이를 산출한 조건과 관계가 없는 여건에서 전달된다는 점(에스페란토처럼 의지의 산물이라는 것을 인정하더라도). 언어는 암탉이 올라탄 오리와도 모습이 흡사하다. 언어는 최초에는 기호학적 생태계에 들어가는데, 그러면 더 이상 빠져나올 수 없다. 언어는 언어의 제정 법칙과는 상관없는 법칙에 의해 전달되기 때문이다.

3) 이 언어 기호체계는 전달되면서 실질적으로 변질한다. 즉 사고에 대한 기호의 관계를 변경한다. 이는 사실 모든 기호체계에 해당된다. 예컨대 고정성구 'quoi qu'il en ait'<sup>어찌하든</sup>(이와 나란히 'malgré j'en aie'<sup>어쩔 수 없이</sup>가 있다. 또 다른 표현 malgré<sup>에도 불구하고</sup> = quoi que<sup>어찌 하든</sup>이 있고, 여기서 'quoi que j'en ait'<sup>어떻다 하더라도</sup>가 생겨났다. 이 고정성구에 사람들이 부여한 관념이 실질적으로 변하면서 〈malgré와 quoique를 동일시한 결과〉 이 같은 표현이 생겨났다)가 있고, 또 다른 사례 de par le roi〈= de la part du roi〉<sup>왕으로부터, 왕의 이름으로</sup>가 있다. 여기서 le roi는 속격으로 사용되었다(part 대신 par). 아주 단순한 예로서, 두 단어가 하나가 되는 경우, 보상작용이 일어나〈고〉 의미가

변화한다.

이 세 가지 현상은 모든 곳에서 나타난다.

4) 사고에 대한 이 기호의 관계는 곧 기호가 무엇이냐 하는 것을 잘 보여 준다. 기호는 〈음성연쇄가 아니라〉 음절연쇄로 구성되지만, 일정한 의미작용이 거기에 결부된다는 의미에서 이중적이다. 기호는 이원적이다.

[13]              의미작용
                         ―――――
                          음절


이것이 〈기호학의〉 가장 어려운 점이며〈이 이중적 측면이 이 기호 문제를 고찰하는 방식 때문에 무시될 뻔했다〉, 이 이중적 상응을 이처럼 비유로 나타낼 수 있다. 즉 종이장의 뒷면을 자르지 않고서는 앞면을 자를 수 없다. 추상을 하지 않고서는 이 양면 중 어느 한 면만 취할 수 없기 때문이다.[26]

따라서 기호의 성질은 오직 언어에만 나타나며, 이 성질은 거의 연구가 안 된 사상事象으로 구성된다. 언어 문제를 일반적이고 철학적인 관점에서 고찰할 때나, 〈언어를 가지고〉 다른 대상을 연구할 때, 〈이러한 이유로 기호학의 필요성이나 그 각별한 유용성을 첫눈에 보지 못한 것이다.〉 언어 내에 있는 것은 〈개인적이거나 사회적인〉 의지를 벗어나는데, 이것이 기호의 본질적 특성이며, 첫눈에는 거의 드러나지 않는다. 〈이러한 시각에서 기호를〉 고찰해 보면, 의례 등을 연구할 때 전혀 의심의 여지가 없는 측면들이 출현하는 것을 알게 된다. 또 이 측면들이 공

26† 이하 1908년 11월 23일 강의. 고델, 앞의 책, p.67 참조.

동 연구의 범주에 속하며, 기호의 특수한 생태 연구, 즉 기호학에 속한 다는 것을 알게 된다. 〈〈따라서〉 언어는 기호학적 종種의 유일한 사상이 아니라는 것, 그것은 좀 더 광범위한 사회제도의 영역에서 다수의 사상에 둘러싸여 있고, 이들 사상은 언어와 함께 같이 연구해야 한다는 것을 확인할 수 있다.〉

언어langue를 다른 기호체계와 구별하는 모든 것이 첫눈에는 더 중요하게 보일지라도, 〈그 성질을 연구하려면〉 비본질적인 것으로 도외시해야 한다(예컨대 음성기관의 작용 : 이 음성기관을 사용하지 않는 기호체계도 있으며, 그 기반이 전혀 다르다). 둘째, 원초적 계약, 출발이 되는 규약은 그리 중요한 것이 아니다. 이것은 기호체계와 관련된 현상의 바탕이 아니기 때문이다. 실제로 기호체계가 공동체의 자산이 되면, 집단적 특성에서 유래하는 것을 제외하고 이 기호체계를 평가하면 무익한 일이다. 〈그 본질을 포착하려면,〉 집단과 관련해서 그것이 무엇인지를 조사하는 것으로 충분하다. 〈기호체계가 더 이상 내적 특성이나 직접적 특성에 의거해서 평가될 수 없다고 말하는 것은〉 이 순간부터 기호와 관념의 관계를 지배하는 개인적 이유를 〈그 어떤 것으로든〉 보장받지 못하기 때문이다. 기호체계의 생태에 어떠한 힘이 작용하는지는 선험적으로는 알 수 없다(기호체계 = 조선소의 드라이독dry dock이 〈아니라〉 바다 위에 떠 있는 선박. 선체의 형태를 봐서는 그 항로를 선험적으로 결정할 수 없기 때문이다). 언어를 사회적인 것, 집단적인 것으로 생각하면, 그것으로 충분하다. 선박이라는 종을 연구할 수 있는 것은 지상에 있는 배가 아니라 오직 해상에 떠 있는 배이다. 그래서 기호체계라고 부르려면 이 공동체적 체계만이 가능하고, 그러한 체계가 기호체계가 되는 것이다. 이처럼 집단 내에 진입하기 전의 과거 특성〈—〈즉〉 순수히

[14]

개인적 요소 ──〉은 중요하지 않다. 기호는 집단을 위해 만들어진 것이지 〈개인을 위해 만들어진 것은 아니다.〉 마치 배가 바다의 항해를 위해 〈만들어졌듯이〉 말이다. 이러한 이유로 그 외적인 모습과는 반대로 그 어떤 순간에도 기호학적 현상은 사회집단의 현상이라는 것을 배제할 수 없다. 〈이 사회성은〉 내재적 요소이지 외재적 요소는 아니다. 〈따라서〉 사회적 산물로서 그 특징이 드러나는 일부 현상만이 기호학적인 현상으로서 인정된다. 〈그리하여 순순히 개인적인 것을 기호학적인 것으로 생각하는 것을 거부한다.〉 우리는 기호학적 현상을 정의한 후에 기호학적 산물을 정의할 것이며, 〈이 산물로써〉 언어 자체를 정의할 것이다. 〈이는 곧 언어는 기호학적 산물이며, 이 기호학적 산물은 사회적 산물이라는 것을 말한다.〉 그러면 더 구체적으로 말해서 언어, 그것은 무엇인가? 일정한 기호체계는 다수의 단위(여러 차원의 다소 복잡한 단위, 〈접미사 등〉)로 구성되며, 이들 단위의 진정한 성질은 이들이 가치라는 점이다〈──이로 인해서 이 단위는 다른 단위와 혼동이 방지된다〉. 이들 단위의 체계는 기호체계로서, 곧 가치체계이다. 가치에 대해 정의할 수 있는 모든 것은 또한 〈일반적으로〉 기호인 이 단위에도 적용된다. 여러 차원의 가치는 〈경제학에서처럼〉 정의하기가 대단히 어렵고, 그 성격이 명료하게 드러나지는 않지만, 적어도 외적으로 정의된 기반은 있다.

[15]   가치는 〈일반적으로〉 아주 복잡하다는 것, 단어는 아마도 가장 복잡한 가치들 중의 하나라고 말함으로써 단어는 아주 간단하다고 생각할 위험을 방지하고자 한다. 〈복잡하다는 것에는 여러 가지 의미가 있지만, 특히 이러한 의미에서 복잡하다. 즉〉 이 가치에 대해 말하는 그 순간, 이 가치들의 관계가 작동한다는 것이다. 〈어떤 가치도 단독으로 존재하지 못하기 때문이다.〉 이는 곧 기호가 집단〈의 승인〉에 의해서만 가치를

갖게 된다는 의미이다. 기호에는 두 가지 가치(가치 그 자체와 집단에서 유래하는 가치!)가 있는 듯이 생각되지만, 이들의 근본은 동일하다.

그리하여 이제 우리는 몇몇 오류를 피했다. 기호체계 내에 존재하는 것을 창조하는 것은 오직 사회적 현상뿐이라는 것을 과거보다 더 명확히 〈바로〉 알게 되었다. 집단을 통하지 않는다면, 가치체계가 일정한 질서를 이루는지, 어디에 존재하는지? 개인 혼자서는 그 어떤 가치체계도 정할 수 없다. 이와 동시에 — 가치의 개념과 관련된 것으로서 — 기호의 비물질성이 나타나는 것을 알 수 있다. 〈그것이 단위든 단어든 상관없이 말이다.〉 단어를 단어로 만드는 기반은 성대의 음성적 실질은 아니기 때문이다. 언어를 다루면, 반드시 음성변화에 직면한다. 〈음성은 언어의 주요 요인이지만,〉 어떤 의미에서 〈음성〉현상은 언어의 본질과는 무관하다. 어째서 그런가? 다른 가치들과 비교해 봐야 한다. 재료가 동전의 가치를 결정한다고 〈생각하면 큰 잘못이다〉. 소재 이외의 다른 많은 사실이 그 값을 〈결정한다〉(예컨대 1에퀴[27]는 20프랑의 4분의 1 값인데, 금속 재료의 값은 20프랑의 8분의 1이다. 〈또 다른 주조화폐와 비교하면, 그것은 전혀 값이 나가지 않는다!〉 스위스 국경의 이쪽에서는 1에퀴가 그만한 값이 나가지만, 국경을 넘어서면 값이 달라진다!).

단어의 음성은 이차적이고 상대적인 것이라는 점이 역설적으로 보여도, 〈단어 및 단위와 결부되는〉 관념에 대해서도 똑같은 말을 할 수 있다. 관념은 그 자체로는 가치의 일면만 나타낸다(순수 심리학이 다룬다). 추가적으로, 단어는 오직 다음의 관계로만 결정되는 것이 아니다.

---

27  처음에는 금으로, 그 후에는 은으로 주조되었다.

$$\frac{\text{관념}}{\text{음성}}$$

[16] 다음의 관계

$$\begin{array}{cc} \mathrm{A} & \mathrm{B} \\ \dfrac{\text{관념 a}}{\text{음성 a}} & \dfrac{\text{관념 b}}{\text{음성 b}} \end{array}$$

를 생각한 후, 다음의 관계

$$\frac{\mathrm{A}}{\mathrm{B}}$$

를 고려해야 한다. 따라서 언어의 기호는 가치이며, 즉각 포착이 가능한 가치의 그 어떤 요소도 이들을 규정하는 데는 불충분하며, 〈이것(가치)들을 전적으로 모두 나타내지 못한다.〉 이들 가치는 한층 더 복잡하다.

여러 다른 기호체계들 가운데서 언어의 지위가 어떤 것이든 이들이 가치체계라는 점을 확정하면, 언어의 지위를 확정할 수 있다. 그 기반을 집단 내에서 찾아야 한다. 이 집단은 가치를 창출하기 때문이다. 따라서 〈1)〉 가치는 집단 외부에는 존재하지 않는다. 〈고립된〉 개인에게서 기호 현상의 가치를 연구하는 것은 잘못이다. 마찬가지로 언어변동에서도 개인은 더 이상 주도권이 없다. 하지만 〈2)〉〈모든 가치가 사회적 요인에 의존하므로〉 기호가 무엇인지에 대한 개념을 환기시키는 것은 언어기호에 포함되지 않는다. 그 모든 것은 질료가 사용된 것일 따름이다. 가치는 이 요소들이 변하지 않고서도 변동한다. 언어는, 언어가 인류학적으로 우리를 자극하는 것, 즉 언어 산출에 필수불가결한 것(각기 분리해서 고려하는 음성과 관념)에 존재하지 않는다는 점이다. 우리는 분명 매우 복잡한 대상<sup>언어</sup>을 상대하지만, 그것은 다른 가치보다 더 복잡하지는 않다.

우리가 위에서 얘기한 바는 언어학에 속하는 것과 속하지 않는 것을 결정하고, 언어학의 여러 주제를 분류하기에 충분할 것이다.

이제 즉각 알 수 있는 것이 한 가지 있다. 언어학에 속하지 않는 연구가 있는데, 발화생리학(음성기관〈음성이 [여기서] 발생된다〉이 작동하는 방식)이다(여러 가지 연구방법이 있는데, 예컨대 루슬로[28]의 방법이다). [17] 이 연구는 언어학의 보조학문으로 불렸지만, 우리 관점에서 보면, 〈그것은〉 언어학의 범위에서 완전히 벗어난다. 오직 대중집단에게 승인받는 가치체계에서 수단은 중요하지 않으며, 청각인상을 산출하는 행위는 〈더더욱〉 중요하지 않다. (〈가치에서는〉 동전의 금속을 만들고 주조하는 수단은 금속 자체보다도 더 중요한 것이 아니다!) 이러한 연구를 제외하면, 언어학의 주제에 대한 개념이 훨씬 명료해질 것이다. 그러나 실제로 이 연구는, 언어학의 역사적 연구에 속하는 음성변화를 잘 이해하려면 아주 중요하다. 하지만 음성의 역사〈( = 음성학)〉도 언어에는 중요하지만, 이 음성변화가 일어나는 방식은 언어와 무관하다. (단어 = 청각〈인상〉과 관념의 연합에서 모든 것이 두뇌 속에서 일어난다. 이 청각인상의 산

---

28  Jean-Pierre Rousselot(1846~1924). 프랑스의 음성학자이자 방언학자. 실험음성학의 창시자로 간주되며, 그의 『실험음성학 원리』(*Principes de Phonétique Expérimentale*, 1897, 1901)는 과학적 음성학의 출발이 되었다.

출을 제외하더라도 언어는 온전하게 두뇌 속에, 예컨대 잠자는 사람의 두뇌 속에도 존재한다. 이러한 두뇌의 경로를 통해 우리는 〈또한〉 언어 내에 있는 것과, 언어현상이 무엇인지를 이해할 수 있다.)[29]

## 내부로부터 고찰한 언어의 성질

지금까지 우리는 언어의 성질과 지위를 규명하려고 노력했는데, 그것은 외부적 시도를 통한 것이고, 언어 자체를 통한 것은 아니었다. 언어를 기호체계와 비교하거나〈예컨대 농맹아의 언어〉더 일반적으로 기호나 가치와 비교했고, 한층 더 일반적으로 사회적 산물과 비교했는데, 아무런 성과가 없는 것은 아니었다. 〈그 덕택에〉우리는 언어가 개인의 기능이라는 점을 부인하고, 언어를 가치와 사회적 산물과 동일한 차원에서 분류하게 되었다. 하지만 언어의 〈핵심으로 들어가지 못하고〉주위만 맴돌았다. 그래서 언어를 내부로부터 그 성질과 지위를 결정하는 데 〈필수적인〉일차적 특성을 탐구하지 못했다. 〈내적인 측면에서 언어라는 '유기체'를 선택하여〉이 연구 대상의 가장 놀라운 특성이 무엇인지를 묻는다면〈이와 같은 문제를 제기하면〉, 지적할 사항은 이것이다. 즉 이 문제를 〈근본적으로〉고찰하는 즉시 앞서 말한 내용과 상충하는 (듯하지만, 그 누구도 지적한 적이 없는) 두 가지 문제가 제기된다. 그것은 단위 문제와 단위의 동일성 문제이다.

[18]

1) 단위의 문제

a) 학문의 대상이 되는 대부분의 영역에서, 이 단위 문제는 제기조차 된 적이 없다. 이 단위는 모두 주어져 있기 때문이다. 동물학이나 식물학

---

29† 이하 1908년 11월 26일 강의. 고델, 앞의 책, p.67 참조.

에서 개체의 단위〈동물이든 식물이든〉는 처음부터 주어진 것이고, 〈애당초부터〉 토대로 확정되어 있다. 소위 구체적 단위로 부르는 것들이다 (다시 말해서 추상적 단위가 아니어서, 그 단위가 존재하는 데 정신작용이 필요 없다). 연구 대상은 이들의 경계를 획정하는 것이 아니라 비교하는 것〈등등〉이며, 세포 단위라도 그것은 주어진 것이다. 천문학자(우주공간으로 분리된 단위), 화학자(예컨대 칼륨의 중크롬산은 절대 단위〈이며 한 순간도 구체적 단위로서의 존재를 의심받지 않는다. 기껏해야 그것이 무엇인지 의문을 품고 그 성분을 연구할 뿐이다〉)도 마찬가지다.

b) 다른 학문 영역에서 구체적 단위가 자명하게 제시되지 않는 경우가 발생하면, 이때 이 단위는 별로 중요하지 않다(그래서 역사의 구체적 단위(개인, 시기, 민족?)는 모른다. 역사는 연구할 수 있으며, 이 단위를 연구 토대로 삼는다고 진술할 필요가 없다. 더욱이 이 단위는 전체 과학에서 필요한 지위를 차지하지도 않는다).

반면에 언어<sup>랑가주</sup>는 1) 기본적으로 대립에 기반하는 체계라는 특성을 갖는다(체스 게임처럼 〈각기 다른 말에 부과된 힘의 조합이 있다〉). 언어는 단위들의 대립에 전적으로 기초하며, 그 외의 다른 토대가 없기 때문에〈(언어에는 오직 상호관계를 지닌 이들 단위의 작용이 있을 뿐이다!)〉 이 단위를 반드시 알아야 한다. 그 단위가 무엇이든 여기에 의지하지 않으면 한 발자국도 앞으로 나아갈 수 없다. 2) 이들이 의미의 조명을 받아 모든 언어현상이 달려 있는 이 단위를 포착만 하면 될까? 〈그 답은 매번 그렇다는 것이다. 이 단위가 단어이기 때문이다.〉 언어<sup>랑그</sup>는 <u>단어</u>로만 구성되는 듯 보인다! 〈이 단위가 동물학적 〈종의〉 개체처럼 주어지는 것인지를 확인하는 것이 과제이다.〉 그러나 단어를 정의하려고 열면 논란이 벌어졌다는 것을 알면 〈즉각〉 회의에 빠진다. 단어

[19]

를 실험해 보자(단어는 우리가 제의하는 단위이기 때문이다. mois[딸]란 단어를 예로 들어 보자(moi[나]와 mois는 다른 것으로 즉시 인정된다. 〈물론 이 문제는 논의를 충분히 할 수 있겠지만, 이 둘을 구별하려면〉〈이 구별에〉이미 음성과 관념의 결합이 내재한다).[30] 단수 mois와 복수 mois는 동일한 단어인가?[31] 그렇다면 cheval[말]과 chevaux[말들]도 같은 단어이다.[32] 그런데 여기서 단위를 발견하려면, cheval이나 chevaux를 선택하면 안 되고, 이 두 단어의 평균치를 선택해야 한다. 그래서 추상을 하고, 단위로는 더 이상 주어지지 않는 것, 정신작용의 결과로 생겨난 사상事象을 택하게 된다.[33] 하지만 〈또 다른 방도를 취할 재원도 있다.〉 다른 기반, 즉 연속 담화를 기반으로 취하면, 이 단어를 의미 전체가 아니라 담화〈연쇄〉를 형성하는 일부로서 선택할 수 있다(사실 이들은 단어를 고찰하는 두 가지 방식이다). 그러나 〈즉시 무언가를 숙고해야 한다.〉 외국어를 들을 때 담화연쇄를 절단할 수 없고, 따라서 음성적 측면에서는 이 단위가 직접 주어지지 않는다. 이 단위를 관념과 연결해야 한다. 그렇다면 단어가 담화를 절단한 단편이라고 간주하면, 절단한 만큼의 단위를 가질 수 있는가? 오직 chevaux만 취하거나 오직 mois만을 다시 취하고, 녹음기가 녹음하듯 중단 없이 'le mois de décembre'[12월]를 음운적으로 표상해 보자(말하자면 담화를 사진으로 찍듯이 그리스 명문銘文〈에 기록된 글

---

30† 여백의 대괄호 속에 : 즉 moi와 mois는 구별된 단위로서 우리에게 직접 주어지지 않는다.
  * 두 단어는 동음이의어로, 둘 다 [mwa]로 발음된다.
31 단수에서 -s로 끝나는 프랑스어 단어는 복수에서 복수형 표지 s를 붙이지 않는다.
32 단수에서 -al로 끝나는 프랑스어 단어는 복수에서 -aux가 되는데, 이는 옛 프랑스어에서 자음(복수 -s) 앞의 l이 모음화되어 u가 되었기 때문이다. [ʃval]-[ʃvo]로 대립한다.
33 음운이 중화위치에서 대립을 상실하게 되면 원음소로서 추상형을 설정하는데, 여기서도 두 형태에 공통된 추상적 단어인 원단어(=원어휘소)를 설정할 수 있다.

자〉처럼). 담화를 절단해 보자. 〈그러나 곧 여기서도 역시 기관器官으로서〉 정신적 측면, 즉 의미가 〈개입되는 것을 알 수 있다.〉 물론 |mwa|가 단위가 되기는 하지만, 'un mois et demi'한달반에서 단위는 |mwa|가 아니라 |mwaz|가 된다.[34] 여기서 우리는 다시 더 이상 단위를 갖지 못하거나 〈mois나 cheval을 단어로 간주하는 것을 포기해야 하거나〉 아니면 구체적 단위를 갖지 못한다. 일차 단위를 가지려면 단위를 결합해야 하고, 〈그러면 단위 구성 원리에 위배된다는 사실을 알게 된다.〉

[20]    스스로 모습을 드러내는 단어 외에 다른 단위도 시험해 봐야 한다. 다음과 같은 관점도 있다. 즉 구체적 단위는 문장뿐이며, 〈문장을 이용해서만 발화하고,〉 바로 〈추상을 통해〉 단어를 발견한다는 관점이 그것이다. 하지만 이는 지나치게 멀리 우회하는 것이다. 발화된 문장을 많이 취하면, 그러한 문장의 〈주요〉 특성은 서로 유사하지 않다는 것, 연구 대상이 되는 공통의 핵심을 제공하지 않는다는 것이다. 〈엄청나게 다양한 문장들은 엄청나게 다양한 개체들과 유사하다. 그러나 개체는 차이점보다 훨씬 더 중요한 공통의 보편적 특성을 지닌다.〉 다른 학문들은 〈한 개체를 다른 개체들과〉 구별하는 특성은 무시한 채로 개체에서 일반적인 것을 연구할 수 있다. 문장은 모든 것이 다양하며, 무언가 공통적인 것을 찾으려면 단어로 귀착되는데, 이 단어를 직접 찾으려고 하지 않았다!

언어를 내적인 측면에서 〈대상 자체 내에서〉 고찰하면, 언어는 〈첫눈에〉 구체적 단위를 제공해 주지 않기 때문에 당혹스럽기는 하지만

---

34  mois가 뒤의 모음을 만나 리에종이 되면서 [mwaz]로 발음된다. 위치에 따라 배타적인 비리에종 형태와 리에종 형태가 나타나므로 역시 단위로서 추상적 원어휘소를 설정해야 한다.

〈——이것이 언어의 일차적 특징이기 때문에——〉, 우리가 떨쳐 버릴 수 없는 생각은 단위가 있다는 것, 그리고 언어를 만드는 것은 이 단위의 작용이라는 점이다. 〈이것이 첫 번째 요점이다. 이 특성은 하나의 문제로 귀착된다.〉[35]

〈동일성을 다루기 전에 잠시 보류했던 단위의 측면을 재론해 보자.〉 언어학에서 기호의 질료적 수단의 측면과 관련해서 결정적으로 중요한 것은 인간의 목소리〈음성기관의 산물〉라는 특징인가? 아니다. 하지만 여기서 그다지 〈부각되지〉 않은 음성질료의 주요한 특징은 그것이 청각연쇄로 출현한다는 점이다. 이 사실은 곧 오직 일차원만 가진 시간적 특성을 드러낸다. 선형적 특징이라고 말할 수도 있다. 다시 말해서 〈발화연쇄는 반드시〉 선線으로 제시되는데, 〈이는〉 〈차후에 우리가 확정할 모든 관계에〉 엄청나게 중요한 결과를 갖는다. 질적 차이〈(한 모음과 다른 모음의 악센트의 차이)〉는 오직 연속선상에서만 표현된다. 모음이 강세를 받는 동시에 무강세 모음이 될 수는 없다. 마치 음악처럼 모든 것이 선형을 이룬다. 언어의 테두리를 벗어나 다른 기호를 상대하면 사정은 달라진다. 시각기관과 관련되는 것은 다수의 동시적 기호를 가질 수 있다. 심지어 더욱 일반적이고 배경이 되는 기호와 여기에 투사되는 다른 기호를 중첩시킬 수도 있다. 이들을 어느 방향으로도 모두 〈결합시킬 수 있다. 이 기호체계 내에서는 동시성에서 유래하는 모든 재원을 이용할 수 있다.〉 그러나 음성질료는 언제나 동일하게 한 방향으로만 존재하며, 동시적으로 존재하는 두 기호는 없다. 기호라면 즉시 시각기호를 머리에 떠올리고는 생각을 잘못할 수 있다. 기호의 구별은

[21]

---

35† 이하 1908년 11월 30일 강의. 고델, 앞의 책, p.68 참조.

아주 단순하며, 정신작용을 필요로 하지 않는다고 생각할 수 있다.

언어의 이러한 선적 특성에서 유래하는 것은 〈기호의〉 질료적 면은 〈그 자체로는 형태가 없이〉 무정형하다는 점이다. 이는 단위가 어디에 존재하는지 발견하지 못하는 〈원인들〉 중 하나이다. 언어학의 과제는 모든 종류의 유효한 단위들이 〈실제로〉 무엇인지를 결정하는 것이다. 〈언어학이 이를 이해했다고 말할 수는 없다. 왜냐하면 제대로 정의되지 않은 단위들만 논의를 해왔기 때문이다.〉 언어학이 다루는 단위의 결정은 언어학의 긴급한 과제일 뿐만 아니라, 또한 그렇게 하면 그 전체 과제를 달성하는 것도 된다. 사고에 대한 인간언어<sup>랑가주36</sup>의 〈독특한〉 역할은 음성질료의 수단이 〈되는 것이〉 아니라 그러한 음성적 〈성질을〉 지닌 중간 환경을 만들어 내고, 그럼으로써 사고와 음성의 조화가 필연적으로 〈특정한〉 단위를 생성하는 것이다. 성질상 혼돈상태인 사고는 명료하게 될 수밖에 없는데, 그것은 사고가 분해〈되고〉, 언어<sup>랑가주</sup>에 의해 단위로 나눠지기 때문이다. 언어<sup>랑가주</sup>가 주조틀이라는 진부한 생각에 빠져서는 안 된다. 이는 언어<sup>랑가주</sup>를 고정된 것, 고착적인 것으로 생각하기 때문인데, 〈음성질료 역시〉 사고와 마찬가지로 혼돈스러운 것으로 간주한다. 〈이는 전혀 그렇지 않다. 유익한 현상은 사고를 음성으로 질료화하는 것이 아니다.〉 사고–음성이 언어학의 궁극적 단위를 끌어들이는 것은 〈어떤 의미에서는〉 신비로운 현상이다. 음성과 사고는 이 단위에 의해서만 결합이 가능하다(두 개의 무정형 덩어리인 물과 공기와의 비교. 기압이 변하면 수면이 일련의 단위들의 연속체인 물결〈= 실질을 형성하지 못하는 연쇄!〉로 분할된다. 〈이 물결파는 연합을 나타내는

[22]

---

36  이 문단의 이하에서 언어는 'langue' 같은데, 원문에는 'langage'로 표현되어 있다.

데, 말하자면 그 자체로는 무정형한 음성연쇄와 사고를 짝짓는 것을 나타 낸다〉).

언어학의 토양은 공통의 토양〈광범위한 의미에서 소지체小肢體 분 절의 토양〉, 즉 '관절'articuli의 토양이다. 여기서 사고는 음성을 통해서 〈(가치? B.부샤르디)를〉 의식한다. 〈이 분절, 이 단위를 벗어나면 순수심리 학(사고)을 연구하거나 음운론(음성)을 연구하는 것이다.〉

## 2) 동일성의 문제

동일성의 문제는 〈부분적으로〉 단위의 문제와 혼동된다. 그것 은 이 단위 문제와 복합적으로 ── 이는 더욱이 논의할 것이 많다 ── 관련된 문제이다. calidus와 chaud(šo)의 동일성의 기초는 무엇인가?[37] 또 despectus와 dépit의 동일성은?[38] 〈두 단어쌍 중 후자의〉 음성연쇄 는 별개의 다른 것이며, 의미작용도 거리가 꽤 멀다. 그러면 이 동일 성은 어디에 기초를 두는가? 〈하지만 큰 문제라고는 생각하지 말자.〉 'Messieurs'와 'Messieurs'신사 여러분의 동일성을 단정하는 근거는 무엇인가 하는 질문은 매우 흥미롭다! 〈이는 단연코 연속적인 두 행위이다! 어떤 연결관계에 준거해야 한다. 그것은 무엇인가?〉

나폴리행 12시 50분발 특급열차와 5시 반발 특급열차의 동일성 을 말하는 경우에도 똑같은 동일성의 문제가 제기된다. 이는 역설적 인 듯이 보인다. 음성질료가 다르기 때문이다! 그러나 두 번 발화한 Messieurs 역시 같은 문제이다. 〈음성질료를 당연히 갱신해야만 하기

---

37  라틴어 calidus(뜨거운) > 프랑스어 chaud에서 어두 k > ʃ의 마찰음화와 l의 모음화가 일어 났다.

38  despectus(원시, 원경) > dépit(경멸)에서 자음군 단순화(p 앞의 s 탈락), 어말음 탈락이 일어 났다.

때문이다!〉 따라서 우리 면전에 있는 동일성은 아니다. 다른 사례로, 도로를 재건설하면 재건설한 도로는 동일한 도로이다. 이 동일성은 언어적 동일성과 똑같은 종류의 동일성이다. 동일성의 기초가 되는 이 문제는 가장 심각하다. 그것은 이 동일성의 문제가 단위의 문제로 완전히 귀착하기 때문이다. 몇몇 암묵적인 조건을 사전에 설정하지 않으면, 동일성이란 존재하지 않는다. 〈언어적〉 동일성(이들의 종류는 여럿이다)의 연계는 〈따라서〉 단위의 개념 자체에 영향을 미친다. 도로의 사례에서 이 단위가 어떤 종류의 것인지 질문할 수 있다. 그 단위는 순수히 부정적이거나 대립적이다.

[23]     따라서 동일성의 연계는 요소들에 기반하며, 이들을 찾아내면 이들을 통해서 단위에 아주 자세히 접근할 수 있다. 이 동일성 문제는 결국 언어적 실체와도 동일한 문제일 가능성이 있다. 언어는 기만적 실체로 가득하다. 많은 언어학자들이 매달려 유령을 만들어 냈기 때문이다. 이 유령은 어디에 있고, 언어적 실체는 어디에 있는가? 이를 확정하려면, 우리 목전에 있는 대상이 구체적 존재가 아니라는 사실을 납득해야 한다.

〈언제나 단위의 문제로 귀착된다는 것을 보여 주는〉 사례가 품사 구별이다. 〈이 품사 분류의〉 정확한 성질은 이해하기 어렵다(논리적 분류인지, 언어학적 분류인지 등).

'ces gants sont bon marché'<sup>이 장갑은 싸다</sup>에서, bon marché<sup>값이 싼</sup>는 형용사인가? 여기에는 두 단어가 있다. 〈이는 분석이 난감하다. 품사를 구별하는 데도 단어를 구별하는 것으로 생각했기 때문이다!〉 따라서 단위의 문제가 거의 즉각 제기된다.

전혀 다른 층위에서, 예컨대 그리스어 완료형 -κα를 예로 들어 보

면, 이 -κα가 동사 자체와 아무 상관이 없는 것으로〈동사에 점차 융합
된 것으로〉 생각할 이유가 많다. 이 경우에도 단위의 문제가 대두된다.
**[두 번째 노트의 시작]** 이처럼 융합되기 전에 βέβη-κα<sup>나는 섰다</sup>는 두 단어였
고, 이제는 하나의 단어 βέβηκα가 되었다고 확신할 수 있는가?

또 다른 사례로 chanteur<sup>가수</sup> 같은 단어를 보자. 〈유추에 의해〉 이를
chan+teur로 분석한다![39] 말하자면 순수한 분포상의 변화이다. 그 전체
가 온전히 남아 있기 때문이다. 따라서 이는 단위의 문제이며, 이 문제
를 점검하지 않고서는 이 현상을 이해할 수 없다.

그리하여 실체로 불릴 수 있는 사상이 어떤 것인지 안다는 것은 곧
이 사상에 포함된 동일성이 어떤 것인지,〈어떤 동일성의 연계가 이들
사이에 존재하는 것인지,〉 이들이 어떤 단위의 범주를 형성하는 것인지
를 결정하는 것이다. 범주는 말할 수 없는 것인가? 그렇지 않다. 언어<sup>랑가</sup>
<sup>주</sup>에는 언제나 음성질료가 필요하기 때문이다. 음성질료는 선형적이기
때문에 이를 늘 분할해야 한다. 그렇게 하면 단위가 확인된다. 〈언어학
[24] 을 연구하기 전에 일반적인 개념을 말한다는 것은 본말이 전도된 것이
지만, 이는 당연히 그렇게 해야 한다. 따라서 우리 관찰은 너무 장황하
거나 너무 간결하다는 결점 때문에 피해를 본다.〉[40]

부차적 지적 : 단위의 개념은 유의미 단위를 얘기하면 더욱 분명해
질 것이라고들 한다. 그러나 단위란 용어를 강조해야 한다. 그렇지 않으
면 오해를 하고, 단위로 존재하면서 의미작용이 결부되는 단어가 있는

---

39  어원상으로 볼 때 라틴어 동사는 canere로서, 여기서 파생된 명사 cantor의 대격형 cantorem
    의 계승형이 chanteur이다. 그러나 프랑스어 동사 chanter는 chant-er로 분할된다. -eur는 행
    위자 접미사이다.
40† 이하 1908년 12월 3일 강의. 고델, 앞의 책, p.68 참조.

것으로 〈생각한다〉. 이와 반대로 사고 내에서 단어의 경계를 구분하는 것은 의미작용이다.

순수한 추상적 대상〈과 구체적 대상의 구별 기준. 추상적 대상의 위험성에 대해 늘상 논의가 있었다. 그것이 무엇인지 설명하려면, 기준이 필요하다. 이 기준은 각자의 의식 내에 있다〉. 화자의 언어감각 내에 있는 것, 어느 정도 감각에 포착되는 것은 의미작용이며, 이때 실재적 구체물은 언어에서 포착하기 어려운 것 = 언어감각으로 느끼는 것이며, 이는 곧 어느 정도 유의미한 것이다. 유의미한 것은 단위의 경계를 지으면 표현되고, 이 단위는 곧 의미작용이 만들어 낸다. 단위는 경계가 획정되기 전에는 존재하지 않는다. 〈단위가 의미작용을 수용하기 위해 존재하는 것은 아니다.〉

문법가들이 ekwo-s에서 ekwo- = 어간이라고 말할 때, 〈이 경계 구분은〉 문법가의 추상적 대상이다. 이는 정녕 사실이다. ekwo-는 라틴인의 의식에는 의미가 느껴지지 않았기 때문이다. ekw-/os로 분리하면, 두 요소를 구별한 것인지가 더욱 의심스럽다. 그것은 -os가 〈ekw-와 관련해서〉 의미가 비로소 부여되기 때문이다. 의미가 부여되면 두 단위로 의식되는 것이다. 〈인도유럽어(ek/wos)와 라틴어(ekw/os)의 경계 구분의 대립은 단위의 경계 획정의 문제를 드러내 준다.〉

## II. 언어학의 여러 현상의 내적 구분

### 외적 측면과 내적 측면

언어학의 외적 측면으로 불리는 것은 모두 제외해야 한다. 이는 언어의 내적 조직과는 직접 관계가 없기 때문이다.

학자들은 조직organisme이란 용어 사용을 반대했는데, 언어란 생명체와 비교될 수 없고, 언제나 언어를 사용하는 사람들의 산물이기 때문이라는 이유에서다. 하지만 언어가 마음의 외부에 독립적으로 존재하는 별개의 존재가 아니더라도 이 용어는 사용할 수 있다. 외적 언어학을 말할 수 있을까? 다소 조심스럽게 언어학의 내적 연구와 외적 연구로 말할 수 있다. 외적 측면에 속하는 것은 언어의 역사와 외적 기술이다. 이 외적 측면에 중요한 것이 있다. 언어학이란 용어는 언어학 전 분야에 대한 개념을 환기시킨다. 언어학이 그 고유한 분야에 속하지 않는 많은 분야를 다루는 것은 이 언어의 외적 측면이다. 이 외적 측면은 고유한 의미의 순수 언어학이 아니다. 따라서 외적 언어학의 정의는 아주 부정적이다. 언어의 내적 조직과 관련되지 않는 모든 것이 외적 언어학의 정의이다. 예컨대 언어들과 인종지학人種誌學과의 관계,[41] 언어가 민족의 역사·문명·인종과 관여되는 지점 등이다. 〈일반적인 것으로서〉이러한 외적 관계는 두 가지다. 첫째, 슬라브어를 말하는 사람들은 모두 슬라브 인종인가? 슬라브어를 사용하는 유랑민도 슬라브어에 영향을 미치지 않았을까? 둘째, 민족의 정치사와의 관계이다. 이들은 가지각

---

41  오늘날 인구유전학에서 유전자 거리(genetic distance)를 통해 인종 유형 및 분포와 이동 경로, 인종 분류와 언어 분류의 관계를 연구한다.

색의 다른 민족일 수도 있다. (아랍과 로마의 정복〈과 같은〉) 역사적 대
사건은 많은 언어현상에 엄청나게 큰 영향을 미쳤다. 정복에는 식민화
가 뒤따르는데, 식민화로 한 특유어idiome가 다른 환경에 이식되고, 이로
인해 언어가 변한다. 모든 정치적 사건이 그렇다. 노르웨이는 통일되면
서 덴마크어를 국가어로 채택했다. 오늘날 노르웨이인은 여기서 벗어
나려고 하지만, 덴마크어적 요소가 가득하다. 정치체를 보면 어떤 국가
는 모든 개별어를 자유로이 허용하고(스위스), 다른 국가들은 언어 통
일을 추구한다(프랑스). 고도로 문명화된 국가에서 언어의 특정 측면이
발달하기도 한다(법률언어 등). 셋째로, 교회, 학교와 같은 모든 종류의
제도와의 관계이다. 이는 더 일반적인 현상, 즉 문학어의 발달과 불가분
[26]  의 관계를 갖는다.[42] 이것이 더 〈일반적인 현상〉인 〈것〉은 그것이 정치
사와 거의 분리되지 않기 때문이다(하지만 나는 단지 부정적으로만 말하
고 있다). 문학어의 탄생이 겪는 심각한 문제는 지역방언들과의 투쟁이
다. 문학어는 문학 이외의 다른 많은 사건과도 관계가 있다. 〈살롱〉, 궁
정, 아카데미의 영향 등(독일에서는 인쇄술과 〈제국〉상서국 등의 영향).
넷째, 여러 언어의 지리적 확장이 있다. 방언의 다변화와 같은 일반적인
대현상은 지리적 방법으로만 다룰 수 있다. 일차적으로 필요한 것은 언
어지도이다. 언어가 지리적 확산과 얼마나 밀접한가를 나타내려면, 이
지도가 방언 경계를 제시하는 것만 보면 된다. 그러나 방언 경계란 없
고, 단지 방언적 특성만 존재한다.

---

42  예술과 교양의 시대에 문학은 올바른 용법·규범의 정착과 표준어의 형성에 큰 기여를 했다.

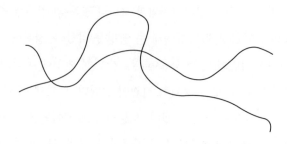

등어선 : 〈아주〉 잘못 선택〈한 용어〉. 〈등어선〉 = 방언적 <u>요소</u>,
다양한 요소 = 언어가 아니다!

이러한 분류〈(내적 연구와 외적 연구)〉에 대한 반론이 아주 쉽게 제기되
는데, 즉 이 모든 사실은 언어의 내적 조직과 관련되는 것이 아닌가 하
는 것이다. 정주민 언어의 경우, 이것이 일상적인 조건이라면, 그것은
언어의 유기적 조직의 조건이다! 그럴 수도 있지만, 그것은 언어의 내
적 조직과 관련이 없다. 예컨대 올리브나무〈(또는 홉)〉 재배 권역의 경
계선을 지도상에 그릴 수 있지만, 이 올리브나무의 내적 조직 전체는
이 경계선을 넘어서도 연구할 수 있다,

[27]          그러나 반론은 한 걸음 더 나아간다. 이 모든 외적 조건과 고유한
의미의 언어 연구를 분리할 수 없을 것이라고 한다. 독일인들은 특히
'실재적 현실'Realia을 무척 강조했다. 그리고 〈한 언어의 문법이 얼마나
이러한 외적 원인에 의존하는지(식물이 토양, 기후 등의 외적 요인에 의
해 내적 조직이 변할 수 있는 것과 마찬가지로)〉 우리가 출처를 고려하지
않으면 설명할 수 없는 전문기술어가 언어에 어떻게 해서 가득 찼는지
를 지적했다. 문학어를 보면, 어떤 관점에서는 비정상적인데, 정상적이
라고 말해지기도 했다. 도처에서 문학어 주변에 지역방언이 발달했기

때문이다! 물론 언어 외적 현상도 〈또한〉 더 깊이 연구하면, 〈언어 연구에〉 더 좋을 것이라는 점은 사실이다. 그러나 이 외적 현상에 늘 의지해야 한다고 말하면, 그것은 잘못이다. 이들을 분리하고, 설명을 명석하게 하려면 이 둘을 분리할 〈필요가 있고〉, 더욱이 〈더 분명하게 분리할수록 그만큼 더 투명한 명료성을 얻는다〉.

어떤 민족이 사용했는지 모르는 특유어들이 있다(예컨대 젠드어[43]는 메디아족[44]의 언어인가? 고슬라브어는 불가리아나 슬로베니아의 고언어인가?). 하지만 이 언어들과 외적 사실과 관련되는 것을 전혀 알지 못해도 이들 언어를 내적으로 연구하는 데 어려움을 느끼지 않는다. 이 외적 측면에 보조학문이나 보조연구를 귀속시키려는 것은 아니다. 언어학의 어디에도 귀속시킬 수 없는 보조연구가 있다. 발화음성을 연구하는 심리학, 생리학이 그것이다(〈물론〉 생리학자는 연구하려는 것이 무엇인지 알아야 하지만, 언어학은 그렇지 않다!).[45]

내적 언어학과 외적 언어학을 구별하는 근거에 대한 가장 좋은 증거는 이 두 분야에 적용되는 가장 단순한 방법에 의거해서 이들을 똑같이 다룰 수 없다는 것이다. 그리하여 외적 언어학에 속하는 것과 속하지 않은 것을 구별하는 기준이 생긴다. 〈앞에 열거한 것과 같은 종류의 현상에 대해 말하는 한, 세부 사실에 세부 사실이 추가되고, 어떤 체계의 쇠사슬에 묶이는 것을 느끼지 못한다.〉 언어학자가 가장 부러워하는

---

43 『아베스타경』을 번역·주해·설명한 언어를 가리키며, 때로는 이 언어들 중 한 변이체인 중기 페르시아어를 가리키기도 한다.

44 기원전 1100~1000년경 이란 북부 지방의 메디아 및 메소포타미아 북동부·동부에 살던 주민으로 메디아어를 사용했다. 헤로도토스에 의하면 6부족으로 구성되었다고 한다.

45† 이하 1908년 12월 7일 강의. 고델, 앞의 책, p.69 참조.

것은 민족사는 상대적으로 편히 기술할 수 있다는 것이며, 언어사 기술도 상황이 이와 같다면, 그것은 외적 언어학을 연구하는 표시가 된다.

[28] 한 언어가 사용 영토를 넘어 확장되는 〈역사를 다루는 모든 세부 사실은〉 〈다소간 원하는 바대로 분류할 수 있다. 마찬가지로〉 방언과 대조해서 문학어를 탄생시킨 것이 무엇인지 탐구한다면, 거기에 대한 서술을 제외할 필요는 없다. 〈이 현상들을 좀 더 심층적으로 몇 갈래로 분류하는 것은 설명의 명료성을 얻기 위해서다.〉 내적 언어학에서는 사정이 달라진다. 언어는 다른 차원을 인정하지 않고, 오직 자신의 고유한 질서만을 인정하는 체계이다.

〈더 원한다면〉 조직이라고 말하는 대신 체계라고 말할 수 있다. 이것이 더 낫겠지만, 결국은 마찬가지이다. 따라서 〈(정의)〉 외적 언어학이란 언어의 체계 내로 들어가지 않고 언어와 관련되는 모든 것을 다루는 분야다. 체스 게임의 비유가 흥미로울 것이다. 각 말의 가치는 〈각 말에 고유한 것이라기보다는〉 조건들의 복합 체계〈집합〉에 속한다. 체스 게임의 역사적 노정에서 내적인 것과 외적인 것을 아주 명료하게 볼 수 있다. 예컨대 페르시아에서 유럽으로 가는 경로는 외적인 것이며, 체스 체계와 관련되는 것만이 내적인 것이다. 하지만 첫눈에는 이 체스 체계와 관련되는 것이 무엇인지 알지 못하며, 외적 현상은 방금 언급한 현상처럼 늘 그렇게 외적인 것이 아니다. 예컨대 말이 상아건 나무건 그것은 체스 체계와는 무관하며, 따라서 외적인 것이다. 그러나 과외의 인물이나 네모칸을 만드는 선을 추가하면, 이것은 내적 체계에 중요한 것이다. 어떤 경우에는 그것이 내적인 것인지 외적인 것인지 논의할 필요가 있다. 〈정의〉 체계 내적인 것이란 어느 정도의 가치를 변경시킬 가능성이 있는 것. 또는 외적인 각 현상이 가치를 변경하는 한에서만 그것은 이론적으로 유효한 것으로 고려해야 한다. 언어와 같은 모든 체계에서 가치 이외의 다른 어떤 것도 없다는 사실을 다시 깨달을 기회가 있을 것이다. 이 가치는 무엇으로 구성되는가? 이것은 각 체계의 근간이 무엇인가에 따라 다르다. 불변하는 점은 가치는 결코 단순한 단위가 아니라는 사실이다. 언어 내의 모든 것도 그렇게 단순하지 않으며, 언어는 가치를 벗어나서는 질료적 단위를 구분조차 할 수 없다!

## 언어 가치

이제 〈이미〉 다룬 바 있는 사항으로 되돌아왔다. 보다 간단히 설명하기 위해 소쉬르 선생은 〈이 다섯 가지 사항을〉 기본적으로 구별하지 않았다. 즉 가치, 동일성, 단위, (언어적 의미의) 실체(언어적 실체), 구체적 언어요소를 말이다. 〈별난 현상을 예로 드는 것처럼 보이지 않도록〉 체스 게임의 기사騎士를 예로 들어 보자. 기사는 체스 게임의 구체적 요소인가? 분명 아니다. 그 질료성만 따지고, 자기 집을 벗어나서 〈다른 여건을 제외하고〉 보면, 그것은 일반적인 질료와 관련하여 어떤 것을 나타내는 것일 뿐이다. 체스 게임에서 질료를 나타내 주는 것이라고는 아무것도 없다. 구체적인 것은 가치를 지닌 기사이고, 이 둘<sup>가치와 질료</sup>은 하나가 되어 있다. 기사는 동일성을 지니는가? 가치를 지니는 한 물론 그렇다. 〈그 기사 외의 다른 기사만 아니라,〉 이 기사와 전혀 닮은 곳이 없는 다른 인물도 다른 기사들과 다르다는 조건에서, 동일한 가치를 갖는다는 조건에서는 체스 게임에서는 동일한 것으로 인정받는다〈는 것을 확인한다〉. 이로부터 우리가 알 수 있는 것은 〈우리가 다루는〉 체계 내의 동일성의 척도는 다른 곳과는 같은 것이 아니라는 것이며, 동일성과 단위 사이에 연계가 있고, 전자는 후자의 기반이 된다는 점이다. 〈체계

[29]

의 영역에서 실체나 가치를 말하는 것은 또한 동일성과 가치를 말하는 것과 똑같은 것이고, 그 역도 마찬가지다. 이러한 사실이 이 체계라는 전체 영역을 구성한다.〉 이러한 실재체entité에 다른 근거를 부여해서는 안 된다. 음절을 실재체로 간주해서는 안 된다. 거기에는 이미 의미작용을 추가해야 하나 불충분하다. 가치는 의미작용이 아니다. 가치는 다른 자료에 의해 주어진다. 〈의미작용에 추가해서 전체와 관념 사이의 관계에 의해,〉 언어 내의 단어들의 상호적 여건에 의해서 말이다.

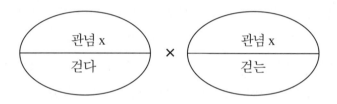

등등. 경계를 짓는 것은 가치 자체이며, 단위는 근본적으로 경계를 구분한 것이 아니다. 이 점이 언어langue의 특이한 점이다.

〈단어는 가장 경계가 명확한 단위이다.〉 단어의 경계를 구분하고자 원하는 언어학자는 이 단어의 구분이 어디에 기초하는지 탐구해야 [30] 한다. 〈이것이 올해 강의의 주제가 될 것이다. 단어를 구분하지 않는 문자도 있다.〉 문맹자들〈(요리사의 오류투성이 글)〉은 〈단어의〉〈정확한〉 경계를 무시한다. 단어 구분은 언제나 가치로 귀결되고, 가치를 통해 동일성으로 귀착된다. 단위는 미리 〈가치 바깥에〉 존재하지 않는다.

이는 언제나 다음의 질문으로 되돌아온다. 즉 가치, 동일성, 구체적 요소란 무엇인가? 언어학의 내적 구분은 반드시 가치 등등의 이러한 실재체에 기초한다. 〈우리는 가치의 동일성 이외의 다른 동일성은 알지

못한다. 실재체, 구체적 요소, 단위, 동일성은 서로 섞여 있다.〉

## 통시적 차원과 공시적 차원

언어에는 두 종류의 동일성〈이 있다는 것〉을 인정해야 한다. 요컨대 두 차원의 동일성 문제가 있다. 우리는 언제나 소쉬르 선생이 정의한 바의 동일성을 대면하는데, 시간을 관통하는 동일성이다. 〈우리는〉통시적(시간을 관통하는)〈이란 다른 용어를 제시할 수도 있다〉. 이 통시적 동일성을 통해 sevrer<sup>떼다, 떼어내다</sup>는 separarer<sup>분리하다</sup>라고 말하는 것이다. 이와 같은 동일성은 정확하게 말해서 어디에 기초하는가? 언어학의 한 분야는 이와 같은 문제를 다룬다. 그렇지만 예컨대 fleurir<sup>꽃피다</sup>가 florere<sup>개화하다</sup>와 같은 것이라고는 말할 수 없다. 무엇인가가 변했지만, 이것이 직선상의 동일형은 아니다(어쨌든 florire가 요구되기 때문에). 그래서 한편으로는 동일성을 설정하지만, 다른 한편으로는 동일성을 설정하지 못한다. 동일성을 가장 잘 알려주는 유형(꼭 그런 것은 아니지만) 중에서 통시적 동일성은 음성적 동일성으로 부르는 것이다. 〈이 음성적 동일성이란 용어를 신뢰해서는 안 된다. 이 용어는 아무것도 설명해 주지 않는다.〉음성이란 개념을 도입했다는 이유로 이 현상을 설명했다〈고 생각해서는 안 된다〉. 그것이 무엇에 기초해 있는가를 묻는다면, 음성이란 개념에서 벗어나야 한다. 단지 음성만 문제시된다는 생각은 여러 가지로 불확실하다. 예컨대 모든 음성변화, 모든 음성법칙에서 변화하는 것은 음성인가? 그렇지 않다. 〈a가 e로 되는 것이 아니다.〉음성에서 벗어나서 형태를 재생시키는 것뿐이다. 그것은 마치 제대로 재생하지 못한 음악의 곡조와도 같다. 단지 단위라는 이름으로 변화가 일어났는지 판단할 수 있을 뿐이다. 단위는 음성변화보다 더욱 중요하다. 두 단어가 완전히 변한 경우(calidus : šo<sup>뜨거운</sup>, aiwa : je<sup>언제나. 늘</sup>), 이들의 동일성을 확인하는 이 통시적 동일성〈의 연계〉는 참으로 신비하다. 정확하게 말해서 통시적 동일성의 근거는 어디인가? 따라서 언어학에는 〈해결해야 할, 재검토해야 할〉 일련의 문제가 있는데, 이는 동일성, 통시적 단위와 연관된다.

이와 대조적으로 다른 차원의 동일성도 있다. 즉 공시적 동일성의 차원이다. 개별어는 언제나 공시적 동일성으로 형성되며, 언어상태를 구성하는 동일성이다. 다른 어떤 곳보다 여기에 공시적 동일성을 형성하는 요소들은 애초부터 아주 명확하다. 부정<sub>否定</sub>을 의미하는 pas<sup>아니는</sup> 실사 pas<sup>걸음</sup>와 동일한가? 이것이 공시적 동일성과 통시적 동일성이 대립하는 곳이다. 통시적으로 아무런 의문이 없다('je n'irai pas'<sup>나는 가지 않겠다</sup>. 그 후 의미가 확장되었다).[46] 하지만 공시적으로는 동일한가? 그러면 도량형 체계가 다른 것을 다루는 것을 알 수 있다. 이 질문에 대한 답은 부정적인데, 학교에서 이 pas라는 단위를 학습하고 배웠다는 것이 증거다. 이들이 대립하는 두 축이며, 공시적 저울과 통시적 저울이라는 두 개의 큰 저울이다.[47]

공시적이란 용어(〈=〉언어의 일정한 시기에 속하는 것)는 다소 불확정적이다. 동시적인 모든 것은 동일한 차원이라는 것을 전제하는 듯이 보이기 때문이다. 추가할 것은 특정공시적<sub>idiosynchronique</sub>이다. 다시 말해서 일정한 개별어에 대응하는 특별한 차원의 공시다. 이처럼 언어를 별도로 구분하는 경우, 이러한 공시/통시의 분리는 원리상 방언, 하

46  pas는 명사로서 주로 이동 동사와 사용되다가 그 후 부정 ne를 강조하는 부사가 되었다. '일보 전진하다, 나아가다'라는 뜻이다.
47†  이하 1908년 12월 10일 강의. 고델, 앞의 책, p.69 참조.

위방언까지 확대된다. 통시는 〈그와 같은 세분이 필요하지 않을 뿐만
아니라〉 이를 포함하지도 않는다. 통시적 관점에서, 비교하는 항들은
동일한 개별어에 속하지 않는다.

| 인도유럽조어 | esti | 그리스어 | esti |
|---|---|---|---|
| 독일어 | ist | 프랑스어 | e(st) [48] |

개별어의 다양성을 만들어 내는 것은 이 통시현상들 전체와 그것들의
방향이다. 동시에 우리는 이러한 종류의 세부적 명세사항은 당연히 요
[32]  구하지 않는다. 두 항들 사이에 확립된 관계〈(통시적 연계 B.^부사르디)〉가 올
바른 것이면, 그것으로 충분하다. 따라서 그 외의 다른 것을 탐구할 필
요는 없다.

　　따라서 언어^랑그의 현상은 두 종류의 연쇄(통시적, 공시적)에 종속되
는데, 이를 두 축으로 나타낼 수 있다.

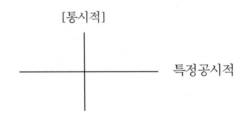

하지만 이 두 연쇄축에서 연쇄 A 또는 B에 따라 존재하는 정확한 단위
를 언제나 다루어야 한다.

---

48  이들은 모두 영어 동사 be의 3인칭 현재 단수형에 해당하는 대응형이다.

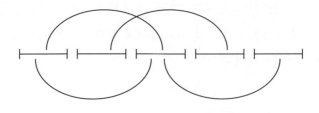

(공시적 연쇄축)

통시적 단위를 이미 단위의 경계가 구분된 것인 양 그리면, 아래와 같이 틀리게 된다.

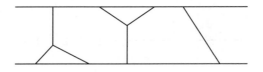

이와 반대로 이 연쇄축 덕택에 한 시기에서 다른 시기를 지나면서 단위를 다음처럼 설정할 것이다.

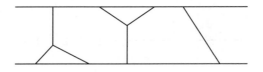

[33]   많은 사례 중에서 〈임의로〉〈(어떤 측면에서 다소 불확실하지만)〉 취한 사례는 많은 개념을 확정하고, 우리가 다룬 여러 사항과 관련 있다.
　　　 인도유럽어의 기원에는 전치사가 없었지만, 단어의 관계는 다수의 격으로 표시되었고, 의미적인 효력이 컸다. 다른 한편 (동사 접두어와 동

사로 구성되는) 동사는 없었다. 그 대신 〈περί <sup>대하여</sup>처럼〉 행위에 뉘앙스를 첨가하는 첨사들이 있었다. obire mortem이나 ire ob mortem 같은 것은 없고, mortem ire ob<sup>죽음을 향해 가다</sup>이 있었다.[49] 그리스어에서 예를 들면, [1)] oreos '산에서'(〈이 형태의 의미효과는 원래 일반적으로는〉 속격뿐 아니라 탈격〈의 의미효과〉도 있었다〉). bainō는 단지 '나는 (산에서) 온다'를 의미했고, 그 후 행위의 뉘앙스를 주는 kata '아래로'가 추가되었다.

그다음 시기에 2) kata oreos bainō(〈소쉬르 선생은 이 단어들의 순서는 강조하지 않았다. 어순이 다음처럼 될 수도 있다:〉 oreos kata)가 되고, 이제 kata는 전치사 역할을 한다. 그 후에 katabainō oreos<sup>산에서 내려오다</sup>가 되었다. 여기에는 두세 가지 현상이 있는데, 이들은 모두 단위의 해석에 기초해 있다. 그리스어는 항상 그 자체로 수용한 것을 그대로 해석한 것이 아니다. 각 사항의 가치는 변했지만, 무엇보다도 단위들을 새롭게 재배치한 것이다. 무슨 현상이 일어났는지를 알려면, 각 단위에 속하는 질료적 실질을 이 실질에 부여한 기능만큼이나 중요하게 고려해야 한다. 하지만 그것은 주로 통사론 분야에 속하는 사실이다. 통사론을 다루면서 순수하게 의미 영역을 연구한다는 것은 환상이다. 〈이 환상이 얼마나 많은 오류를 유발시켰던가!〉

우리는 1) 새로운 종류의 단어를 만들어 냈고, 해당 단위들을 단순히 이동시켜 이 작업을 한 것이다. 〈(그것이 κατα ορεος<sup>산 아래로</sup>이든 ορεος κατα이든 중요한 것은 아니다.)〉

둘째, 새로운 동사 유형이 만들어졌다(하나 또는 두 단어로 만들어진 καταβαίνω! 〈이것은 특정 단위의 문제이지만, 역시 단위들의 이동으로

---

49  mortem(죽음), ire(가다), ob(앞)으로 구성되어 있다.

해결된다〉).

[34] 셋째, oreos에서 격어미 소실의 싹이 보인다. 그렇지만 이 의미에 주요하게 기여하는 것은 kata이다. 이제 –os는 크게 중요하지 않다. 〈(그리하여 이 세 가지 현상은 우리가 말한 바처럼 단위의 문제로 귀결된다.)〉 단순히 요소들을 이동만 해도 그만큼의 여러 통시현상이 생겨난다.

다른 한편 이들은 음성변화가 아니다(어떠한 음성도 변한 것이 없다). 따라서 음성학은 〈그것이 주요한 분야더라도〉 통시적인 것과는 거리가 멀다. 〈음성변화에서 변하는 것은 음성의 합이며, 여기서는 관념이 변했다.〉 관념이 음성학과 공통으로 갖는 것은 모든 것이 특정 단위로 귀착된다는 것이며, 이 단위는 시간상의 변화가 있든 없든 전달된다는 것이다. 음성변화![50] 하지만 음성변화 없이 전달되는 단어도 있다. 단위의 이동은 음성적인 것이 아니다.

〈정의〉 통시적 차원 = 가치의 이동, 어디서 유래하든 = 유의미 단위의 이동. 〈정의〉 특정공시적 = 각 시기마다 확립되는 가치의 일정한 균형. 〈(통시적 차원의 균형과 같은 것이 아니다!)〉 통시적 차원과 특정공시적 차원은 역동적인 차원과 정태적인 차원으로서 서로 대립한다. 역동적인 것은 단순히 역사적인 것인가? 역사란 용어는 무엇보다도 막연한 개념을 환기시킨다. 그것은 한 시기의 기술 역시 역사로 불리며, 한 시기에서 다른 시기로의 전이와 〈대립하지〉 않기 때문이다. 〈언어의〉 정태적 힘과 통시적 힘은 〈영속적으로 접촉하고 관계를 가질 뿐만 아니라 서로〉 충돌한다. 이들의 상호작용으로 이들은 너무 긴밀하게 결합해서

---

50† 여백의 대괄호 속에 : 다시 말해서 오직 음성변화만 있는 것처럼 사람들은 늘상 <u>음성</u>변화를 얘기한다.

이론상으로 대립할 수 없을 정도이다. 최대한 인정할 수 있는 것은 **진화적**과 **정태적**〈이란 용어〉이다(**진화적**이란 아직 그렇게 정확한 것은 아니며, 두 힘의 체계를 상당히 대립시킬 정도도 아니다).

〈통시적인 것 또는 공시적인 것 내에서〉 가치〈또는 단위〉는 종류가 많다. 이들을 선험적으로 설정하면 안 된다. 예컨대 공시적으로 단어가 가치를 지니는가, 통시적 차원에서도 가치가 존재하는가, 이 가치는 똑같은 것인가? 따라서 모든 범주의 단위를 미리 말할 수는 없고, 두 축에서 이를 잘 인지하는 것이 요청된다. 단위를 인정하기 전에 통시적 관점과 공시적 관점을 평가 토대로서 이들에 적용해야 한다. 기본적인 단위조차 이 두 관점 중 어느 한 관점에 위치시켜야 결정할 수 있다. 이 두 차원의 축 중 어느 한 축에서만 실체가 있으며, 〈이 두 축의〉 혼합된 실체란 〈존재하지〉 않는다.

이 두 차원의 축은 언어<sup>랑그</sup>의 관점을 모두 포괄하는가? 언어에는 범시적인 관점은 없는가? 처음부터 구별해야 한다. 일반화만 문제시하면, 이는 범시적인 관점이 될 수 있지만, 〈그것은 어디까지나 일반화일 뿐이다. 예컨대〉〈음성〉변화 자체는 통시적이다. 하지만 이 음성변화가 일어나면 계속 〈일어나기〉 때문에 이들을 범시적이라 부를 수 있다. 그러나 구체적 사실에 대해 말하면, 범시적 관점은 없다. 그것은 단지 언어적인 것과 그렇지 않은 것을 구별하는 표지일 뿐이다. 다시 말해서 범시적으로 고찰될 수 있다. 예컨대 단어 chose<sup>일, 것</sup>는 통시적 관점에서는 라틴어 causa<sup>원인, 일</sup>와 대립된다. 공시적인 관점에서는 이를 프랑스어의 다른 〈사항들〉과 대조시켜야 한다.

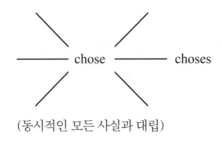

(동시적인 모든 사실과 대립)

범시적인 관점을 시도한다면, 이 단어에서 범시적인 것은 음성 | šoz |라는 것을 알 수 있다. 모든 시기에 šoz로 발음했다. 그러나 이 음성의 질료성은 청각적 가치만 지니며, 언어적 가치를 지닌 것은 아니다. 음성연결 šoz는 언어적 단위는 아니다. 〈더욱더 관대히 허용하면〉 심지어 범시적인 관점에서도 šoz는 단위가 아니다. 〈질료적인 허물에 지나지 않는다.〉 그것은 다른 어떤 것을 분할하여 생겨난 〈음성〉 단편이며, 그 무엇으로도 경계가 구분되지 않은 덩어리이다〈(사실상 | oza |나 | šo |가 아니고 왜 šoz인가?)〉. 〈그것이〉 가치가 아닌 것은 의미가 없기 때문이다. 〈이 세 가지 관점을 적용하면, 범시적 관점은 언제나 언어적이 아닌 어떤 사실에 이른다는 것을 알 수 있다.〉 단위가 공시적인지 통시적인지를 알기란 어렵다. 예컨대 축소 불가능한 단위

[36]

a i u
d l

은 언어적인가? 다시 말해서 통시적인가 아니면 공시적인가? 이들에 가치를 부여할 수 있는 한, 이들은 언어 내의 단위가 된다. 그렇다고 할수 있다〈—소쉬르 선생은 이 질문에 대한 답을 단칼에 내리지 않으셨

다〉. 예컨대 묵음 e는 유의미 단위 구성에 기여할 수 있고, 〈다른 가치와 대립할 수 있다〉.[51] 이들은 음운론적 관점에서 분할된 단위에 지나지 않지만,[52] 공시적 관점에서 가치를 지니고, 프랑스어의 외관에, 일반적인 가치에 기여할 수 있다.

그리스어 어말이 될 수 없는 μ, π도 마찬가지이다. 이들 단위가 음운론적으로 분할되지만〈(음성적으로는 그렇지 않다. |šoz|처럼!)〉, 이들은 가치를 지니고 있으며, 공시적 관점이나 통시적 관점에서 당연히 출현하므로 언어 단위로 간주해야 한다.[53]

## 두 차원의 현상 또는 관계

〈따라서 모든 것이 공시와 통시로 귀착될 것이다.〉 〈각별히 그리고〉 무엇보다도 통시<u>현상</u>과 공시<u>현상</u>이 있다. 통시적 <u>관계</u>와 공시적 <u>관계</u>가 있다. 언어적 관계와 언어적 현상에 대해 말하는 것이 어떤 점에서 다른가 하는 문제가 제기된다. 관계〈또는 현상〉는 다수의 항들을 전제로 하는데, 그것은 이들 항에 의해 발생하고 〈이들 항 사이에서 일어나기 때문이다〉. 이들 항은 지금까지 우리가 〈관심을〉 집중한 단위에 다름 아니다. 이 현상에서 출발해서 단위를 재론하는 것이 유익하다. 〈이 관점은〉 단위의 성질을 드러낸다. 우선 현상 자체를 살펴보자. 공시적 현상과 통시적 현상을 명확하게 대조할 필요가 있다. 언어현상을

[37]

---

51  e는 묵음이 되지만, 형용사 남성 vert[vɛr] : 여성 verte[vɛrt]에서는 성의 차이를, 동사 직설법 part[par] : 접속법 parte[part]에서는 법의 차이를 나타낸다. 단음절 정관사 le[lə]에서는 발음되며, la와 대립한다.

52  여기서 '음운론적'은 '음성적'을 의미한다.

53†  이하 1908년 12월 14일 강의. 고델, 앞의 책, p.70 참조.

말하더라도 이 현상을 공시적인 것과 통시적인 것으로 구별하는 것이 아주 간단한가? 늘상 그렇듯이 여기서도, 현상에 대한 다른 개념들과 마찬가지로 공시적인 것과 통시적인 것 사이에 함정이 끊임없이 생겨난다. 지난 10여 년간 언어학은 이들을 혼동할 수밖에 없었다. 그 이유는 이 두 현상이 서로 밀접하게 의존해 있고, 다른 한편으로는 서로 완전히 독립한 데서 연유한다. 〈이들은〉〈서로〉 환원이 가능하지만, 다른 〈더 중요한 의미에서의〉 환원은 불가능하다. 공시현상은 통시현상에 의해 〈창조되는 것이 아니라〉 조건화된다〈하지만 부분적으로는 그 결과로 나타나는 효과이다〉. 그러나 이 공시현상은 그 자체는 근본적으로 성질이 다르다. 임의의 예를 들어 보자(그 예를 찾으려면, 문법책을 펴보기만 하면 된다!).

라틴어에 나타나는 이 광범위한 현상에는 규칙성이 있다.

| | |
|---|---|
| capio<sup>잡다, 빼앗다</sup> | percipio<sup>빼앗다, 알아채다</sup> |
| taceo<sup>침묵하다</sup> | reticeo<sup>침묵을 지키다</sup> |
| pater<sup>아버지</sup> | Marspiter<sup>마르스 신</sup> |

이에 대해 미리 알고는 있지만 이를 공식화하기 위해 사람들은 무의식적으로 이렇게 말한다. 'capio의 a는 percipio에서 어두 위치가 아니므로 i가 되었다' 아니면 'capio의 a는 percipio에서 i로 변했는데, a는 어두 위치 뒤에서 i가 되기 때문이다' 또는 '라틴어에서는 어두 위치 뒤의 a가 i로 변한다. 예컨대 capio, percipio' 등등. 이 공식에서 얼마나 많은 현상이 예측되는가? 하나다! 이 현상은 단 한 차원에서 일어났다. 한 차원뿐이며, 한 시기만 존재한다. 서로 대조되는 항이 몇 개나 되는가? 둘이

다. 사실 capio의 a는 percipio의 i가 될 수 없다. 하지만 이 사실을 염두에 둬야 한다. 어느 시기에 căpio, percăpio와 păter, Marspăter가 있었고, 그다음 시기에는 căpio, percĭpio, păter, Marspĭter가 있었다.[54] percapio가 percipio를 만들어 낸 것이지 다른 것이 아니다. 첫 공식에는 주요 오류가 모두 있는 만큼 이 단순한 도식은 공시와 통시 차원에서, 라틴어 자체의 중요 사항의 〈기초를〉〈(어떤 의미에서)〉 많이 포함하며, 이들을 고려하여 다음과 같이 〈수정한다〉.

[38]

$$\left\langle \begin{array}{l} \uparrow \text{capio, percapio} \\ \downarrow \text{capio, percipio} \\ \longleftarrow\!\!\!\longrightarrow \end{array} \right\rangle$$

처음에는 두 항이 있었으나 이제 네 항이 되었다. 한 차원이 있었으나 이제 두 차원이 되었다. 그리고 한 현상 대신에 두 현상이 있고, 게다가 이 두 현상이 서로 다른 〈영역,〉 차원, 축에 있다.

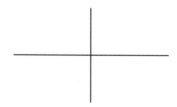

엄밀히 말해서 세 현상이라고도 말할 수 있지만(capio와 capio 사이에 통시현상이 있다. 즉 변화가 없는 언어전파), 극히 중요한 것은 두 현상이

---

54  파생어, 합성어가 되면서 악센트가 이동하고, 그에 따라 모음의 음가가 a에서 i로 바뀌었다.

있다는 것이다〈소쉬르 선생은 당시로는 이 점에 대해 강조하지 않으셨다〉. 아마도 capio와 percipio 사이에 또 다른 현상이 있다는 것이 분명하지 않았던 것 같다! (우리는 현상과 관계 사이에 차이가 있음을 안다!) 〈관계를 가진 단어들 사이의〉 이러한 차이는 의미작용에 기여하므로 이미 현상이 존재하는 것이다. 〈모든 의미작용은 대립이며, 이 대립은 차이에 기반을 두며, 이 차이는 다소간 규칙적이다.〉 이는 정도의 문제가 아니다. 이러한 차이에 결부된 유의미한 요소가 있다. 〈이것이 공시현상의 본질이다.〉 굴절보다 더욱 유의미한 것은 없다. 그것은 단지 의미가 부여되는 규칙적인 차이일 뿐이다.

〈공시현상의〉 이 형식 내에 있는 이러한 대립〈(capio : percipio 등)〉을 교체alternance로 부른다. 공시적 현상은 통시적 현상에 의해 조건 지어진다. 어떤 현상 때문에 percapio가 percipio로 변하지 않았다면, capio와 percipio의 대립은 없었을 것이다. 〈그 현상이 이 대립을〉 창조했다고는 말하지 않겠다. 이 변화를 마무리 지으려면, 이 음성변화와 관련된 가치라는 전반적 사실이 요구된다. 〈한편으로〉 이 두 현상은 서로 환원되지 않고, 〈이 공시현상은 완전히 독립적인 차원에 속한다. 즉 〈오로지〉 정신âme만이 교체에, 〈교체로 생겨나는 이 차이에〉 의미작용을 부여한다는 사실은 통시적 변화 percapio > percipio와 아무 관련이 없기 때문이다.〉 이 두 현상을 차이 나게 하는 특성은 1) 통시현상은 한 시기의 〈계기적인〉 두 항 사이에 일어나며, 시간을 관통하여 이들 두 항을 〈연결하고〉 연접시킨다는 것. 또한 2) 이 계기적 두 항은 〈통시적이라 부를 수 있는〉 의미에서 동일하다는 것이다. 공시현상에서 항들은 동시적이며, 차이가 있다〈즉 이들은 결코 동일하지도 않고 대립한다!〉. 이 두 현상은 따라서 환원이 불가능하다. 본질적으로 다르기 때문이다.

이 공식을 불구로 만든 것은 무엇인가? 〈언어사실이 왜곡되었고, 다른 한편〉 이 사태의 음성적 측면, 음성적 특징을 고찰한 관점 때문에 이원적 현상이 단일한 현상이 되었다. 〈다른 한편으로,〉 계기성을 요구하는 이 〈음성〉현상이 동시적인 두 항 사이에 〈곧바로〉 일어나기를 바랐던 것이다. 〈그래서 주요한 항인 percapio를 제외시켰다.〉 그리하여 〈주의하지 않으면,〉 모든 언어적 문제를 다룰 때, 항의 위치를 표상하는 이 네 항의 공식에서 어느 현상이 다른 현상을 은폐한다. 또 다른 경우에는 〈정반대로 나타날 수도 있다. 즉〉 오직 비음성적 측면만 고려하는 수가 있다. 〈그러나 한결같은 오류는 단 한 차원만을 고려하는 것이다. 즉 공시적 차원만 다루는 것이다.〉 예컨대 독일어에서 나타나는 현상인

nacht<sup>밤</sup> / nächte<sup>밤들</sup>     gast<sup>손님</sup> / gäste<sup>손님들</sup>

이 사실에 제시할 공식은 순수히 문법적인〈즉 공시적인〉 것이다. (우리가 한정한 조건에서) 'a가 복수에서 ä로 변한다'. '복수에서'〈라고 말할 때,〉 우선 우리 마음에 부각되어 떠오르는 것은 의미작용 '복수'의 관념이다. 사실상 그 근본 원리는 capio : percipio와 동일한 성질의 교체이다. 이를 판단하려면, 4항식을 세우는 것으로 충분하다. 우리가 알기로는 10세기경까지는 다음과 같았다.

[40]

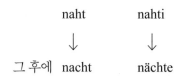

그 후에 nacht     nächte

의미 내용이 a/ä 대립과 결부된다는 것에는 이견이 없다. 이들이 분화된 것은 단지 한 항이 변했기 때문이다. 따라서 통시현상은 〈이전과〉 다를 바가 없다. 〈공시현상에 이의를 제기할 수 있다.〉 즉 nacht/nächte에서 〈음성대립은〉 의미가 차이 난다(주로 의미분화에 기여한다). capio : percipio보다도 nacht/nächte에서 이 의미 차이가 더 분명한데, 이는 어디서 유래하는가? 임의로 우연히 이 대립[55]과 유의미성[56]의 정도가 더 강해졌다고 말할 것이다. 이러한 정도의 차이가 나타나는 다른 사례로

leipo<sup>떠난다</sup>    trepho<sup>기른다</sup>

leloipa<sup>떠났다</sup>    tetropha<sup>길렀다</sup>

leipo(떠난다) trepho(기른다)

leloipa(떠났다) tetropha(길렀다)

(이들은 수평축에 있어야 한다. 동시적인 것에서

이 차이를 취했기 때문!)

가 있다. e/o의 특징적인 차이는 분명 유의미하다(현재와 완료의 의미 차이를 느끼게 만든다). 이는 아래의 독일어

[41]      gebe <sup>나는 준다</sup>   gab<sup>주었다</sup>   giesse<sup>나는 붓는다</sup>  goss<sup>부었다</sup>

gebe(나는 준다) gab(주었다) giesse(나는 붓는다) goss(부었다)

에서 나타나는 현상과 똑같은데, 여기서 차이를 짓는 것은 e/a, i/o의 대립이다. 〈이 교체의〉 유의미한 가치는 〈그리스어(인도유럽어의 선사

---

55† 여백의 대괄호 속에 : 이를 다소 분명하게 드러나게 하고
56† 여백의 대괄호 속에 : 거기에 부여하는

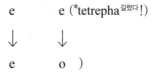

$$e \qquad e \ (^*\text{tetrepha}^{길렀다}!)$$
$$\downarrow \qquad \downarrow$$
$$e \qquad o \quad )$$

와 완전히 동일하고〉, 독일어에서 가치가 훨씬 더 크다. 이 공시적 교체 현상이 〈독일어에서〉 두세 배로 더욱 유의미하게 된 것은 그리스어 완료에 여전히 le가 있는(leloipa) 언어상황 때문이다. 그러나 이는 정도의 문제이지 근본적 차이는 아니다. 〈따라서 여기에는 또 다른 사례(gebe, gab)가 있고〉, 이 유의미성이 아주 분명한 덕택에 단지 공시적인 〈문법적〉 현상밖에 보지 못하는 것이다. 그러나 이 공시적 교체 현상은 통시현상에 의해 조건 지어진다. 이 통시현상이 없다면 공시현상도 없을 것인데, 중요한 것은 통시현상으로 야기된 차이에 결부된 유의미성의 정도이다. 그리스어 교체 leipo : leloipa에서 통시적 사실을 재발견하려면 인도유럽어뿐만 아니라 그 선사, 즉

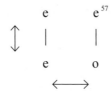

$$e \qquad e^{57}$$

까지 거슬러 올라가야 한다.

---

57† 그림 위 대괄호 속에: 독일어 geben/gibt의 교체는 단지 5세기밖에 안 되는 것이다. 『소쉬르의 1차 일반언어학 강의: 1907』, 노트 II, p.3 [p.54 $^{124쪽}$] 참조. 이하 1908년 12월 17일 강의. 고델, 앞의 책, p.70 참조.

<u>지적</u> : 이 지적은 앞의 논의와 직접 연결된다. 실제적으로뿐만 아니라 이론적으로도 일정 시기의 언어 내에 무엇이 있는가를 이해하는 유일한 수단은 과거를 깨끗이 정리하는 것이다! 이는 통시적인 것과 공시적인 것의 모순에서 유래하는 결과이다. 일정한 시기의 기원을 아는 것보다 더 중요한 것은 없다고 단언하는 의미에서 이는 역설이다. 하지만 이는 진정하고 분명한 역설이다. 공시와 통시 두 현상의 환원 불가능성 〈에 비추어 볼 때 추상화하는 것〉이 필요하기 때문이다. 〈우리는 어느 한 현상으로 다른 현상을 설명할 수 없다.〉 한 현상이 다른 현상을 조건 짓지만, 이는 이 둘을 한꺼번에 취급한다는 의미는 아니다. 〈추상화의 필요성을 강조해야 한다.〉 저널리즘에 대해 〈우스개로 말했듯이,〉 역사적 관점에서 벗어나면 어느 곳으로도 갈 수 있다. 이는 가치가 어떤 우연한 사건에 의존하는가를 잘 보여 준다. 기호 개념을 정확하게 가지기 위해서도 그것은 필수적이다. 〈진화적으로가 아니라,〉 어원이 아니라 기존의 가치를 가지고 말하는 것이다. 〈언어의 기호는〉 그 결정적 가치를 선행한 것<sup>과거</sup>이 아니라 공존하는 것<sup>현재</sup>에서 갖는다. 〈가치를 다른 시각에서 보는〉 역사적 관점에서 과감히 벗어나야 이 가치를 보다 명확히 알 수 있다.

[42]

dépit<sup>경멸. 원한</sup>의 사례를 보자(하츠펠트<sub>Adolphe Hatzfeld</sub>와 다르메스테테르<sub>Arsene Darmesteter</sub>의 『18세기 초부터 오늘날까지의 프랑스어 일반사전』 *Dictionnaire général de la langue française du commencement du XVIIIe siècle jusqu'à nos jours*에서 dépit I 항목과 서론, p.i 이하의 이들의 방법[58] 참조. 이는 가능한 방법이

---

58† 여백의 대괄호 속에 : 단어의 역사로 이들 단어의 의미를 설명한다. 바이(Bally), 『문체론』 (*Stylistique*), p.41 이하 참조.

지만, 언어의 모습을 보여 주는 방법은 아니다). 가치는 인상이다.[59] 〈dépit
는〉 오늘날의 프랑스인에게 어떤 인상〈을 주는가〉? 〈이 단어의〉 역사,
'경멸'이란 개념을 잊지 않으면, 인상을 확정할 수 없다. 'en depit de'~에
도불구하고의 의미는 despectus경멸에 대한 기억으로는 환기되지 않는다.[60]

다른 사례로, vous êtes당신은 ~이다, vous dites당신은 말한다, vous faites당신은 행한다
는 2인칭 복수의 어미 형태가 다르다. 이처럼 아주 드문 어말어미의 가치
를 결정하려면, 그 방법은 vous faites가 facitis당신은 행한다에서 정확히 생겨
난 결과라고 말해야 할까? 아니다. 어느 정도까지 dites가 문법적 어말어
[43]  미인지 판단하려면, 어원을 모르는 오늘날 모든 화자에게 문제를 던지듯
이 이 문제를 제기해야 한다.


## 언어현상과 단위

통시현상과 공시현상에 대해 얘기했다. 곧이어 이 현상들이 일어
나는 두 항이 반드시 있어야 한다고 제시했다. 사실상 이 항은 단위이
다. 현상을 통해 〈이 단위에 접근하는 것이〉 가장 나쁜 방법은 아니다.
우리는 다음 현상을 살펴보았다.

| nacht / nächte | nahti / nächte |
|---|---|

---

59† 여백의 대괄호 속에 : 리트레(Émile Littré)는 하츠펠트의 생각에 반대했는데, 그가 다음처
   럼 말한 것은 옳다고 할 수 있다. "완전한 용법은 그 자체 내부의 이유가 있다." 『프랑스어 사
   전』(Dictionnaire de la langue française) 서문, p.v.
60† 여백의 대괄호 속에 : 어원이 제시하는 바에 대한 좋은 사례는 다음 책의 제목이 보여 준다.
   베르그만(Frédéric-Guillaume Bergmann)의 『라퐁텐의 우화에 나오는 단어에 대한 언어논
   리적 〈(?)〉 분석을 이용한 언어학 강의(?)』(Cours de linguistique (?) fait moyennant l'analyse
   glossologique 〈(?)〉 des mots de la fable de La Fontaine, Paris, 1876).

그것〈(공시현상)〉에 적합한 공식을 부여하자면, 의미 대립에 이용된 음성대립이다. 이 현상이 어떤 단위들 사이에서 일어나는지 알아야 하고, 또 어떤 단위를 구별하는지 물어봐야 한다. 그것은 단지 nacht : nächte뿐인가? 아니면 그와 유사한 일련의 모든 단어를 고려하는가? 아니면 a / ä 인가? 아니면 그것이 단수와 복수 사이에서 일어나는 현상인가? (이들이 〈기저로서,〉 그 형태와 관련되기 때문에 〈단수/복수 그 자체는 추상물이며, 단위는 아니다!〉) 따라서 확실한 것은 그 현상이 다수의 항들 사이에 일어난다는 것인데, 그러면 정확히 어느 단위들 사이에서 일어나는가? 아주 기이한 사실이 눈에 띄는데, 그것은 언어학에서 현상과 단위 사이에는 근본적인 차이가 없다는 것이다. 이는 역설이다. 그러나 모든 〈언어〉단위는 관계를 나타내고, 〈언어현상도 모두 마찬가지이다〉. 따라서 모든 것이 관계이다. 단위를 경계짓는 것은 사고이며, 음성 자체는 〈미리〉 단위를 경계짓지 못한다. 사고와의 관계가 항상 존재한다. 대수代數에서는 복합항만 존재한다.

$$\left\langle \ \frac{a}{b}, \ (a \times b) \ \right\rangle$$

모든 언어현상은 관계들 〈사이의〉 관계이다. 아니면 차이라고 말하자. 모든 것이 대립으로 이용된 차이뿐이며, 이 대립이 가치를 생성한다. nacht / nächte에서처럼 현상으로 부를 수 있는 차이들이 존재한다.[61] 언어 단위를 상대하면, 이들은 차이이다. 더 나아가서, 다른 곳에서 단위

---

61  a와 ä의 차이로 단수와 복수의 대립이 생겨난다.

[44]  의 특성으로 부른 것은 〈기본적으로〉 단위 그 자체와 구별되지 않는다. 우리는 언제나 선형의 연속적 연쇄를 다룬다. 즉 ä는 언제나 〈기본적으로〉 동일한 차원에 속하는 단위이다. 그것은 이 연쇄의 분할체이다. 그런데 단위의 문제는 현상의 문제와 근본적으로 다르지 않다. 〈현상에 대한 연구는 단위의 문제를 이해하는 방식이다. 언어학은 단위를 다루는 것보다 달리 더 나은 방식이 없지만, 그것은 기본적으로는 현상의 문제와 다르지 않다.〉 이 두 가지 문제는 서로 밀접하게 연관되어 있다. 무정형의 발화 집체集體 가운데서 사고가 행하는 분할을 근간으로 하기 때문이다.

우리가 통시적인 것을 취하면, 모든 종류의 단위 문제가 늘상 존재한다. 예컨대 어떤 음성이 어떤 음성으로 변했다고 말해야 하는 것인가, 아니면 음성변화에서 주도적인 단위는 단어인가? 언어현상과 언어 단위의 분류 사이에는 근본적인 구별이 없다.

## 두 가지 언어학

따라서 언어학을 공시와 통시로 나누는 〈내적이고〉 원초적인 구분이 필요하다는 것을 알 수 있다. 〈이는 우리 선택을 벗어나며, 사물의 본성이 우리에게 강요하는 것이다. 이 구별을 선택할 것인지의 여부는 우리에게 달려 있지 않다.〉 질서가 필요하거나 혼란이 전혀 없으려면, 이 구별이 필수적 조건이다. 이 〈중추적인〉 구별은 다른 영역에서도 발견되지만, 언어학에서처럼 〈필연적인〉 것은 아니다. 언어학에서는 이처럼 다소 극단적으로 말할 수도 있다. 〈별개의〉 두 학문, 정태情態 〈즉 공시〉언어학과, 동태動態〈즉 통시〉언어학이 그것이다. 가치를 다루는 모든 과학은 사실들을 두 가지 다른 계열로 구별할 다소 긴급한 책

무가 있을 가능성이 크다. 예컨대 경제사는 정치경제와 구별해야 한다. 이들 분야의 〈최근의〉 학술서들은 이 두 가지를 구별할 것을 강조한다. 그러나 가치가 엄밀한 체계를 형성할수록 그 필요성은 더욱 커진다. 어떤 가치체계도 언어만큼 엄밀한 것이 없다. 엄밀함＝정밀한 가치(아주 적은 뉘앙스 차이도 단어를 변경시킨다), 엄청나게 많은 종류의 가치, 엄청나게 많은 항, 〈체계 내에서 작용하는〉 단위, 단위들 간의 상호적이고 엄격한 의존성. 이 모든 것은 언어 내의 모든 것이 조합적syntactique이고,[62] 모든 것이 체계를 구성하기 때문이다.

[45]

〈두 가지 연구를 동시에 수행할 수 없다. 통시적 사실과 공시적 사실을 구별할 분명한 주된 이유는〉 체계를 형성하는 것, 체계를 형성할 수 있는 것은 공시적인 것뿐이기 때문이다. 통시적 사실이 갖는 효과는 언제나 이 체계를 변경한다는 것이다. 이 통시적 사실은 서로 연관이 없으며, 〈체계를 형성하지도 않는다〉＝단지 특수 사실들의 집합이다. 따라서 두 분야는 아주 다르다. 즉 첫째 범주의 사실은 이들이 형성하는 연결관계connexion[63]와 관련하여 연구하고〈(체계의 각 부분은 전체에 의해서만 의미를 지닌다)〉, 다른 범주의 사실은 이 특성을 전혀 지니지 않는다. 〈체계라고 말할 때, 이는 일반적인 사실이다. 체계의 이동은 개별 사실들이 연속적으로 일어나는 것이다.〉 태양계와 비교하자면, 신성新星의 출현으로 태양계 전체가 변경되겠지만, 이는 특정 사실에 불과하다. 이것을 언어에서도 볼 수 있다. 게르만어에서 중요한 지위를 차지

---

62 여기서는 언어학의 '통사론' 개념보다는 논리학적 개념으로서 조합과 순서를 다루는 것을 뜻한다.
63† 수고에는 (부샤르디의 노트와 마찬가지로) collection이다. 고티에와 콩스탕탱은 connexion으로, 파투아는 connexité로 적었다.

하는 모음변이(gebe, gab)와, 이와 동일한 그리스어의 모음교체 trepho<sup>기</sup>른다: tetropha<sup>길렀다</sup>와 lego<sup>말하다</sup>: logos<sup>로고스</sup>가 그것이다. 이들은 〈규칙적인〉 e/o 대립에 의해 서로 연관을 가진 주요 문법적 계열이다. 이 대립의 유의미한 가치는 게르만어에는 매우 중요하다. 그런데 다른 언어(인도페르시아어, 인도이란어 전체)에서는 이 체계가 상실되었다.

이 〈모음교체〉 현상은 언어의 체계를 구성하는 요소 중 한 가지로서 공시적이며, 언어의 수많은 다른 사실과 관련된다. 이 모음교체를 소실시킨 〈통시적〉 현상은 고립된 특정 현상이다(사실상 그것은 이중적인 두 가지 현상으로서, 어느 한 사실은 다른 사실 없이도 일어날 수 있다. 이들은 서로 연관된 것이 아니기 때문이다). 〈이는 공시와 통시의 대립이라는 이미지를 준다. 이 두 분야를 동시에 한꺼번에 다룰 수는 없다.〉[64]

### 통시법칙, 공시법칙

이미 주어져 있으므로 강제되고 〈필요한〉 이 핵심적인 구분을 인정한 후, 보다 더 세밀하게 구분해야 하는데, 공시와 통시는 우리가 다루는 두 가지 큰 토대이자 큰 두 축인 까닭이다.

통시적 사실은 〈개별 사건이 체계와 대립하듯 공시적 사실과 대립

---

64† 이하 1908년 12월 21일 강의. 고델, 앞의 책, p.71 참조.

하며,〉 우연한 사건에 지나지 않는다. 그런데 우리는 사건을 다루지 않는다. 그러나 이 특정 사실의 특성으로 인하여 곧장 〈다음 질문을 제기한다.〉 이것에 법칙이란 이름을 붙일 수 있는가? 이 영역에는 모든 것이 특수하므로, 이들이 우발적 사건의 특성을 가지〈므로〉 법칙이 존재하지 않는다. 〈사실〉 단지 음성변화만 법칙이라고 할 수 있는 것은 이것이 다른 한편으로 통시적 사실의 전형적이고 주된 현상이기 때문이다. 〈따라서〉 우리는 음성법칙이란 용어를 잠시 논의했는데, 이 용어는 공시적인 것과는 잘 조화되는 것으로 보인다. 그러나 음성법칙과 공시법칙을 대립시켜야 한다. 이 두 영역에서 어느 정도로 〈그리고 어떤 의미로〉 법칙을 다루는가? 공시법칙의 개념을 이해하기 위해 예를 들어 보면, 프랑스어 문장에 단어연쇄가 일정하게 자리한다(〈직접〉 목적보어는 동사 앞에 와서는 안 된다). 또한 〈전혀 다른 종류의 사실을〉 예로 보면, 그리스어 〈강세〉 악센트는 어말 제3음절로 제한된다. 이들은 언어사실의 공시상태이다. 그래서 공시적 차원에서는 이 언어현상을 찾기란 어렵지 않으며, 이 사실들은 〈겉모습은 아주 다르지만,〉 법칙이란 명칭을 부여할 수 있다. 〈다른 사례로〉 고대 슬라브어에서는 〈모든 단어가〉 모음으로 끝난다. 음성변화의 〈법칙의 사례로〉

teste머리        paste반죽

는 13세기에 다음과 같이 축약되었다.

tête        pâte[65]

라틴어 ka > ča[66]

또한 다음 사례도 있다.

inamicus        reddatus

inimicus<sup>적, 적군</sup>        redditus<sup>회귀</sup>

**[세 번째 노트의 시작]** 이 여러 가지 사실들을 어떤 점에서 법칙으로 부를 수 있는가? 〈법칙의 개념을 상론하지 않더라도〉 법칙이란 용어는 두 가지 개념을 〈분명〉 요구한다.

1) 한편으로는 규칙성〈또는 질서〉의 개념

2) 강제적 특성, 강제적 필요성의 개념

공시적 사례는 어떤 것이든 규칙성, 질서를 보여 주지만, 단지 그것뿐이다. 법칙 = 배열 = 질서의 공식이다. 정언적 특성이 없다. 개인들이 이것으로부터 벗어날 수 없다는 의미에서 강제성을 갖는다. 하지만 공동체에 대해서는 전적으로 임의적이며, 안정성을 담보하지 못한다. 〈이 질서는 시간의 변덕에 달려 있으며,〉 승인을 받은 것이 없다. 〈내일이면,〉 그리스어 방언은 악센트가 어말 제2음절을 넘어갈 수도 있다. 처음

---

65  teste, paste의 자음군 st에서 s 탈락으로 단순화되어 앞의 모음이 보상으로 장음화되었다. 악상그라브는 이 장음화 표시이다.

66  어두 위치에서 라틴어 [ka] > 고대 프랑스어 [ʧa]로 마찰음화된다. 예컨대 camera > cha[ʧã]mbre(방).

에는 충격적이지만, 그것으로 끝이다. 그래서 그것은 이미 형성된 바대로의 질서이다. 그것은 5점형으로 배열된 과수원의 법칙과도 같다. 이는 모든 단어의 어말은 모음으로 끝난다는 고대 슬라브어 법칙과도 같다. 어말모음이 탈락하면〈(jazyk [u]ᵐᵃˡ⁽ᴴᴼᴸ⁾〉, 법칙을 여지없이 위반한다. 오늘날 수백 개의 단어가 자음으로 끝난다!

그러나 음성법칙은?

여기서도 법칙의 강제성을 무시할 수 없다. 사실상 이 법칙은 〈사건의〉 결과로서 승인받은 것으로 알려져 있다. 사실상 이 음성법칙은 오직 규칙성의 개념으로만 표현한다. 〈법칙이 강제적 효력을 갖는 것은 규칙적으로 적용되기 때문이다.〉 동일한 조건에 놓인 모든 단어는 이 법칙을 따르는가 하는 의문에 사로잡히게 된다. 즉 〈이 법칙은〉 절대적이며, 예외가 없는 것인가? 이것이 이 질문의 매듭인 줄로 알아 왔지만, 사실은 그게 아니라 단위의 문제가 핵심이다. 음성법칙이 어느 단위에, 〈어떤〉 단위에 적용되는지, 아니면 적용되지 않는지 말이다. 〈이 법칙과 관련된 다수의 개별 사실을 지적하지 못하면, 법칙도 존재하지 않는다.〉 〈그러나〉 음성법칙의 근저를 보면, 우리가 사태를 이처럼 고찰한다고는 생각하지 않는다. 단어가 영향을 받고, 다수의 단어가 변하기 시작하고, 단어들이 〈기성의〉 개체라고 전제하고서 이들이 음성법칙의 영향을 받았다고 말하는 것이다. 하지만 이 음성현상의 단위가 정말 단어인가? 〈하프의 현이 음정이 안 맞다고 가정해 보자. 분명한 것은 음악 작품으로 곡을 연주할 때마다 오류가 생겨난다는 것이다. 하지만 예컨대 이 곡의 레 음이 법칙에 따른 오류라고 말할 수 있을까? 불합리하다! 옥타브상에서는 사실이 아니다!〉 우리는 〈악보와는 달리〉 음성법칙에는 아주 민감하다. 어떤 지방에서 a를 잘못 사용하여 se fâcherᵉʰʰ 대신에 se fôcher로 말하면, 이 단어가 영향을 받은 것인가 아니면 하프 현의 사례처럼 음이 영향을 받은 것인가?[67]

그리하여 공시법칙은 〈단지〉 기존의 질서를 표현하는 것을 의미하지만, 법칙으로 불릴 자격을 부여받는다. (〈물론〉 배열법칙〈을 말하는 것이다!〉〈우리는 이 용어를 이해 가능한 기존의 질서를 가리키기 위해 흔히 사용한다.〉 법칙이라고 말하는 데는 정언적 특성이 필수적인 것은 아니다!) 우리는 음성법칙을 규칙성으로 착각해서 지각하는 것이다. 통시적 사실에 법칙이란 용어를 사용하는 것은 의심스럽〈고 회의적이〉다.

공시적 사실보다는 통시적 사실에 법칙이란 용어를 사용하는 것이 훨씬 더 조심스럽다.[68] 어쨌든 우리는 통시적 사실은 우연한 것이라고 생각한다.

### 통시적 장과 공시적 장

그리하여 우리가 다루려는 대상은 두 영역이다. 공시적 장〈장들〉〈(시기를 구분하는 만큼 많은 장이 있기 때문이다)〉과 통시적 장이다. 한 특유어의 여러 각 시기를 연구하는 것은 통시적 입장에서 다루는 것이 아니다. 예컨대 첫 권에서 고대 앵글로색슨어를 연구하는 것으로 〈그리고 이어지는 둘째 권에서 이어지는 후속 시기들을 연구하는 것으로〉 영어 문법의 역사를 쓸 수 있다고 생각하면 오산이다. 여기에 대응해서 〈모든 사실을 관찰하고 판단하기 위해 주어지는〉 통시적 관점과 공시적 관점이 있다. 한 관점은 통시적 연계 속에서 사실을 파악하고,

[49]

---

67† 여기에 대괄호 속에 : a, 즉 단 하나의 단위!
68† 여기서 다음 문장이 삭제되어 있다. "따라서 통시 영역에서 법칙을 말해야 하는지는 당장은 불분명하다."

다른 관점은 공시적 연계 속에서 사실을 파악한다. 각 관점은 거기에 수반되는 방법이 있다. 〈재론하겠지만,〉 각기 독자적인 방법을 구성해 내는 통시적인 방법에는 두 가지 방식이 있는데, 곧 전망적 방식과 회고적 방식이다. 하나는 시간을 타고 내려가는 것(단어의 미래)이고, 다른 하나는 시간을 거슬러 올라가는 것(단어의 과거)이다.

이 두 가지 가능성은 매우 중요하다, 왜냐하면 대부분의 경우, 회고적으로만, 재구를 통해서만 단어의 〈원시〉형을 설정하기 때문이다.

공시적 차원에는 한 가지 방식, 한 가지 연구방법만 있다. 문법가와 언어학자의 관점은 연구 척도로서 화자의 관점만을 가진다. 화자의 인상이 무엇인지를 묻는 것뿐 〈다른 방법은 없다〉. 어느 정도로 어떤 언어 사실이 존재하는지를 알려면, 그것이 화자의 언어의식에 어느 정도 존재하는지, 화자의 언어의식이 어느 정도 의미를 감지하는지를 탐구해야 한다. 〈따라서 단 하나의 관점, 방법뿐이다. 화자가 감지하는 바를 관찰하는 것이 그것이다.〉

### III. 공시적 장의 분야 구분

공시적 장에서 〈나뉘는 분야의〉 구분. 이는 유의미한 차이의 집합으로 구성된다. 공시언어학으로 연구하는 것은 유의미한 차이가 갖는 작용을 다룬다. 공시적 사상事象을 다루는 것이나 유의미한 사실〈을 다루는 것〉이나 〈사실은〉 똑같다. 〈공시적 장에서 유의미하지 않은 사상이 있다면, 이것은 동일한 사실이 아니며, 우리로서는 그것이 정의상 불가능하다.〉 공시적 장에서는 유의미한 사상만 존재한다. 존재하는 것은

[50] 모두 의식에 감지된다. 의식에 감지되지 않는 것은 문법가들이 고안한 것이다. 다른 한편 공시적 차이를 갖는 것, 공시적 사실만이 유의미하며, 유의미한 것을 표현한다. 〈유의미하게 만드는 것은 차이이며,〉 차이를 만들어 내는 것은 의미작용이다. 이러한 이유로 소쉬르 선생은 〈공시적 연구 대상의 표현으로서〉 유의미한 차이의 역할을 강의하셨다. 차이, 공시적 사실, 〈유의미 단위〉는 아무 차이가 없다. 〈어떤 사상이 유의미하다면, 그것은 공시적인 것이다.〉 차이를 〈유의미한 것으로〉 만드는 역할을 하는 많은 사실 중에서 〈첫째로 지적할 것은〉 한계를 미리 정하는 것이 〈불분명하다〉는 것이다. 〈언어의 연구분야 중 하나인〉 형태론에서 이를 관찰할 수 있다. 〈형태론이 특히 공시적이라는 점을 옹호하지 않아도〉 이 형태론은 무엇을 의미하는가? (Formenlehre의 번역어인) 형태론morphologie은 〈곡용,〉 활용, 대명사 등의 여러 가지 형태를 확립한다. 그것은 문법의 개념과 근본적으로 다른 개념을 요구하는가? 그러면 이처럼 대답할 것이다. 문법은 형태의 기능을 연구하고, 형태론은 형태의 상태를 확립한다. 〈형태론은 φυλαξ^보초의 속격이 φυλακος^보초의라는 것을 알려준다. 형태를 사용하면, 그것은 문법이다.〉 요컨대 이 구별은 착각이다. 의미작용을 통하지 않으면, 달리 단위를 확립할 수도 없고, 〈그 역도 마찬가지다. 곡용의 격 형태를 여럿 제시하면,〉 차이를 도입하는 것이다. 〈φυλακος가 φυλακα^보초를, φυλακι^보초에게 등과 의미작용이 같지 않다고 말하는 것이다.〉 왜냐하면 φυλακος 자체로는 아무것도 아니며, φυλακι, φυλακα와의 대립에 의해서만 존재하기 때문이다. 그러나 이 차

이는 기능의 차이에 다름 아니다(〈뒷면 없이 앞면만 자를 수 없는〉 종잇

장처럼!). 형태 연구는 기능 연구나 마찬가지이다. 그리하여 둘의 경계

를 확연하게 긋기가 쉽지 않다.[69] 어휘론은 문법과 분리되는가? (〈어휘

론은〉 사전에 배열된 단어들의 보고이다). 그것은 〈순수히〉 문법적인 것

(이는 단어들 사이의 관계를 표현한다)과 아주 분리된 듯이 보인다. 하지

[51]   만 문법 수단으로 표현되는 다수의 관계는 어휘적 수단으로도 표현될

수 있다. 따라서 그 경계는 〈거의〉 착각이다.

$$\frac{\text{fio}}{\text{facio}} = \frac{\text{dicor}}{\text{dico}} \quad \begin{array}{c}(수동태)\\[4pt](능동태)\end{array}$$

〈다시 말해서 facio<sup>하다, 만들다</sup>에 대한 fio<sup>일어나다, 되다</sup>의 가치는 dico<sup>말하다</sup>에 대한

dicor<sup>말해지다</sup>의 가치와 동일하다.〉 완료와 미완료처럼 이 차이는 어떤 언

어에서는 시제로 표현되지만(문법!), 슬라브어는 두 개의 별개 단어, 두

개의 다른 동사〈즉 완료동사와 미완료동사〉로 표현한다(어휘론!).[70]

전치사의 기능은 일반적으로 문법적인 것으로 생각된다. 그렇

지만 프랑스어 'en considération de'<sup>고려하여</sup>를 예로 들면, 이것이 전치

사라고 하겠지만, 사실은 어휘적이다(〈이 표현은 의미가 상실되었거

나 considération<sup>고려</sup>과 완전히 분리되었다고 말할 수 없다 :〉 어휘 요소

'considération'이 단지 적용된 것이다).

πειθω '나는 설득한다'와 πειθομαι '나는 복종한다'〈는 그리스어에

---

69† 이하 1909년 1월 11일 강의. 고델, 앞의 책, p.72 참조.
70  히브리어의 경우, 시제는 인도유럽어의 완료/미완료와 비슷한 가치를 갖는다. 러시아어의
    경우, 완료 동사와 미완료 동사의 두 계열이 있다.

서는 문법적 차이지만, 프랑스어에서는 어휘적 차이다〉. 많은 언어에서 속격이나 앞뒤로 놓인 두 단어가 표현하는 관계는 〈다른 언어에서는〉 하나의 어휘적 단위인 합성어(Zeitrechnung<sup>연대학</sup>)로 표현된다.

그리고 기타 등등. 실제로 유용한 쓰임새가 있는 이 두 분야의 분리, 차단에 경계선을 〈합리적으로〉 그으려고 하지만, 명확한 근거를 찾지 못한다. 〈앞에서 논의한 문제로 되돌아가 보자.〉

언어상태에서 발견되는 것은 모두 무엇인가? 앞에서 그것이 차이의 작용(단어들이 임의로 선택된 사실로부터 연유!)이라고 했다. 음성 차이에 의해 가치가 끊임없이 대립하지만, 언제나 문제 되는 것은 상대적 단위에서 나타나는 차이다. 이들 상대적 단위를 연결하는 더 큰 단위 내에는 〈서로 대립하는〉 하위단위가 있다. 모든 것이 차이로 귀착되고, 모든 것이 군결속groupement으로 귀착된다. 그런데 좀 더 깊이 나아가서, 여기서 기본적인 구별〈──지금까지 언급한 적이 전혀 없는──〉을 제시하겠다. 〈언어 내의〉 단위군에 대해 말하면 뜻이 모호하므로 이는 제거해야 한다.[71] 다음 사실을 살펴보면, 이들은 단어군이라고 할 수 있다.

[52]

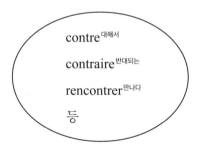

---

71† '이는 제거해야 한다' 위에 추가: 그것으로 충분하긴 하지만, **그 통사론은 불명확하다.**

다음 단어를 예로 보면,

> contre-marche<sup>후퇴</sup>

이 역시 'contre'가 나오는 단어군이다. 〈우리는 이 두 가지 의미로 '결속하다'grouper를 사용했다.〉 근본적 구별이 필요하면, 여기서 이 점을 명확히 설명해야 한다. 어떤 단어가 다른 단어와 인접, 병치, 근접, 접촉하는 두 가지 방식이 있다. 이것을 단어의 두 가지 존재 자리lieu d'existence, 단어의 두 가지 관계 영역sphère de rapports으로 부를 수 있다. 이는 언어<sup>랑가주</sup>와 관련해서 우리 마음 내부에서 역시 활성화하는 두 가지 기능에 상응한다. 한편으로는 기억의 상자에 상응하는 내적<sup>실적</sup> 보고寶庫이며, 창고로 부를 수 있다. 이는 두 곳의 존재 자리, 두 존재영역 중의 한 곳이다. 둘째 존재 자리에 들어가 활성화되는 모든 것이 정리되는 보고이다. 다음으로 둘째 존재 자리는 담화, 즉 발화<sup>파롤</sup>의 연쇄이다. 〈단어가 들어가는〉 이 두 존재 자리 중 어느 자리냐에 따라 단어군을 다루지만, 그 두 단어군의 성질은 〈완연히〉 다르다.

[53]

| 보고(창고) | 담화 연쇄 |
|---|---|
| 연상 단위 | 담화 단위 |
| | (즉 담화 내에서 산출) |
| 단어족이란 의미에서 어군 | 통합체란 의미에서 어군 |

잠재적이지만 우리가 실제로 이용하는 이 요소들의 집체에서, 이 보고에서 우리는 연상을 구축한다. 각 요소는 다른 요소를 상기시킨다. 유사

한 것과 상이한 것, 모든 것이 각 단어의 주위에 출현한다, 그렇지 않으면 언어<sup>랑그</sup>는 불가능하다. 예컨대 곡용표는 연상군이며, 〈이 연상군은〉 당연히 단위를 요구하지만, 이 단위는 담화상에서는 현존하지 않는다. 이 단위 내에는 변하는 요소와 변하지 않는 요소가 있다. 이것이 모든 〈연상〉군의 특성이다. 이 변하지 않는 요소의 이름으로 dominus<sup>집주인이</sup>와 domino<sup>집주인에게</sup>를 연관 짓는다. 변하는 요소는 이 단어군 내의 다양한 단위들이다.

$$
\left.\begin{array}{l}
\text{désireux}^{\text{바람직한}} \\
\text{soucieux}^{\text{걱정하는}} \\
\text{malheureux}^{\text{불행한}} \\
\text{등}
\end{array}\right\}
\quad
\begin{array}{l}
\text{공통 요소} \\
\text{차이 요소}
\end{array}
$$

따라서 이 연상군은 순수히 심적인 것이며, 담화상에서 동시적으로 존재하지 않는다. 이 단어족은 〈반드시〉 경계가 명확하게 구별되는 것은 아니지만〈(반면 곡용은 구별되고, 아주 명백한 집합을 형성한다)〉, 특히 공간적으로 구별되지 않는다. 단어들 중 어느 한 단위가 다른 단위 뒤에 오지 않으며, 이들이 순서를 따른다고 할 수 없기 때문이다. 이 단위들 내부에서는 경계가 공간적으로 구별되지 않는다(주격이 화자의 의식에 맨 먼저 떠오르는 첫 번째 격은 아니다!). 'soucieux'가 'malheureux'와 어느 방향에서 결합하는지를 도표상으로 정할 수는 없다. 이와 반대로 통합체<sub>syntagme</sub>가 되는 어군을 취하면, 이는 곧장 순서〈(συν-ταγμα<sup>72</sup>)〉〈라는 개념〉을 떠올리게 되고, 순서의 조건, 기반은 공간적 확장이다. 공간적 확장이라는 조건이 이 어군을 생성한다. 〈언어<sup>랑가주</sup>에서〉

이 조건은 아주 간단하다. 곧 거기에는 일차원의 선線뿐이다. 〈통합체를 만드는 두 가지 방식이란 없다.〉 오로지 연속적 선을 통해서만 통합체를 만들 수 있다. 공간적인 것은 물론 시간 개념으로도 표현되지만, 공간의 이미지는 아주 명확하기 때문에 시간의 개념과 교체될 수 있다.

quadrupes 네 발 달린 동물

hippo-trophos 말 사육 [73]

이들은 더 큰 단위를 형성하며, 하위단위도 있다. 그러면 여기서 결속되는 여러 요소들은 공간적 확장이라는 조건에 따른다. 즉 좌와 우가 있다(= 앞과 뒤, 전과 후가 있다). 이 통합체의 개념은 모든 크기의 단위에, 어떤 종류의 단위에도 적용이 가능하다. 〈hippotrophos 같은 합성어뿐 아니라〉 단순어나 문장도 통합체로 취할 수 있다. 예컨대 단순어의 단어 구성은 통합적 결속과 관계가 있다. 'désir'-'eux' 같은 〈계기적〉 단위들은 단계는 다르지만, 의미를 느낄 수 있다. 문장 'que vous dit-il'그가 당신에게 뭐라고 말했나에서도 désireux, hippotrophos와 마찬가지로 통합체가 있다 (종류는 다르지만!). 우리는 통합체만을 가지고 말하는데, 그럴 법한 메커니즘은 우리 두뇌 속에 이런 유형의 통합체가 있고, 이 통합체를 사용할 때 연상군을 개입시킨다는 것이다. 〈예컨대〉 lego-metha 우리는 불린다란 단어군을 사용할 때, 〈우리가 lego-metha를 정확히 사용한다는 것은〉 여러 다른 연상군이 있고, 여기에 'lego'와 'metha'가 저장되어 있다. 구

---

72  syn-tagma. syn-은 '함께', tagma는 '일정한 순서로 배열된'을 뜻한다. 동사 syntassein(함께 배열하다)에서 파생되었다.
73  각각 quadru(넷)+pes(발), hippo(말)+trophos(사육)로 분석된다.

름 집체의 아래위에서 lego와 metha를 각기 변경하면서 매 순간 단어족을 취한다. 이는 일부를 변경해서 생겨나는 변동일 뿐이며, 이 단어군의 구성 요소들 사이의 끊임없는 대립으로 담화의 매 순간에 요소가 선택되고 결정된다. 〈항상 이 요소들의 대립이 필요하다. lego-metha는 자체로는 아무것도 의미하지 않는다.〉 'legontai'[그들은 불린다]가 더 이상 사용되지

[55] 않는 때, lego-metha의 의미, 〈가치〉는 사실상 변하고 〈자연히 lelektai[불렸다]의 가치도 변할 것이다〉. 결국 이 각 단어군 중 단위의 차이를 만들어내려면, 무엇인가를 변경해야 한다는 것을 알게 된다. 통합체가 생겨나는 때에 연상군이 개입하고, 이 통합체가 형성되는 것은 오직 이 연상군 때문이다. 문장도 사정은 마찬가지이다. 예컨대 'Que vous dit-il'이라고 말하는 순간, 두뇌 속에 있는 일반적 유형의 한 요소를 변경한다.


que vous dit-il

. . . nous . . .

. . . 등 . . .


그리하여 두 단어군 ── 공간상으로 그리고 심적으로 (단어족별로) 결속된 ── 은 둘이 함께 작동에 들어간다. 그래서 원하는 차이를 만들지 못하는 모든 것은 결국 제거하기에 이른다.

이것을 〈우리가 원하는 만큼 널리 확장성 있게 그리고〉 이 두 가지 의미로 적용할 수 있다. 즉 가치는 언제나 단어족에 의한 결속과 통합적 결속에서 유래한다는 것이다. 〈한편으로 m의 잠재적 가치는〉 동일 차원의 모든 종류의 요소와의 내적 대립에서 유래한다(예컨대 프랑스어에서 l, m과 가능한 잠재적 음성).

〈 amna

l

등 〉

그렇지만 또 다른 가치 획득 방식은 통합적으로 이루어진다. 여기에는 공간적인 것이 〈즉시〉 개입된다. amna에서 m은 a와 n 사이에 위치해야 한다. 이 두 가지 방식의 끊임없는 대립, 즉 통합체와 차이 생성의 대립, 이것을 우리는 담화 내에서 끌어내는 것이 〈아니라〉 끌어낼 수도 있다. 언어상태의 메커니즘의 기반은 이 두 가지, 즉 인접하는 방식과 〈다른 것과 차이 나는〉 방식의 대립이 그것이다.[74]

[56]

일정 시기의 한 〈언어상태〉 전체를 구성하는 모든 것은 〈우리 생각에는〉 통합체 이론과 연상 이론으로 귀결된다. 이들을 대립하는 것만이 문제시되고, 통합체와 연상 사이의 관계라는 개념을 제시하는 것은 문제시되지 않는다. tri-polis[셋-도시]를 생각해 보자. 이는 두 연속적 단위 tri-와 polis로 분석되는 통합체이다. tri-polis는 '세 도시의 집합'을 의미하거나 '세 도시를 가진'을 의미할 수 있지만(전혀 다른 관계!), 이것은 〈공간상으로 연속하므로〉 통합체이며, tri, trion, tria, treis 〈같은〉 연상은 아니다. 이 연상은 언어의 메커니즘으로 볼 때 중요하지만, 우리는 이 연상을 선으로 배열하지 않고, 한꺼번에 사고하여 포괄한다. (discursif[추론적인]와 intuitif[직관적인]라는 〈단어를 조금 조작해서〉 대조시켜 intuitif = 'intueri'[주시하다]일 때, 이 두 단어는 **통합적이고, 연상적으로** 서로 대립한다. 그리고 담화상에서 사용하지 않고서도 정신적으로 관조할 수 있다.) 이 두 원리, 두

---

74† 이하 1909년 1월 14일 강의. 고델, 앞의 책, p.73 참조.

가지 정신활동을 도식으로 표상할 수 있는데, 이는 두 축상에서 공시적으로 표출된다.

$$\overset{\frown}{\text{dé-faire}}^{\text{해체하다}} \qquad \text{통합적}$$

동시에, ⟨(잠재의식 속에서 사고하는)⟩ 집체처럼, 심적으로 존재하는 다른 축상에 다른 모든 잠재적 가능성이 연상에 의해 연결될 수 있다.

$$\left.\begin{array}{l} \text{refaire}^{\text{다시 하다}} \\ \text{parfaire}^{\text{끝내다}} \\ \text{faire}^{\text{하다}} \\ \text{défaire}^{\text{해체하다}} \\ \text{déranger}^{\text{방해하다}} \\ \text{déplacer}^{\text{이동하다}} \end{array}\right\} \text{연상적}$$

[57] 다른 형태들이 défaire 주위에서 부유하는 한, 이 'défaire'를 단위로 분석하고 분해할 수 있다. dé-⟨를 가진⟩ 다른 형태들이 프랑스어에서 사라지면, 그것은 분석 불가능할 것이다. défaire가 오직 하나의 단위가 되기 때문이다. 그래서 dé-와 -faire를 ⟨더 이상⟩ 대립시킬 수 없다.

통합론은 통사론만 특수하게 다룰 필요가 없다. 단어의 하위단위에도 통합적 사실이 이미 존재하기 때문이다. 합성어도 취할 필요가 없다. désireux에서 연속하는 두 단위가 있고, 이들은 통합체를 구성한다. 'désir-eux'의 가치는 공간상의 배치라는 현상에 의해 좌우되는데, 이를 하이픈으로 나누어 표기할 수 있다. 그러나 인정할 것은 통사론 현상은 통합론에 속한다는 것이다. 이들 현상은 언제나 최소한 두 단위 사이에서 일어나며, 이 두 단위는 공간상에 분포한다. 공간상에 분포하는 질료적인 이 두 단위를 벗어나서 비질료적 통사론이 있을 수 있다는 견해는 잘못된 것이다. 〈통사적 현상이 존재하려면, 연속 요소가 필요하다.〉 특징적 사례로,

〈영어에서는〉 다음처럼 말할 수 있다.


the man I have seen
(l'hommme j'ai vu) = que j'ai vu


things you would rather have left unsaid
(choses vous auriez de préférence laissées non
prononcées) = choses que vous ...


여기에는 분명한 통합적 현상이 있다. 그러나 que = 0 = 무無로서, 표현되지 않았다. 〈말하자면 무가 단위의 관계를 표현하는 데 사용되었다.〉 그렇지만 그 답은 간단하다. 즉 전체 문장에서 무를 설정하면, 아무것도 이해할 수 없다는 것이다. 〈더욱이〉 어떤 단어가 빠졌다는 생각은 프랑스어 통사론에서 생겨난 것이다. 우리는 주어진 모델을 따라 que를 보충하고, 그것 = 0이라고 말하는 것이다. 따라서 어떤 연결 요소articulus가 빠져 있다고 말할 수 없다. 〈특히 그 전체 계열을 삭제할 수는 없다.〉

따라서 〈우리가〉 배열한 단위들이 지탱하는 것은 단위들의 관계이다. 현존하는 항들의 합을 취하면 충분하고, 이 합을 벗어나면 통사적 사실은 따질 수 없다. 〈통사론을 연구하려면, 통합체로 된 연속항이

필요하다.〉 단어 연쇄와 사고 사이에 적합한 척도가 없다고는 말할 수
없다. 〈영어의 사례처럼〉 그 어구표현이 단지 항들의 합을 취하기 때문
에 생성되었다는 사실만으로 사고의 표현에는 적합하다. 단어처럼 작
은 단위는 거기에 결부된 의미가 없다면 아무것도 아니라고 〈상기할 필
요가 있는 만큼〉 거기에 부응해서 더 큰 통합체(문장) 연구는 실제적 구
성 요소를 강조해야 한다. 이 구성 요소 없이는 통사적 현상이 공간상
에서 표현될 수 없고, 이들을 벗어나면 아무것도 존재하지 않는다. 언
어상태에서 출현하는 현상을 설명하려면, 통합 이론과 연상 이론이 동
시에 필요하다. 단어 개념을 명확히 설명하려면, 이를 통합적으로 그리
고 연상계열 내에서 연구해야 한다. 〈예컨대 grand<sup>르</sup>을 보면, 한편으로〉
grand garçon<sup>키른소년</sup>이 있고, 〈다른 한편으로〉 grant enfant<sup>키른아이</sup>이 있다.
우리는 gran과 grant을 한 단어로 인식하는데, 이 둘은 같지가 않다. 뒤
따르는 음절이 자음인가 모음인가에 따라 통합체의 차이가 발생한다.
〈gran과 grant가 결정된다.〉[75] gran père<sup>할아버지</sup>에서도 〈같은 단어를 인지하
지만,〉 이 역시 통합체이다. grand와 grandes〈가 같은 단어라는 것〉을 확
인하면,[76] 연상 영역에 들어간다. 〈이는 공간상의 확장이 아니기 때문이
다.〉 따라서 이 두 가지 의미에서 〈단어 개념을〉 명료하게 설명해야 한
다. grand와 grande가 〈같은 단어가〉 아니라고 주장하면, 이를 옹호해야
하는데, 〈이는 별개의 두 영역, 즉 통합체와 연상과 관련해서만 타당성
있게 입증할 수 있다.〉

---

75  grand garçon [grãgarsõ]와 grand enfant [grãtãfã]에서 grand이 리에종이 되느냐 되지 않느냐에
   따라 두 가지 형태로 발음된다.
76  여성형 단수는 grande [grãd], 복수는 grandes [grãd]이다.

# 유추

통합과 연상, 이 두 조작 활동과 관련되는 현상이 있는데, 유추〈현상〉이다. 이를 유추현상, 유추창조, 유추신생novation(혁신innovation보다 더 낫다)으로도 부를 수 있는데, 이 유추현상은 늘상 일어난다. 새로운 것이 나타나고, 변화한다. 여기에 곤란한 문제가 발생한다. 변화하는 것이라면 통시론을 다루는 것이다. 이는 공시와 통시의 구별이 마주하는 미묘한 지점이라고 말할 수 있다. 유추를 만들려면 공시적 사실이 있어야 하고, 언어 전체, 즉 언어〈체계〉가 있어야 한다. 〈(다른 버전(B.<sup>부사르디</sup>) : 유추는 체계 내의 공시적 힘에 의해서만 일어날 수 있다.)〉〈유추의〉 사례로,

[59] 유추에 의해 아이가 (viendra<sup>그는 올 것이다</sup> 대신에) il venira라고 말하는 것이나, 라틴어 septentrionalis<sup>북쪽의</sup>에 대한 유추로 (meridialis<sup>남쪽의</sup> 대신에) 후기 라틴어에 meridionalis가 출현하는 것이 관찰된다. [네 번째 노트의 시작] 유추로 인해 많은 그리스어 방언에서 αρχοντες<sup>통치자, 귀족</sup> 대신 αρχοντοι가 출현하고, 대부분의 프랑스어 2인칭 복수형태는 남아 있지 않고, vous lisez<sup>너희는 읽는다</sup>로 바뀌었다(vous dites<sup>너희는 말한다</sup>만 규칙 활용이다!).[77] 또한 과거 독일어의 강변화 동사 단수와 복수는 차이가 규칙적이었다.

| | |
|---|---|
| warf | steig |
| wurfum | stīgum |

하지만 유추로 인해 오늘날에는

---

77  lire(읽다)와 dire(말하다)는 같은 활용을 했으나 lire는 복수 2인칭 어미 –ez에 대한 유추로 lisez가 된 반면, dire의 복수 2인칭은 고래의 활용 어미 –tes가 남아 있다. 후자가 오늘날에는 불규칙형이 되었다.

warf

warfen<sup>던지다</sup>

stieg

stiegen<sup>올라가다</sup>

의 형태가 되었다. 또한 원래 라틴어 honos, -oris가 있었는데, honor, honoris가 되었다. 유추에 의해<sup>78</sup> 이러한 언어사실이 출현하려면, 과거에 들어 보지 못한 이 형태들이 나타나려면, 필요한 메커니즘은 무엇인가? 언어란 언어를 전수받은 세대가 시기마다 해석하는 그 무엇으로 생각할 수 있다. 그것은 우리가 이해하려고 노력하는 수단이기 때문이다. 〈현재의 화자 집단은〉 그 이전 세대들과는 전혀 달리 언어를 해석하는데, 그것은 〈여건이 바뀌었기 때문이고,〉 표현수단이 예전과 같지 않기 때문이다. 따라서 필요한 것은 적극적으로 활성화된 일차적 해석 행위이다(그전에는 이해하는 집단의 입장이었다. 이 화자 집단은 수동적이다!). 이 적극적 해석 활동은 단위 구별을 통해 발현된다(모든 언어활동은 여기에 결국 이르게 된다!)

prisonnier<sup>죄수</sup>          gant-ier<sup>장갑 제조인</sup>

오늘날에는 더 이상 gant<sup>장갑</sup>가 아닌 gan으로, 연상되는 항의 위치가 변했다. 내가 gan와 gantier를 해석하려면, gan-tier로 분석할 수밖에 없다.

[60]

---

78 honos, honoris에서 로타시즘으로 인해 다른 곡용형에서도 s가 r이 되었고, 이것이 거꾸로 유추에 의해 역형성되어 주격 honor가 생겨났다.

지금에 와서는 존재하지 않던 단위를 습득했다. 즉 -tier이다(그것은 선택의 여지가 없는 분석 방책이다. 프랑스어에는 더 이상 달리 분석할 방도가 없기 때문이다). 이 때문에 이 단위를 필요 시 때에 따라 적용할 수 있는 여지가 생겨난다. 예컨대 cloutier<sup>못 제조공 79</sup>가 그렇다(유추현상이며, 유추에 의한 신어 창조이다(모델이 필요했기 때문에 반드시 창조는 아니다). 이 cloutier는 새로운 형태로서 사람들이 gant로 발음하고 gant/ier로 분석했다면, 구성되지 못하는 형태이다).

단위가 점유하는 갖가지 분포는 이 단위를 잠재적으로 사용할 가능성을 제공하는데, 〈예전부터〉 전수된 것이든〈(분명 이 단위의 분포가 오해에서 시작된 것일 필요는 없다)〉 〈접미사 -tier처럼〉 오해에서 기인한 것이든 상관없다.

단위 문제가 도처에 개입한다는 사실을 보여 주는 예로 'entre quatre zyeux'<sup>네 개의 눈 사이에</sup>를 드는데, 과거와는 달리 〈통합체〉 dezyeux<sup>80</sup>를 〈de/zyeuz로〉 분석했고, 〈유추로 quatre zyeux가 생겨나는 계기가 되었다〉. 내가 해석만 한다면 유추는 일어나지 않고, 단지 그 잠재 가능성만 존재한다. 새로운 단어를 이용하여 'entre quatre zyeux'를 처음으로 사용한 화자가 유추형을 만들어 내고, 그 후에 언어 공동체가 이 유추형을 채택하든가 거부하든가 한다. 따라서 유추현상의 일부는 새로운 형태가 출현하기 전에 이미 끝난다. 언어는 이처럼 자체 내에 주어진 단위를 〈분석하는〉 지속적 해석 활동을 통해 그 자체 내에 유추생성의 가능성을 모두 내포하고 있다. 〈적어도〉 새로운 형태를 만들어 내는 모든

---

79  clou(못)의 파생어. (유추를 통해) 행위자 명사 접미사는 -tier로 분석된다.
80  복수형 des yeux(눈들)가 리에종해서 생긴 형태이다.

요소를 말이다. 유추현상이 출현하는 시간이 새로운 형태가 출현하는 때라고 생각하면, 분명 잘못된 것이다. 모든 요소들이 〈연상군 내에〉 이미 주어져 있기 때문이다. 이 유추형성에는 두 가지 특성이 있다. 그것이 창조라는 면과 창조가 아니라는 면이다. 새로운 결합이라는 의미에서는 창조지만, 이 요소들이 이미 준비되고, 형태가 갖춰져 새로운 형태로 출현한다는 의미에서는 창조가 아니다.

더 이해력을 돕는 사례로,

〈어느 때 필요에 의해 able형의 접미사를 이용하여〉 dépistable<sup>추적할 수 있는</sup>을 따라, entamable<sup>시작할 수 있는81</sup>이라고 말하는 날이 올 것이다. 이들은 아마도 한 번도 사용해 본 적이 없던 새로운 유추형이 될 것이다.

[61]       유추형을 4항 비례식으로 요약할 수 있다(모든 경우에 적용되는 것은 아니지만, 많은 경우에 해당된다. 〈『1차 강의』, 노트 II, p.93 [p.96<sup>198쪽</sup>] 이하 참조〉).


$$aimer : aimable = entamer : x$$


이 공식은 이것으로 귀착되는데, 곧 〈내적 의식〉, 언어감각이 이 공식에서 -er를 -able로 교체하도록 유도한다. 〈내가 변경할 수 있는 요소가 하나 있다.〉 이 구체적 모델이 작동하려면, 이를 분석해야 한다. 이 공식이 사실에 부합하는 것이라면, 그것은 분석할 수 있다는 것을 의미한다. 따라서 〈단위에 대한〉 나의 관점으로 되돌아간다. 즉 언어가 어떠한 단

---

81  entamer에서 유추한 형태이나 『프랑스어 보고 사전』(*Trésor de la langue française*, 일명 TLF)에 없는 단어이다. inentamable 참조.

위를 구별하느냐에 따라 언어는 그러한 상태에 처하게 된다.

다른 한편 유추창조는 변화가 아니다. entamable는 우리가 필요한 〈새로운〉 형태이지만, 기존의 형태와 경합을 벌이는 새 형태가 출현하는 경우도 있다. 〈예컨대 finals : finaux<sup>마지막의</sup>.[82] 이 경우에 변화의 개념이 더 깊이 개입하는 것 같다.〉 그러나 이 경우에도 음성변화의 의미로서 변화가 아니다. 그것은 대치 조작을 연루시켜 끌어오며, 오직 대치에 의해서만 이 형태가 존재한다. 여기서 개별 사례를 가지고 추론하는 것이므로 사태는 더욱 분명하다. 누가 ā를 ō로 발음하는 습관이 있다면, villāge<sup>마을</sup>를 villōge로 대치할 것이다. 이 현상은 개별적이든 집단적이든 다른 형태의 상실, 파괴, 망각을 불러온다. 유추형성은 그렇지 않다. 한 형태의 소실은 다른 형태의 생성과 존재에 필수적인 조건이다(참조: 독일어 유추형 wurde<sup>되었다</sup>는 과거형 ward<sup>되었다</sup> 대신 정확히 같은 자리를 차지한다). 유추창조에 변화가 없다고 하는 것은 이러한 의미이다. ward가 없어져도 이는 wurde의 창조와 무관한 사실로 인해 생겨난 것이며, 유추로 생겨난 산물 자체와는 관계가 없다. 유추현상을 추적할 수 있는 곳이면, 다른 형태의 소거는 이 창조형과 무관하다. 일반적으로 다른 형태가 출현하면, 언어로부터 이를 소거하기 위해 새로운 현상이 필요하다.

유추에서 변화가 있다면, 더 풍부한 언어를 전체적으로 고려하므로 변화이지만, 한 형태를 다른 형태로 교체한다는 의미의 변화는 아니다.

---

82 프랑스어에는 이 두 가지 형태가 공존하는데, l+s (복수)에서 l이 모음화해서 finaux란 형태가 생겼다. 그러나 hotel, seul 등의 복수형은 모음화되지 않은 형태 hotels, seuls이다. 단수에 기초해서 생겨난 유추형이다. 마찬가지로 finals도 유추형이다. 그러나 단수 chevel, 복수 chevels > cheveux에서는 복수형 cheveux에 기초해서 유추형 단수 cheveu가 생겨났다. ciel은 두 가지 복수형 ciels, cieux가 경합한다.

<h1 align="center">잠정적 결론</h1>

유추창조는 별개의 장<sub>章</sub>으로 등장하는데, 해석의 〈일반적 활동이라는〉 현상의 〈분야로〉, 〈단위 구별의〉 분야로 출현한다. 언어는 단위를 스스로 표상하며, 이들을 어떤 방식으로 처리하고, 유추창조를 위해 이용한다. 그래서 이 유추창조에 별도의 장을 마련하지 않을 것이다. 유추( = 우리의 일상활동)를 포함하여 언어의 공시태 내에 속하는 모든 것은 일상적인 의미와 매우 유사한 개념의 문법이란 용어로 요약된다. 체스 게임에 대한 글도 문법이란 이름을 갖는다〈마찬가지로 주식 거래의 문법도 볼 수 있다〉. 그 문법은 복잡하고 체계적인 대상을 함의하며, 〈가치를 작동시키는 체계에 적용된다.〉〈우리로서는〉 역사문법이란 존재하지 않으며, 용어들이 서로 충돌한다. 일련의 여러 시기에 걸치는 체계란 존재하지 않기 때문이다. 한 언어에서 공시적으로 존재하는 것은 체계의 균형이며, 이 균형은 시기마다 구현된다. 역사문법은 통시언어학을 의미하며, 이는 별개의 분야로서, 결코 문법적일 이유가 없다.

문법적 = 유의미한 = 기호체계에 속하는 = 그 자체로 공시적인

그러나 언어 내의 공시적인 것은 모두 문법으로 불릴 수 있다는 것을 인정하는 동시에 이 문법의 하위분야 구분에 눈을 감을 필요는 없다. regis<sup>왕의</sup>의 형태론이 문법적 의미와 동일하고, 통사론과 동일한 사례도 있다. tuli<sup>나는 날랐다</sup>와 fero<sup>나는 나른다</sup>의 어휘 차이는 문법 차이와 동일하다. 〈공시적인 것을 통합과 연상으로 합리적으로 구분하는 것을 살펴보았다. 공시적인 것은 통합 이론과 연상 이론을 포괄한다.〉 통합적 차이 부류와 연상적·심적 차이 부류가 있다. 언어에는 차이만이 있으며, 양수<sup>陽</sup>

數란 없다. 그러나 이러한 차이는 발화선형과 〈형태들 간의〉 〈내적이고〉 심적인 비교라는 이 두 가지 축에 작용한다. 이렇게 말하면 전통적인 분야 구분을 불신하는 것은 실제로 좀 과장된 것이다. 이들 분야의 구분 사이에 〈진정한〉 조정이란 없으며, 〈전체 내에서 구분된 각 분야의 진정한 가치를 평가할 수 없다〉. 그렇지만 대부분의 분야는 통합적 차원이나 연상적 차원에서 어떤 현상에 상응하는 부분이다. 곡용은 분명 화자의 언어의식에 형태들이 부류화되는 방식 중 한 가지 방식이다. 그것은 빠진 것을 잇는 분야 구분의 연결부위이다. 일단 형태가 탐색이 되면, 그 형태는 변화할 가능성이 있다. 그 방법은 단지 언어의식이 인정하고 비준한 것을 실재적인 것으로, 언어의식이 인정하지 않는 것을 비현실적인 것으로 관찰하고 고려하는 것이다. 이로써 그 방법은 모든 사람이 접근할 수 있다. 그것은 모든 사람의 관찰을 통해 수정된 내적 관찰이기 때문이다.

[63]

예컨대 곡용표는 문법가들이 고안한 것인가 = 그것은 존재하는가?

그래서 논의의 장章의 전개나 조절은 아주 간단한 방법을 적용한 후에 할 작업이다. 그것 때문에 이 분야 구분의 일은 전체적으로는 하기가 〈쉽지 않다.〉


## IV. 통시적 장

### 통시적 장의 분야 구분

우리는 〈단지〉 공시적인 모든 것을 분류하고 싶었고, 이를 통합체와 연상축에서 분류했다. 남은 고려 사항은,

<u>통시적 장場</u>이다. 즉 시간을 관통해서 언어를 보는 관점이다. 언어학의 다른 절반에서, 언어현상을 두 가지 관점에서 고찰할 수 있다.

전망적 관점　　　그리고　　　회고적 관점
(시간의 흐름을 쫓아간다)　　　(시간의 흐름을 거슬러 올라간다)

별 어려움 없이 적용할 수 있다면, 첫 번째 관점은 언어의 역사, 진화와 관련된 모든 사실의 완전한 종합에 해당한다.

　　그러나 이와 같은 방식으로 통시언어학을 연구한다는 것은 말하자면 이상적이다. 이를 적용할 수 있는 여건이 거의 없었기 때문이다. 〈여기서 문헌은 화자에게 다소간 현존하는 것<sup>언어</sup>에 대한 관찰이 아니다.〉 문헌은 일반적으로 간접적이다. 언어를 찍은 무수히 많은 사진이 필요할 것이다. 시간의 흐름을 따라 이처럼 전개되는 매 순간의 정확한 표기가 무수히 많이 필요할 것이다. 〈이 방법은〉 어떤 특유어를 대상으로 하느냐에 따라 사용될 수 있다. 로망스어 학자는 우리가 생각할 수 있는 최선의 입지에 있었는데, 관련되는 〈해당 시기에〉 출발점이 있었기 때문이다. 그러나 〈예외적인 조건이라고 할지라도〉 〈무수하게 많이 나뉜〉 각 시기에도 엄청난 공백이 있으며, 다른 연구 방향을 제시하기 위해 서술과 종합을 포기하면서도 이 공백을 채워야 한다. 일반적으로 이 연구 방향은 회고적 관점이다. 〈(통시언어학에서도) 대부분〉 종합과 분석으로서 전망적인 것과 회고적인 것을 대립시킬 수 있다. 종합적인 것은 후속하는 모든 것이고, 분석적인 것은 시간의 흐름을 소급하는 모든 것이다. 이 두 번째 관점에서는 일정 시기에 위치하여 형태에서 유래한 것이 아니라 그것을 생성해 낸 형태가 무엇인지를 묻는다. 많은 특유어

[64]

에 대해서 우리가 취한 입장이 이것이다. 〈20년 뒤로 물러가면 우리가 파악하는 형태는 분명 통시적 연쇄의 한 점에 불과하지만,〉 곧장 과거로 회귀하면 확정할 통시적 연쇄가 무엇인지 질문하게 된다. 라틴어의 선역사가 있고, 그 경계(기원전 3~4세기)를 더 거슬러 올라가기보다는 그 이전에 선행했던 언어가 무엇인지를 물어야 한다.

이 입장은 인도유럽어〈뿐만 아니라〉, 더욱 소수의 제한된 언어군에도 적용된다.

게르만어에서 독일어로 전망적으로 나아가는 시기도 있지만, 이 주제의 일부를 모두 다른 관점에 위치시키는 것이 불가능한 경우도 있다. 게르만어 방언의 역사를 기술하려면, 오직 게르만어 통일 시기까지만 거슬러 올라가는 경우도 있다.

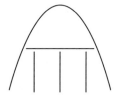

[65]  따라서 회고적 입장에서 언어사를 연구하려면, 아마도 소규모의 로망스어 연구 같은 연구를 제외하고는, 입지가 불가능한 문제는 없다.[83]

다른 학문의 대상들은 역사적인 고려 사항이 있다면, 여기서 비교를 시작할 수 있다. 지질학은 상당 부분 역사과학과 연관된 문제를 다룬다. 안정된 상태(오늘날 레만호의 분지. 이는 시간상에서 출현한 것이지만

---

83† 이하 1909년 1월 21일 강의. 고델, 앞의 책, p.74 참조.

어떤 의미에서 시간을 벗어나 안정된 곳이다), 계기적 요소, 〈통시태를 구성하는 사건의 연쇄〉를 다루어야 한다. 〈전망적 지질학에 대해 말할 수도 있지만, 실상은〉 여기서 〈도〉 시각은 분명 필수적으로 회고적이다. 지질 상태가 어떤지를 알려면, 사건의 연쇄를 재구성해야 하기 때문이다.

　전망적 통시론에는 모든 것이 단순하다. 〈이 관점이 언제나 가능하다면, 아무런 방법이 필요 없을 것이다. 전망적 관점은〉 단순한 서술에 지나지 않는다. 회고적 통시론에는 비교에 기반한 재구 방법이 있어야 한다. 완전히 고립된 언어(바스크어)는 존재 가능성에 기초해서 비교를 통해 결론을 끌어낼 수 없다. 반대로 〈오늘날 알려진〉 아프리카의 반투어군[84]은 재구를 허용한다.

　통시언어학이 다루는 대상은 무엇보다도 음성학, 음성학 전체가 관련된다. 음성학은 전체가 통시언어학에 속한다. 공시음성학이란 없다. 〈음성적인 것은 그 자체가 통시적이다.〉 이를 이해하는 가장 좋은 방법은 문법의 주요한 두 장, 즉 음성학(Lautlehre)과 형태론(또는 여기에 통사론도 추가할 수 있다)이 무엇으로 구성되는지를 살피는 일이다. 활용은 다른 부분에 포함할 수도 있다. 예컨대 고대 독일어의 상태기술 같은 것이다. 제1부에서 언어상태를 기술하는 것을 끝내면, 그 외는 달리 할 일이 없다. 음성학이 다루는 것은 음성요소의 〈이전〉 상태와 비교하는 음성요소의 상황이다. 이 이전 상태는 꽤 잘 알려져 있어서 기준점이 되기 때문이다. 이러한 비교는 통시태, 즉 한 상태에서 다른 상태로의 추이를 구축하는 데 재투입된다. 음성이나 음성군을 취하면, 다음

[66]

---

84 니제르콩고어족에 속하는 대어군이며, 원래는 나이지리아와 카메룬에서 사용되었으나 그 후 아프리카 대륙의 동부와 동남부로 확산되었다.

사실을 확인한다.

아니면 확인 가능한 것은 〈라틴어〉 자음군

semnare^생산하다          femna^여자

가 〈변하여 사부아 방언에서〉

senå          fena

가 된 현상이다. 그 이전 상태와 관련하여 음성요소의 상황을 고정시켜
야 하는데, 이것이 없다면 음성학에서 다루고 남는 것이라곤 없다. 제
2부를 '——'로, 제1부를 통시적 화살표로 나타내면 다음과 같다.

무엇인가를 말하려면, 이전 시기가 필요하다. 다소 근접한 시기를 취할
수도 있지만, 이 두 선이 함께 만나면 음성학에서는 기술할 것이 없다

(한 언어상태의 음성기술은 음운론에 속하기 때문이다).

　모든 음성적인 문제는 통시적이다. 이는 다음 사실과 아주 잘 부합된다. 음성적인 것은 유의미하지도 않으며, 문법적인 것도 아니다. 어떤 단위의 음성을 연구하려면, 단위의 의미를 제거한다. 제거할 수 있다. 의미작용을 통하지 않고서도 음성을 조각으로 자를 수 있다. 〈'단어'를 고려하지 않고도〉 단어들을 추상하여 아무런 의미와도 대응하지 않는 음성군 -acta-가 〈된 것이〉 무엇인지 알 수 있다. 음성학에서는 단어의 질료 부분만을 고려한다. 하지만 이것이 음성학의 가장 특징적인 부분은 아니다. 그것은 음성학이 〈오로지〉 통시적인 것이기 때문이다.

[67]

　〈음성적인 것은 문법적인 것이 아니라는 것을 쉽게 수긍할 수 있고, 따라서〉 통시적 장이 단지 음성학만을 다룬다면, 공시적 장과 통시적 장에 속하는 자료들 사이에 우리가 설정한 대립이 즉각 분명해질 것이다. 한편으로는 통시적 = 비문법적, 다른 한편으로는 공시적 = 문법적이 될 것이다. 음성의 역사 외의 다른 역사는 없는지, 문법적 주제 같은 것은 재론할 수 없는지를 처음부터 당연히 질문할 수 있다. 그리하여 단어의 의미가 변한 사실이 있는지, 복수형태가 어떤 언어에서 사용되지 않는지, 유추에 의한 발달 현상이 있는지 등의 질문을 할 수 있다. 한마디로 공시태에 속하는 모든 것, 즉 통합체, 연상은 역사를 가질 수 없는지? 순수 음성학을 벗어나는 순간, 사실상 분야 경계를 긋거나 근본적 대립을 설정하기 훨씬 더 어렵다. 이곳이 가장 어려운 경계 구분 지점이지만, 세부적으로 고찰하지 않으면 주장할 수 없다. 매우 많은 경우에, 문법적인 것으로 생각되는 현상이 음성적 사실로 해결되는 것을 알 수 있다. 예컨대 독일어 Springbrunnen<sup>분수</sup>과 Reitschule<sup>승마학교</sup>를 보자(어쨌든 이 합성어의 첫 단어는 동사적 관념이다. 이는 문법적 현상, 즉 순전히

해석의 산물이다!).[85] 그러나 역사적으로 이 합성어의 기원을 결정하려
면 음성사실만 확인하면 된다.

　　고대 독일어 초기에 다음 합성어가 있었다.


beta-hûs (기도자의 집)

그 후 음성현상으로 인해 변한 것은


bet-

이다. 지금 와서는 beten<sup>빌다, 기도하다</sup>의 모든 단어족과 연관되어 Bethaus는
'기도하는 집'을 의미하게 되었다.

[68]　　　따라서 두 〈해석〉 사이에는 통시적 현상뿐이다.

　　**[다섯 번째 노트의 시작]** 영어 man / men, 그리고 foot / feet을 보자.
이들은 흥미롭지만, 이 복수는 일상적 표현이 아니다. 이는 이 문법 특
성을 설명하는 통시적 사실이다. 〈이 복수라는 문법현상은 모두 음성적
인 것에 기인하여 생겨났다.〉


fôt / fôtiz

fôt / fôti

fôt / fête

foot / feet

---

85　springen+brunnen(솟아나다+샘), reiten+schule(타다+학교).

이 사실들 전체를 보면, 두 가지 중요한 음성현상이 있다. o에 미친 i의 영향과 어말음 소실이다. 음성〈변화〉 없이는 이 대립은 존재하지 않는다. 어떤 상태를 만들려면 모든 것이 음성적이고, 따라서 통시태에 속해야 한다.〈문법적인 것은 통시적이 아니다.〉

다른 종류의 현상이 있다. 라틴어 곡용이 로망스어로 변한 방식은 모두 어말음 혼동이며, 이 혼동으로 곡용이 단순화되었다는 점에 논란이 많았다. 그렇든 그렇지 않든〈——어쨌든 생각할 수는 있는 것이니까——〉두 가지 현상이 있다. 첫 번째는 음성적인 질료적 사실(어말음의 혼동)이다. 그러나 이는 통시적인 것이자 음성적인 것이다. 두 번째 사실은 문법상태가 확립된 것으로, 이는 공시적인 사실이다.[86]

따라서 많은 공시적 사실의 기원은 단지 음성적인 것, 따라서 통시적인 것이지만, 그 구별은 명확하다. 음성학을 벗어나 역사문법을 연구한다고 성급하게 말하지 않도록 염두에 둬야 한다. 우리는 두 영역에 서 있다. 하나는 언어상태에 펼쳐진 공시적 영역이고, 다른 하나는 시간상에 확장된 통시적 영역이다.

다른 한편 소쉬르 선생은 곡용의 역사, 논의한 연상군의 역사를 논한다는 점을 잘 인식하고 계셨다. 그러나 항상 인식할 점은 이 역사는 특성이 동일하지 않다는 것이다. 그것은 많은 특수 사실들로 구성되는데, 그중 어떤 사실은 분명 음성적이고, 이들은 특성이 다른 사실과 함께 배열된다.

이는 통합체의 문제인가? 예컨대

---

86  라틴어 > 프랑스어에서 라틴어의 곡용어미가 탈락했고, 그 결과 5격이 2격(고대 프랑스어)으로 바뀌었다. 그 후 고대 프랑스어의 주격이 사라지고 사격이 일반화되었고, 격이 모두 상실되었다.

prendre-ai

prendr-ai

이 사실을 공시태가 〈아니라〉 역사에서 취한다면, 여러 사실이 있고, 그 중 일부는 음성적인 것이다. 〈prendre-ai는 악센트가 둘이며, prendr-ai 는 하나뿐이다.〉[87] 따라서 음성학은 어느 곳에서든 〈거의 빠짐없이〉 개 입한다. 난점은 〈문법적 역사를 합리적으로 설명하는〉 나머지 부분인 데, 소쉬르 선생은 이 난점을 잘 인식하고 계셨다. 문법적인 모든 사항 은 언어상태와 관련지어야 하고, 따라서 문법 사실이 시간의 역사를 가 진다고 하면, 그것은 모순이다.

　순수히 음성적이 아닌 현상에 대해 진화적인 견해를 가질 수 있는 가의 문제는 분명하지 않다. 그것을 간단한 것으로 생각할 수는 없지만, 음성학이 거기에 일정한 역할을 한다.

1909년 1월 21일 목요일

D. G.

---

87　미래형 prendrai(나는 가질 것이다)는 부정법 prendre와 avoir의 현재 1인칭 ai가 결합해서 만 들어진 것이다. 원래는 양상적 의미를 지녔으나 후에 avoir가 동사의 어미로 기능이 바뀌고, 미래형이 되었다. 동사 ai는 어미가 되면서 악센트가 사라졌다.

## V. 일반언어학 입문으로서
## 인도유럽어학 개관 [1][88]

〈이는 곧 우리가 인간언어에 대한 일반적인 문제에 몰두한다는 것을 의미한다. 그 나머지에 대해서는 이 일별을 별반 제약 없이 이 개관으로 시작하면서 접근해 보자.〉

　　우리는 개별어의 외적 연구와 내적 연구를 논의했다. 〈이 두 영역에 대한 지적과〉 외적인 것(역사, 문헌학)을 자제하지 않고 일별했다. 언어학 자체 내에서 공시적인 것과 통시적인 것을 근본적으로 구분하였다. 이 강의의 제목은 무엇보다도 역사 연구를 알려주지만, 언어상태를 기술하는, 〈언어학에 속한〉 현상, 즉 공시현상도 다룬다.

　　왜 인도유럽어족을 선택했는가? 인도유럽어의 아주 특이한 특성에 관점을 국한하면, 언어[학]에 대해 일반적인 견해를 갖지 못하게 방해받을 위험은 〈없는가〉? 하지만 인도유럽어는 우리 관심을 가장 크게 끄는 언어이고〈(프랑스어가 이 어족에 속하기 때문에)〉, 또 편리하게 살펴볼 수 있는 언어군이기 때문이다(예컨대 셈어는 진정한 의미에서 진지한 학습을 요구한다). 또 한편 우리가 잘 알지 못하는 〈인도유럽어에 속하

---

88† 오른쪽 위 대괄호 속에 리들링제의 필체와는 현저히 다른 글씨로: 1909년 여름 학기, 1909년 6월 24일 종강.

* 'indo-européen'이 단수로 쓰인 경우는 공통 조어를, 복수로 쓰인 경우는 이 언어에서 파생된 각 어군이나 어파에 속하는 개별어들을 가리킨다. 맥락에 따라 공통 조어인지 하위 개별어인지 잘 구별해야 한다.

는〉 언어들도 라틴어처럼 잘 알려진 언어유형에서 크게 벗어나지 않기 때문이다.

위의 반론에 답변하려면, 저명한 〈미국〉 언어학자(특히 인도어 연구자로서 그의 연구는 절대적 권위가 있다) 윌리엄 휘트니를 인용하는 것보다 더 좋은 것은 없다. 『동양언어학연구』Oriental and Linguistic Studies, 〈전 2권〉, 뉴욕, 1872~74, 1권, p.200, 1873. 해당 대목은 아시리아어 학자 오페르트[89]의 공격에 대한 반론으로 썼는데, 그는 학자들이 인도유럽어에 지나치게 과도하게 많은 지면을 할애하는 것으로 생각했다.[90] 그래서 그의 글은 다소 논쟁적인 자세를 취한 듯한 느낌이다. 〈그러나 휘트니는 인도유럽어 연구에 최우선 지위를 부여해야 한다는 견해를 거듭 밝혔다.〉 다른 한편 저 글은 35년 전에 쓴 것이다. 그 후 다른 언어들, 특히 우랄알타이어(핀우그리아어파)의 여러 언어들 연구가 많이 진척된 것이 확인된다. 그렇지만 이 말은 과장이 아니며, 휘트니가 지적한 바는 여전히 사실이다. 즉 인도유럽어 연구를 통해 얻은 경험이라는 귀중한 자산에서 출발하지 않으면, 일반언어학에 〈착수하는〉 사람은 헛수고를 한다는 것이다.

인도유럽어학이 이룩한 성과〈(확립한 원리)〉를 알지 못하고 셈어군의 역사를 연구하려는 셈어 학자는 뛰어난 재능을 가지고 90년간 노

[71]

---

89  Gustav Oppert(1836~1908). 독일의 문헌학자, 인도학 학자이자 산스크리트어 전문가. 원서에는 〈J.〉 Oppert로 오기되어 있다.

90  소쉬르가 휘트니의 책에서 인용하는 부분은 제7장 「인도유럽 문헌학과 민족지학」 중 다음 대목이다. "언어과학은 주로 인도유럽 비교문헌학에 기반을 두고 있다고 주장할 때, 언어학이 그 어족에 속한 언어들에만 국한해서 관심을 전적으로 기울여야 한다는 것으로 이해해서는 안 된다. 언어학의 목표는 인간언어를 가장 광범위하면서도 가장 제한이 없이 이해하는 것, 즉 인간의 발화 전 부문을 이해하는 것이다"(p.200, 옮긴이 번역).

력한 집단적 연구 결과의 혜택을 받지 못한 채로 확실히 실패할 도리밖에 없다. 인도유럽어학은 가장 만형뻘이며, 그 범위가 훨씬 단순한 어족을 능가하기 때문이다. 프랑스어는 겉보기보다는 히브리어보다 더 단순한 언어가 아니다. 인도유럽조어는 셈어나 그 외의 언어보다 훨씬 복잡하고 다양한 유형을 보인다. 인도유럽어학은 최우선적인 지위를 지닌다. 마치 고등생물 연구가 하등생물 연구보다 우월하듯이 말이다. 이는 인도유럽어학이 모든 경우의 수를 가진다는 것을 의미하는 것은 아니지만, 연구 폭이 아주 넓어 아주 많은 경우의 수(문법적 또는 통시적 〈이들을 구별할 필요는 없겠다〉)를 구현한다는 의미이다.

휘트니가 로망스어는 얘기하지 않았는데, 그것은 인도유럽어의 한 어파가 로망스어로 발달한 것이기 때문이다. 로망스어 연구는 라틴어의 역사에 대응하는데, 〈라틴어의 역사에 추가되는〉 예측하지 못한 에필로그가 아니라 라틴어사를 계승하는 명백한 연속사이다. 물론 〈로망스어군을 특징지으면서도 수많은 문제를 변모시키는 차이도 있다. 즉〉 로망스어는 알려진 〈원형라틴어〉 내에서 서로 만난다.[91] 로망스어는 만나는 지점이 미리 주어져 있는 반면, 영어와 독일어 등은 만나는 지점에 게르만조어Proto-Germanic가 있으면서도, 이 조어는 알려져 있지 않다. 로망스어군을 제외하면, 모든 어족의 사정〈이 그렇다〉. 이로 인해 로망스어에 전문적 언어학이 생겨났고, 〈그 지위는〉 특권적이다. 라틴어와 로망스어 두 계열의 문헌들 덕에 매우 확실한 입증 증거들이 있다. 이러한 이유로 휘트니가 인도유럽어를 언급했지만, 이는 일상적 귀납법이

[72]

---

91  대중 라틴어가 그 조어지만, 로망스어 학자는 조어인 이탈릭어나 원시 로망스어를 설정하기도 한다.

통용되지 않는 예외적 사례로 로망스어를 제외시킨 이유이기도 했다.

인도유럽어학사를 세부적으로 다루지 않겠지만, 인도유럽어학사의 위대한 두 시기를 언급하지 않고 지나갈 수 없다. 그 두 시기는

1) ⟨모색기로서 특이하게 아주 긴⟩ ⟨청년기 또는⟩ 유아기. (약 1870년까지 60⟨년⟩)

2) ⟨언어현상을 자세히 조사하고 나서⟩ 그 연구 대상을 인식하고서 ⟨자체의 연구 방법을 가졌던 시기로서, 언어과학이 전혀 새로운 방향으로 나아간⟩ 시기

### 첫 시기의 언어학, 1816~1870년

첫 시기는 지금은 까마득히 오래된 듯이 보이고, 심지어 화석처럼 보인다. 하지만 ⟨여전히 교훈적이다.⟩ 학문이 ⟨태동기에 저지른⟩ 오류나 잘못된 생각은 응당 개인에게도 일어나는 실수가 확대 재생산된 것에 지나지 않는다. 따라서 ⟨언어학이 어떻게 연구 대상을 이해했는지를 알려면, 이 첫 시기도⟩ 역시 검토해 봐야 한다.

언어학⟨의 창설⟩은 프란츠 보프의 『그리스어, 라틴어, 페르시아어, 게르만어와 비교한 산스크리트어의 활용체계』*Conjugationssystem der Sanskritsprache in Vergleichung mit jenem der griechischen, lateinischen, persischen und germanischen Sprache*, 1816을 기원으로 한다. 그는 마인츠 출신의 독일인이었지만, 특히 파리에서 4년(1808~1812)을 보냈으며, ⟨여기서 이 데뷔작을 준비했다.⟩ 아울러 이 여러 언어들을 알게 되었고, 슐레겔[92]과 훔볼

---

92  Friedrich Schlegel(1772~1829). 독일의 시인, 문학평론가, 철학자로서 낭만주의 운동의 선구자로 불린다. 문헌학자, 인도학 학자, 비교언어학자이기도 하며, 인도유럽어학을 연구했다.

트[93]도 사귀었다. 이 저서에 담긴 새로운 것은 〈정확히 말하자면〉 산스크리트어가 그리스어, 라틴어와 친근관계에 있다고 최초로 주장하거나 적용한 것은 아니었다. 보프가 〈인도유럽어족을 인지한 것은 분명 산스크리트어를 조명한 덕택이었지만,〉 〈산스크리트어와 다른 인도유럽어와의 유사성을〉 인지한 최초의 인물은 아니었다. 최초의 인도학 연구자들은 이 친근관계를 필연적으로 인지하도록 되어 있었다. 이 친근관계 인지라는 관점에서 〈퐁디세리 출신의〉 프랑스인 쾨르두[94]를 지적해야 한다. 그는 바르텔레미 신부(헬레니스트)가 그에게 제기한 바 있는 질문에 대해 금석학·문학아카데미Académie des inscriptions et belles-lettres에서 논문을 발표했고, 이렇게 답변했다. "산스크리트어에 그리스어와 〈특히〉 라틴어와 공통된 엄청나게 많은 단어가 있는데, 이 사실은 어디서 연유한 것인가?"(sanscrit란 단어 : samskrta어 = '치장한, 장식된, 갈고닦은' 언어로서, 자연적이고 저급한 개별어인 프라크리트어와 대립하며, 진지한 학습을 요구하는 사어死語이다. 또한 민중방언(팔리어, 프라크리트어 등)에 대한 그 지위는 로망스어에 대한 라틴어의 지위와 같다.) 〈저명한 영국 동양학자인〉 윌리엄 존스[95]는 산스크리트어 연구에 몰두한 최초의 학자들 중 한 사람이었고, 인도 체류 기간(9년간 체류〈1794년에 사망〉)에 콜

[73]

---

93  Wilhelm von Humboldt(1767~1835). 독일의 철학자이자 언어학자. 베를린의 훔볼트대학 창설자이다. 널리 알려진 저서로 『언어구조의 다양성과 그것이 인간정신 발달에 미치는 영향』(Über die Verschiedenheit des menschlichen Sprachbaus und ihren Einfluss auf die geistige Entwicklung des Menschengeschlechts, 1836)이 있다.

94  Gaston-Laurent Coeurdoux(1691~1779). 예수파 신부이자 인도학 학자로서 비교언어학에 관심을 가졌다. 막스 뮐러는 그를 비교문헌학의 아버지로 불렀다. 1767년 금석학·문학아카데미에 보낸 논고에서 산스크리트어가 그리스어, 라틴어, 게르만어, 러시아어와 유사성이 있음을 증명해 보였다.

카타에서 개최된 학회에서 산스크리트어 연구를 발표했다. 〈여기서 그는 "산스크리트어는 아주 오래되었지만, 그리스어와 라틴어보다 더 완벽한 구조를 가지고 있습니다. …… 그리고 그것은 이들과의 아주 밀접한 친근관계를 확인해 줍니다"라고 했다.〉 그는 산스크리트어를 둘러싼 인도유럽어를 잇는 후대의 주요 언어들을 다 함께 간단히 묶었다. 그는 인도유럽어족 내에서 이 산스크리트어가 (모어가 아니라) 자매어로서의 지위만 갖는다고 했다. 그리고 고트어, 켈트어(당시로는 알려진 바가 〈거의〉 없었다), 고대 페르시아어 = 페르시아어만을 언급했다.

이러한 몇몇 〈산발적인 시도〉나, 〈정확히 알아맞힌 몇몇〉 시사들은 1816년에 학자들이 산스크리트어의 가치를 일반적으로 이해했음을 의미하는 것은 아니다. 이를 보여 주는 증거는 크리스토프 아들룽[96]의 『미트리다테스 또는 일반언어학』*Mithridates oder allgemeine Sprachenkunde*으로서, 이 저서는 비판〈이나 과학적 경향〉 없이 학자들이 아는 지구상의 모든 언어를 기술한 것이다. 산스크리트어는 〈단지〉 단음절이 아닌 아시아어에 속한다면서, 26쪽에 걸쳐 그리스어, 라틴어, 독일어 단어와 산스크리트어 단어를 비교했다. 그는 〈이들의 유사성은 인지했지만,〉 이 저서의 구상을 변경하여 이 개별어<sup>산스크리트어</sup>의 지위를 바꾸어 동일한 인도유럽어족으로 분류할 생각은 하지 못했다. 아들룽의 저서 1권은 1806년에 나왔다. 1816년 이전인 그 연도는 참으로 흥미롭다! 아들룽 같은 언

---

95  William Jones(1746~1794). 웨일스 출신의 문헌학자이자 벵갈 대법원 판사. 아시아학회 3주년 기념 연설(1786년 2월 2일)에서 산스크리트어가 그리스어, 라틴어와 뿌리가 공통적이며, 심지어 고트어, 켈트어, 페르시아어도 연관이 있다고 주장했다. 이는 인도유럽어 비교언어학의 출발을 알리는 신호탄이 되었다.

96  Christoph Adelung(1732~1786). 독일의 문법학자이자 언어학자. 여러 사전과 문법서를 저술했다.

어 목록 편집자는 존스가 말한 사실을 알면서도 이들의 유사성에서 생겨나는 〈중대한〉 결과는 전혀 알아채지 못했다. 그에게 이러한 유사성은 호기심에 찬 것이었지만, 난처한 문제이기도 했다. 브레알은 "이러한 유사점을 인지했다고 하더라도 〈문헌학자들은〉 이 작업을 인종지학자와 역사가에게 맡기는 수밖에 〈별〉 도리가 없었던 것 같다"라고 술회했다.

[74]

보프의 독창성은 놀라운데, 그것은 언어들 간의 유사성은 역사가와 인종지학자만의 관심사가 아니라 〈그 자체로 연구하고 분석할 수 있는 사실〉이라는 점을 증명한 점이다. 그의 공적은 산스크리트어와 유럽의 다른 언어들 간의 친근관계를 발견했다거나 〈또는 산스크리트어가 더 방대한 어족에 속한다는 것〉을 발견한 것이 아니라, 어떤 언어와 유사한 다른 언어들과의 정확한 상관관계가 연구의 주제가 된다는 것을 생각했다는 점이다. 친근관계가 있는 개별어의 다양한 현상은 그 자체로 연구할 가치가 있는 문제로 그에게 비쳐졌던 것이다. 한 언어를 다른 언어를 통해서 해명한다는 것, 〈가능한 한 어떤 형태를 다른 형태로 설명한다는 것〉은 그 누구도 해보지 않았던 시도였다. 언어 내에 무언가 설명할 것〈이 있다는 것〉은 의심의 여지가 없었다. 형태는 주어진 것이고, 학습해야 할 것이기 때문이었다.

어떤 점에서 산스크리트어가 보프에게 그처럼 계시적인 언어로 보였을까? 〈인도의 브라만 승려들이 보존했던 언어인 산스크리트어는 30~40년 이상 이미 알려져 있었지만, 비교문법을 설립할 생각은 하지 못했다는 점은 살펴보았다. 하지만〉 인종지학적으로도 그것이 학자들에게 인도유럽어족이라는 생각을 불어넣었다.

산스크리트어가 있든 없든 〈비교문법을〉 개척하기 위해서는, 천재적인 언어학자 보프가 필요했다. 산스크리트어와 비교문법은 서로 다른 두 영역이다. 그렇지만 산스크리트어가 없었다면, 적어도 그렇게 〈신속하게〉 비교문법을 창안할 수 있었을지 의심스럽다. 〈제3의 증인으로 나타난〉 제3의 언어가 언어비교에 더욱 유용한 기반을 제공했다는 것은 분명하다. 하지만 〈비교하는 언어의〉 수가 〈더 증가했기 때문이 아니라〉 고전어와의 비교에서 산스크리트어가 〈예외적으로〉 아주 양호한 조건을 갖추고 있었기 때문이다(위에 인용한 발췌문에 표현한 완벽성은 차치하고서라도!). 학자들이 다른 언어가 아니라 바로 산스크리트어를 만난 것은 행운이었다. 애당초부터 더욱 확실한 증거를 제공해 주었기 때문이다. 〈(이러한 생각을 보다 명료하게 보여 주는)〉 사례로

[75]

| | |
|---|---|
| genus[기원, 탄생] | γένος[97] |
| generis | γενεος |
| generi | γενει |
| generum | γενέων |
| genera | γενεα |

위의 곡용을 통해 〈곡용의 조직까지 가지 않아도 어원적 의미로 이 단어를 비교할 수 있다〉. 이것은 그 자체로 비교해도 별반 알려주는 것이 없는 곡용표이다. 〈특별한 아이디어를 환기시켜 주는 것도 없다.〉 이들이 어떤 단위를 포함하는지도 알 수 없다. 그러나 산스크리트어의 경우

---

97 왼쪽은 라틴어 단어의 격에 따른 곡용, 오른쪽은 그에 대응하는 그리스어 단어의 격곡용이다.

| | |
|---|---|
| ǵanas | 주격 단수 |
| ǵanas/as | 속격 |
| ǵanas/i | 처격 |
| ǵanas/am | 속격 복수 |
| ǵanas/su | (γένεσσι) |

이들 어미에 동일한 기저 ǵanas-가 있다. 기존의 두 곡용표 사이의 관계와 체계를 알려면, 이들을 한번 살펴보는 것만으로도 충분하다. 그러나 결론을 이끌어 내려면 어디서 시작해야 할지 모른다. 〈잠정적인 것임을 인정하면서〉 내릴 수 있는 결론은 ǵanas가 분명 더 이전의 과거 상태를 나타내 준다는 것이며, 이로써 γένε(σ)ος에서는 s가 두 모음 사이에 있을 때마다 매번 탈락하는 현상이 설명된다. 다음으로 라틴어에서 모음 사이에 놓인 s는 r이 된다고 결론을 내릴 수 있다. 이제 3) 다른 관점에서, 굴절에서 어간의 개념을 보다 명확히 설명할 수 있다. 즉 인도유럽어에서 〈어간〉은 명확히 경계가 구분되는 고정된 단위이지만, 다른 언어에서도 사정이 반드시 같다고는 주장할 수 없다는 점이다. 우리는 이 상태가 원시상태라는 것을 알 수 있다. 그래서 그리스어의 기원이 되는 단어에서도 어간과 어기théme가 보다 명확히 구별되었다.[98]

산스크리트어가 더 교훈적인 것은 그것이 모두 –s를 유지한다는

---

98 어근(racine)에 기초하는 어기(radical)는 단어 파생의 근간으로 어간모음이 첨가된 형태로서 굴절어간을 형성하며, 여기에 굴절어미(활용과 곡용)가 붙는다. 어간모음이 붙지 않은 형태가 어기가 된다. 어간 모음이 없으면 어기와 굴절어간은 동일하다. 따라서 이 어기/어간은 곡용과 활용의 패러다임의 기저가 되며, 공통의 의미를 갖는다. 예컨대 어근 gen-은 어간모음 e/o와 교체되고, gon-이 어간이 되어 곡용어미가 첨가된다. gon-os. 어간모음이 교체되지 않는 어간도 있다. 어간(=어근) the-, tithemi(나는 놓는다), theso(나는 놓을 것이다).

점이다. (〈다른 한편〉 변화를 〈가장 많이〉 겪은 언어는 〈분명〉 산스크리트어였다. 모든 모음이 변했다!). 일반적으로 산스크리트어가 보존한 세부 사실이 연구자에게 놀랄 만큼 큰 도움이 되는 것으로 밝혀졌고, 〈요행히도 이 언어가 다른 언어들을 아주 유효적절하게 해명했다〉(때로는 그렇지 못한 경우도 있었고, 이로 인해 실수가 빚어지기도 했다!). 산스크리트어의 단어 조어법에 대한 분석이 아주 용이했던 덕택에 보프의 견해는 〈부분적으로는 분명히〉 산스크리트어의 발견(1816)으로 입증되었다. 이 발견의 중요성을 과장하거나 평가절하해서는 안 된다.

[76]

1833년에 보프는 인도유럽어 전반에 걸친 문법서〈『산스크리트어, 젠드어, 그리스어, 라틴어, 리투아니아어, 고슬라브어, 고트어, 독일어의 비교문법』, 1833~49(2판 개정판 1857. 미셸 브레알 번역판, 전 4권, 8절판, 1867~73. 3판 1868~71)〉을 출간했다. 〈1816년 이후〉 그간에 다른 인도유럽어가 밝혀졌다. 〈보프가 연구를 했던 범위는 제한적이었다.〉 젠드어는 1816년 이후에 와서야 뷔르누프[99]가 젠드어 텍스트를 해독하면서(1829~1833) 알려졌다. 고대 페르시아어는 그보다 나중에 해독되었다. 켈트어에서 〈유래하는 나머지 모든 사실은〉 〈보프가〉 인도유럽어를 열거하는 목록에는 나오지 않고, 심지어 2판〈(1857)〉에도 나오지 않는다. 〈특별한 시도가 필요했다.〉 최초의 선도적 켈트어 연구자 중 한 사람은 동향인 아돌프 픽테[100]였다. 『켈트어와 산스크리트어의 친근관

---

99 Eugène Burnouf(1801~1852). 파리 고등사범학교와 콜레주 드 프랑스에서 인도이란어와 산스크리트어, 베다 문학을 연구·강의했다. 『베다경』을 번역하고, 『아베스타경』의 일부인 「악령 퇴치법」(Vidēvdād Vendidad), 야스나 등을 전문적으로 연구했다.

100 Adolphe Pictet(1799~1875). 스위스의 문헌학자, 언어학자, 인종지학자. 젊은 소쉬르에게 학문적으로 큰 영향을 끼쳤고, 낭만주의적 언어관을 지녔다. 독일에서 슐레겔, 헤겔, 괴테 등의 대학자들과도 교분을 가졌다.

계에 대한 논고』*Mémoire sur l'affinité des langues celtiques avec le sanscrit*, 1837(이 저
서는 과거의 역사적인 의미 외에는 별로 큰 의미가 없다).

보프의 추종자이자 후계자로 게르만어 연구의 창설자인 야콥
그림[101]을 그 누구보다도 천거한다. 『게르만어 문법』*Deutsche Grammatik*,
1822~1836〈은 모든 게르만어 방언들을 수집했다〉(그의 독일어deutsch는 게
르만어germanique를 의미한다). 야콥 그림은 후에 그림의 법칙[102]으로 불린
현상을 밝혔다. 이 그림 법칙에 의해 인도유럽어의 원시자음이 원시 게
르만어에서 p, t, k로 바뀌었다. 그리하여 시초부터 보프 곁에는 중요한
언어학자들이 등장한 것을 알 수 있다. 흔히 그림과 보프를 역사문법
과 비교문법의 창시자로 대립시키기도 한다. 우리가 말할 수 있는 것은
보프는 특히나 언어비교에 경도되었다는 점이다(보프에게는 진정 언어
의 역사적 관점이 없었다! 〈하지만 이 관점이 그림에게서 더 많이 개진된
것도 아니다.〉). 그림은 더욱 역사적인 자료(고대 고지 독일어 > 중기 고
지 독일어)를 다루었다(우리는 독일어가 세기가 흐르면서 변화한 것을 보
고, 그 변화의 흐름을 안다!). 이로 인해 그는 더욱 역사적인 주제를 해명
하기에 이르렀다. 그렇지만 이는 그림이 역사문법의 원리를 창제한 창
시자라는 의미는 아니다. 그림의 환상은 극에 달했다. 그는 모음교체가
그 자체로서 유의미한 것이라고 생각했다(모음의 차이는 시제의 차이를
나타낼 수도 있다. 그는 〈이 차이를〉 우연히 만들어 낸 역사적 원인은 생각

[77]

---

101  Jacob Grimm(1785~1863). 독일의 문헌학자, 법률가이자 신화학자, 사전편찬자. 『게르만어
    문법』(1819), 『게르만어 사전』(*Deutsches Wörterbuch*, 1854) 등 다수의 저작이 있다.
102  원시 인도유럽어에서 원시 게르만어로 발달하면서 자음에 일어난 주요 변화로서 p, t, k는
    ph[f], th[θ], kh[χ]로 변하고, b, d, g는 p, t, k로 변하고, bh, dh, gh,는 b, d, g로 변하는 연쇄적
    인 변화이다. 그래서 체인 방식의 순환적인 자음변화가 일어난다. 게르만어 제1차 자음추
    이라고도 한다.

하지 못했다). 따라서 그는 언어에 미치는 역사의 영향을 이해하지 못했다. 그는 음성추이에 대해 우리로는 거의 상상할 수 없는 생각을 했다. 이 음성추이가 마치 바퀴가 굴러가듯이 순환적으로 일어나는 것으로 생각했었다. 즉 한 계열의 음성축이 다 돌아가면, 또 다른 계열의 음성축이 뒤를 이어서 돌아간다는 것이다.

$$p, t, k > f, th(\mathfrak{b}), h$$

다른 한편, 인도유럽조어의 옛 유성자음은 무성자음으로

$$b, d, g > p, t, k \quad 그리고 \quad bh, dh, gh > b, d, g^{103}$$

이 여러 현상이 함께 작용할 필요는 없다. 그림에게는 $p, t, k$로 교체되는 것이었다. $b, d, g > p, t, k.$

그래서 역사적 관념에 우리가 생각하지도 못한 원圓의 개념을 결부시켰다. 즉 (고대인에게 공空의 개념처럼) 채워야 할 공간으로 말이다.[104]

---

103  bh, dh, gh > b, d, g는 유기 유성음이 유성음으로 되는 예다.
104†여백의 대괄호 속에 : 자연은 공을 두려워한다.

그림 외에도 다방면으로 여러 학자들을 거명할 수 있다. 예컨대 (최근 아주 연로한 나이에 작고하신) 〈프리드리히〉 포트[105]〈의 책은 학자들이 이제는 읽지 않지만, 흥미로운 사실들이 많다〉, (특히 인도학 연구자인) 벤파이,[106] (언어학과 신화의 연구, 특히 『비교〈언어〉연구지』*Zeitschrift fur vergleichende <Sprach>forschung*를 창간한 학자로 잘 알려진) 쿤[107](위 잡지는 오늘날 다른 학술지와 합본되었다), (특히 인도학 연구자인) 아우프레히트[108]가 있다. 이 첫 시기의 마지막 몇 해에는 아주 중요한 학자인 쿠르티우스[109]와 막스 뮐러가 있다. 이 두 학자는 각자 〈자기 분야에서〉 언어비교연구에 큰 공적을 세웠다. 막스 뮐러는 재기 넘치는 담화로 큰 인기를 끌었다. 막스 뮐러는 지나치게 옳다고 생각한 양심적 주장 때문이 아니라 이와 관련해서 휘트니에게 엄청나게 신랄한 공격을 받았기 때문에 오류를 저질렀다고 한다. 〈(뛰어난 문헌학자인)〉 쿠르티우스는 비교문법과 고전문헌학을 조화시킨 최초의 학자였다. 〈문헌학은 비교문

[78]

---

105 Friedrich Pott(1802~1887). 독일의 언어학자. 본문에서 가리키는 책은 주저 『인도게르만어의 어원 연구』(*Etymologische Forschungen*, 1834~1836)이다.

106 Theodor Benfey(1809~1881). 독일의 문헌학자이자 산스크리트어 전문가. 『산스크리트어-영어 사전』(*A Sanskrit-English Dictionary*, 1866)을 편집하고, 문법서도 작성했다.

107 Adalbert Kuhn(1812~1881). 독일의 문헌학자이자 민속학자. 신화에 대해서도 많은 연구를 했고 저서도 많이 남겼다. 대표작으로 『불과 신주의 도래』(*Die Herabkunft des Feuers und des Göttertranks*, 1859)가 있다. 원거주지와 관련해서 픽테의 방법을 이용한 저서로 『인도게르만족 상고사』(*Zur ältesten Geschichte der Indogermanischen Völker*, 1845)가 있다. 그가 1852년 창간한 『인도게르만 비교연구지』는 '쿤의 잡지'(Kuhns Zeitschrift)로도 불리며, 세계에서 두 번째로 오래된 학술지로서 지금도 출간되고 있다.

108 Theodor Aufrecht(1822~1907). 독일의 인도학자이자 비교언어학자. 독일 본대학에 재직하면서 수많은 산스크리트어 문헌 수고자료집을 편집, 출간하였다.

109 Georg Curtius(1820~1885). 독일의 문헌학자로서 문헌학과 관련지어 그리스어와 라틴어의 비교문법을 주로 연구하였다. 주저로 『고전문헌학과 관련한 언어비교』(*Die Sprachvergleichung in ihrem Verhältniss zur classischen Philologie*, 1854)가 있다.

법의 출현을 의혹의 눈초리로 바라보았고, 그 역도 마찬가지였다.〉 문헌학은 애초부터 색인 작업에 착수했다. 색인을 하나씩 선별해야 했다. (명쾌한 설명과 자상한 인품으로) 〈고전〉문헌학에 역사의 취향을 도입한 것은 쿠르티우스였다. 문헌학은 비교문법의 성과를 아는 것만으로도 득을 보았다.

〈우리가 모색의 시기로 일반적으로 부른〉 첫 시기를 특징짓는 인물 가운데 보프 다음으로 (이 시기의 후반부를 장식하는) 중요한 학자는 아우구스트 슐라이허[110]였다. 〈그는 언어학 일반의 역사를 서술하려고 했던 것은 아니지만,〉 1816년부터 1870~1873년 기간에는 보프와 그림을 언급하고, 그 후의 언어학 발전에 중요한 학자로는 슐라이허를 언급해야 한다. 그는 이 시기에 보프가 닦아 놓은 기초 위에 언어과학의 틀을 짠 유일한 인물이며, 그만이 아주 광범위한 시각을 가지고 언어 연구 전체를 조망했다. 이러한 견해는 〈오늘날〉 만족스러운 것은 아니지만[……][111] 〈그에게서〉 적어도 일반적인 것, 체계적인 것을 향한 〈아주 일관된 경향을〉 〈주목해야 한다.〉 〈차후 폐기되었지만,〉 그의 언어학적 체계는 혼란스러운 개념들의 집체보다 더 가치가 있었다. 『비교문법 요강』은 보프 이래 〈축적된〉 성과를 체계화하는 것이었다. 그것은 〈(비교적, 그러니까 언어학계에서!)〉 인기를 누렸고, 언어학에 크게 기여했다. 〈그는 몇 세대 후속하는 언어학자들의 선구자였다.〉 그의 저서는 오늘날까지도 여전히 이 첫 시기를 알 수 있는 가장 흥미롭고 유용한 책이

---

110 August Schleicher(1821~1868). 독일의 언어학자. 아래에 언급되는 『인도게르만어 비교문법 요강』(*Compendium der vergleichenden Grammatik der indogermanischen Sprachen*)에서 재구 방법을 창안하고, 인도유럽어족의 언어들에 대해 수지설(樹枝設)을 제시했다.
111† 이 문장은 끝을 맺지 못한 상태이다.

다. 이 저서는 일반언어학의 문제를 다루지는 않았지만, 잘 이를 요약하고 있으며, 인도유럽어의 연구 성과를 간단한 형식으로 〈정리했다〉. 이러한 형식은 전반적으로는 잘못이 있었지만, 인도유럽 언어학 전체 성과를 정확하게 파악하려는 시도였다.

〈이 시기에 더 천거할〉 학자는 제쳐 두고, 1816년부터 1870~75년까지의(보프부터 슐라이허까지의) 이 시기를 특징짓는 주된 오류가〈주요한 결점이〉 무엇이었는지를 살펴보자. 〈이 시기에 널리 유포된〉 환상적 견해와 잘못된 관념은 모두 오늘날 여덟 줄, 열 줄만 읽어도 〈아주 이상한 생각에 또는〉 증명에 사용한 용어에 놀라움을 금치 못한다. 이처럼 잘못된 견해를 잠깐 일별하는 것도 흥미로운 일이다.

1) 아주 초기의 인도유럽어학에 오도되었지만, 쉽게 수정된 외적이고 피상적인 잘못: 산스크리트어를 지나치게 중요시하고, 역할을 잘못 〈직접〉 부여한 점. 〈이 오류는 심각한 면도 있고, 심각하지 않은 면도 있다.〉 더 심각한 면: 산스크리트어란 개념으로 원시 인도유럽어를 대치하려 했다는 점. 이는 자연히 그 후대에 피상적이지만 중요한 결과를 초래했다. 이처럼 가정하는 것, 즉

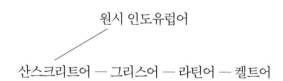

원시 인도유럽어

산스크리트어 ― 그리스어 ― 라틴어 ― 켈트어

산스크리트어를 원시 인도유럽어의 지위에 올린 것은 별개의 문제이다. 물론 이와 같은 사실이 그 어디서도 직접 표명된 것은 〈아마도〉 아니었지만, 실제로는 그게 사실인 양, 〈산스크리트어가 원시 인도유럽어

와 같은 언어인 것처럼〉 처리했다. 맏형으로 산스크리트어가 있고, 동생뻘인 그리스어, 라틴어 등〈(산스크리트어의 어린 동생들)〉이 곁에 있다는 것이다. 이는 결국은 같은 말이었다. 보프는 그 점에 대해 "산스크리트어가 공통의 기원이 될 수 있다고는 생각하지 않는다……"라고 직접 말했는데, 마치 그 질문은 의심스럽지만 제기할 수는 있는 것처럼 말이다. 언어의 고어성古語性, 고대성이 무엇을 의미하는지, 아주 오랜 옛 언어라는 것이 의미하는 바가 무엇인지에 대해 불분명하고 모호한 설명이 널리 유포되었다. 고어성에 세 가지 의미가 있었다.

[80]

1) 모든 사람에게 가장 단순한 추론으로는 〈모든〉 언어의 기원, 출발점으로 말하면, 이들 언어는 모두 똑같이 오래된 것이라는 지적이다. 〈태곳적부터〉 어떤 언어라도 그전에 말해진 언어의 후신이며, 〈결국은〉 인간발화의 기원까지 중단 없이 거슬러 올라간다는 것이다. 하지만 언어란 인간과 같지 않다. 그 지속성 때문에 세대란 것이 없기 때문이다. 가스통 파리[112]는 단속적인 중단을 의미하는 자손어와 모어의 관념에 이의를 적절하게 제기했다.

2) 따라서 다른 의미로, 오래된 고어에 대해 말할 수 있다(첫 번째 의미에 따르면, 프랑스어는 페르시아 왕들이 명문에 사용한 인도유럽어보다 더 오래된 인도유럽어에 속한다). 시기나 시대가 다른 시기보다 더 오래된 언어상태라는 것을 의미한다. 예컨대 아케메네스 왕조의 명문에 기록된 고대 페르시아어는 중세에 알던 고대 페르시아어보다 더욱 시기가 오래되었다.

---

112 Gaston Paris(1839~1903). 프랑스의 문학자이자 작가. 특히 중세 프랑스 문학과 로망스어 문학 전문가이다. 콜레주 드 프랑스의 원장을 지내기도 했다.

그러나 직계언어와 방계언어 사이에는 차이가 있다. 예컨대 고대 프랑스어가 근대 프랑스어보다 더 오래되었다는 것은 말할 것도 없지만, 고대 슬라브어(10세기에 채록)는 리투아니아어(16세기에 채록)보다 더 오래되었다.

마지막으로 3) 언어상태를 의미할 수 있다. 어느 언어상태의 형태가 〈다른 언어상태보다 더 오랜 고형이고,〉 시기와는 상관 없이 원시 모델에 더 가깝다. 이러한 의미로 리투아니아어는 〈1540년 이후 알려졌지만,〉 〈기원전 3세기에 알려진〉 라틴어보다 더욱 오래되었다고 말할 수 있다.

산스크리트어가 가장 오랜 언어라고 생각한다면, 그것은 이 마지막 두 의미에서 그렇다. 그런데 산스크리트어는 이 두 의미를 모두 함축한다. 베다 찬가는 고어성이라는 점에서 볼 때 그리스의 기념비적 유산[113]을 능가한다는 것을 모두 인정한다. 그런데 〈──이는 특히 중요한데──〉 고어적 특성 전체는 다른 언어들이 보존한 특성과 비교해서 훨씬 더 많다. 이처럼 〈매우 혼란스러운〉 고대성 〈개념〉의 결과로, 산스크리트어는 전체 인도유럽어족보다 더 선행한다는 것, 그 후 〈그와 반대 사실(슐라이허처럼 보프도 인도유럽어를 늘 기점으로 삼았다)을 강조하면서도〉 방계어로서 산스크리트어가 제공하는 증거를 지나치게 중요한 것으로 계속 생각했다. 언제나 산스크리트어를 출발점으로 삼은 관행 때문에 오랫동안 중요한 문제의 핵심이 흐려졌다. 예컨대 산스크리트어를 기점으로, 인도유럽조어와 똑같은 것으로 생각했기에 특히 모음체계의 문제가 혼란스러워졌다. 아돌프 픽테의 책〈(『인도유럽족의 기

[81]

---

113 호메로스의 작품들을 가리킨다.

원』)[114])에서는 인도유럽족과, 이와 독립된 언어로서 〈산스크리트어〉가 있었던 것으로 분명히 생각했던 것을 엿볼 수 있다. 그 책에서는 또한 무엇보다도 먼저 산스크리트어를 참조하고 있으며, 이 산스크리트어의 증거가 다른 인도유럽어보다 더욱 중요하다고 믿는 미신을 동시에 엿볼 수 있다.

2) 방법과 관련된 더 일반적인 오류: 이 시기의 언어학은 우리 시기의 역사언어학과 대립해서 비교언어학으로 제안되었다. 분명한 것은 역사적이 되려면, 언어를 비교해야 한다는 사실이다. 언어비교는 모든 역사 재구에 필요한 조건이다. 하지만 단지 비교만 하면 안 된다. 결론을 내리려는 것이 아니기 때문이다! 바로 이 점에서 첫 시기의 언어학을 비난한 것은 옳다. 하지만 〈어떻게〉 오직 비교만 할 수 있는가? 역사적 결론을 피하려고 〈두 언어의 발달을〉 두 포기의 채소, 〈두 그루의 소나무〉의 성장에 비유했다. 사례를 제시하기 위해 슐라이허는 여전히 인도유럽조어를 기점으로 잡고, 어떤 의미에서 완전히 역사가의 입장에서 그리스어 o, e가 모음체계의 두 계제(Stufen계단)[115]라고 〈적극 제안했다.〉 예컨대 γόνυ무릎를 gĕnu와 비교했다. (인도유럽조어에서 γόνυ는 계제가 더 높고강계제, 낮은 계제약계제에서는 ĕ이다.) 그런데 산스크리트어 gānu, ǵanu 같은 형태도 지적할 수 있다. 슐라이허로서는 〈이들은 같은 것이었다.〉 o, e 계제가 산스크리트어에는 ā, ă로 〈출현했기〉 때문이다. 이는 마치 두 식물이 따로 자랐지만, 모양이 동일해진 것과도 같다(〈인도유럽조어에〉)

---

114 『인도유럽족의 기원, 원시 아리아족』(*Les origines indo-européennes, ou les Aryas primitifs*, 1859, 1863)을 가리킨다.

115 모음의 형태음운론적 변이 단계로서 영계제, 약계제, 강계제가 있다. 그리스어 patēr(주격), patros(속격), patĕra(대격)에서 이 모음변이를 볼 수 있다.

모음교체 o/e가 있고, 〈산스크리트어에서〉 달리 변했다고 말한 것이 아니라, 그는 이 교체가 별도로 존재한 것으로 〈가정하고,〉 두 계제가 각 언어에 실현된 것으로 생각했기 때문이다). 이 견해는 불합리한 것이었고, 〈슐라이허가 지적한 모음체계의 동일성에는 진리의 일면이 있었지만, 연결점을 찾지 못하였기에 그의 설명은 옳은 것이 아니었다.〉 그는 이 문제를, 시간상의 동일성으로 해결될 수 있는지는 알아보지 않고 비교했는데, 이는 역사적 시각이 빈약했기 때문이었다.

〈82〉

　　세 번째 오류. 〈언어 내의〉 그 어떤 것에도 상응하지 않는, 〈인간언어에 존재하는 조건 밖의〉 모든 견해는 오직 비교방법에서 유래하는 결과이다. 다른 것, 즉 언어 외부에서 가져온 철학적 관념에서 유래할 수도 있다. 초창기 언어학의 모든 선구자들에게서 〈그러한 관념을〉 볼 수 있다.

　　〈예컨대〉 학자들이 60년 이상 줄기차게 마주했던 견해가 보프에게서도 발견된다. 즉 모음계제〈의 존재에 대한 견해〉가 그것이다. 모음 a가 정점을 차지하며, 가장 완벽한 모음이라는 것이다(질료적인 의미에서 〈말한 것이 아니다〉. a = 개구도가 가장 큰 모음!). 이 견해에는 우월성이라는 개념이 포함된 것인데, 여기에서 많은 사실이 파생된다. 산스크리트어에서는 모든 o, e가 a로 바뀌었기에 매번 하나의 오류가 다른 오류를 낳았다. 산스크리트어는 a의 계제를 낮추지 않아서 원시상태를 반영하며, 〈인간언어의〉 최초의 중얼거림과 〈유사한〉 상태의 대표적 언어라고 했다. 이런 이유로 해서 쿠르티우스는 o/e의 교체가 a의 계제 하강 〈이외의 어떤 것〉이라는 사실을 결코 인정하지 않았다.

　　이 견해는 언어학에 대한 접근방법을 경험하지 못해서 생긴 오류로, 언어학 이외의 다른 학문〈에서 가져온 선입관〉에서 유래한다. 〈이 모음계제에〉 철학에서 차용한 음성상징이 들어 있었다.

부조리한 관념으로 볼 수 있는 이 견해들은 아주 완고해서 뿌리를 뽑아내기 매우 어렵다.

4) 첫 시기의 인도유럽어학 전체는 문자에서 완전히 벗어나지 못한 상태였고, 한 문자를 다른 문자와 등가치의 글자로 간주했다. 요컨대 유일한 연구 대상이 발화된 언어라고 〈생각하지 못했다〉.

이 시기가 오래 지속되지 않았다면 변명의 여지가 있었을 것이다. 문자는 언어<sup>랑그</sup>와 관련해서 고찰하면, 사실상 무<sub>無</sub>나 다름 없다〈는 특수상황에 처해 있었다〉. 문자가 사진처럼 정확한 것이더라도 단지 문서자료에 지나지 않는다(사물의 이미지〈가 연구 대상과 대치 불가능하듯〉). 그러나 〈동시에〉 이 문자는 〈거의 언제나〉 개별어를 알 수 있는 유일한 직접적 수단이었다(〈그 자체로는〉 간접적 수단에 지나지 않지만!). 이러한 이유로 이 오류는 용납된다. 그리하여 우리가 〈점차 조금씩〉 알게 된 것은 〈중요한 핵심, 즉〉 〈문자에 양보할〉 필요가 없다는 것, 달리 말해서 이 두 가지<sup>발화와 문자</sup>를 엄격히 분리할 필요성이었다. 〈한편으로〉 발화언어 = 언어학의 대상이 있고, 〈다른 한편으로〉 문자 = 문서자료가 있는데, 문자는 〈어쨌든 발화언어를 재생한 것을 제공하며〉, 보통은 부정확한 〈재생으로서〉, 문자로 이 진정한 연구 대상을 대치할 경우 아주 큰 위험에 빠진다. 이러한 위험한 사례는 무수히 많이 제시할 수 있다. 문자에만 매달리면 개념이 얼마나 변질되거나 잘못되는지〈를 보여 주는〉 임의의 한두 사례를 살펴보자. 라틴어〈(이탈릭어는 『비교문법』 I, p.15 참조)〉와 현존하는 언어 중에서 〈우리의 f〉와 평행하는 (치마찰음인) 〈자음〉 β<sup>th</sup>가 있다. p에 대한 f의 지위에 〈t에 정확히 대응하는〉 β가 있다.

[83]

양순 폐쇄음 p      양순 마찰음 f

치폐쇄음 t      치마찰음 β

〈다음처럼 간단히 말할 수도 있다.〉 β는 영어 th이다. 그러나 th는 두문
자음소digramme이다. 이 문자를 사용할 때, 문자가 강제하는 난감한 모습
을 만난다. 즉 β는 단순자음인데, 철자 th는 유별난 어떤 음을 나타내는
듯하다는 점이다. (야콥 그림 역시 β가 이중문자일 뿐만 아니라 기음이라
는 〈음운론적〉 미신을 가졌다. 그리하여 그림의 게르만어 자음추이에서, 다
른 언어에서 실제로 유기음인 t+h와 다르게 영어 th에 부여한 지위가 설명
된다. 그가 이 문자의 모습에 현혹되지 않았더라면, 영어(그림은 영어를 알
고 있었다!)를 통해 이 모든 것을 생각하려는 시도도 하지 않았을 것이다.)

〈문자로 인해 언어langue를 잘못 보는 그릇된 시각에서 벗어날 필요성
이 각 단계마다 나타난다.〉 사람들은 문자에도 인간언어에도 기반을 갖
지 않는 견해를 갖기도 했다.[116] 연구할 대상이 무엇인지에 의문을 가진
[84] 적도 없었다. 〈이를 탐구한 적이 없었기에〉 제4자연계로, 다른 학문에
낯선 추론 방식을 제시하는 별개〈의 영역으〉로 간주했다.

언어학을 접근 가능한 학문으로 만들려고 하는 경우, 학자들은 아
주 떨쳐 버릴 수 없는 환상을 가졌다. 〈문자가 씌워 놓은 면사포를 벗
어 버리는 일은 쉽지 않았다.〉 문자를 벗어 버린 언어의 나신을 보려면,
〈이를 알고는 있었더라도〉 전반적 교육이 필요했다. 이 문자는 조개껍
데기가 아니라 누더기였다.

사람들이 문자로 도피한 〈여러 원인 가운데〉 두 가지 원인〈은 과거

116†여백의 대괄호 속에 :『1차 강의』, 노트 I, p.11 [p.6 38쪽] 참조.

의 언어학자나 지금의 언어학자에게 모두 공통된 것이었다〉. 사고思考에서 문자를 제거하면, 이 민감하고 친숙한 이미지가 철회된 사람은 누구나가 처음에는 언어를 〈무정형의〉 집체集體로만 지각하고 어떻게 접근해야 할지 몰랐다(마치 수영 초보자에게서 구명조끼를 벗겨 버리듯이).

그래서 〈곧장〉 자연적인 것언어음성을 인위적인 것문자으로 교체할 필요가 있었던 것이다. 이는 아주 혁신적인 의지와 준비 없이는 이루어질 수 없었다. 일차 준비 작업으로서 부족한 것은 음운론적 개념이었다. 예컨대 p, b가 무엇인지를 음운적으로 표상하는 데 익숙하지 않았기에 심지어 그게 틀리더라도 문자의 도움을 버리려 하지 않았다. 〈초기 언어학자들에게는 음운론 개념이 없다시피 했다.〉 초기 언어학은 음운론의 조력을 받지 못했다. 〈문자를 버리는 것,〉 그것은 서 있는 기반을 상실하는 것이었지만, 우리로서는 발판을 얻는 것이었다.

또 다른 이유는 더욱 미묘하지만 보다 확실한 이유로서, 〈학자들이 독자적인 언어학의 대상에 두려움을 느끼고,〉 문자가 시간의 흐름을 관통하는 통일된 단위를 만들어 내는 고정된 것이라는 〈인상을 받았기〉 때문이다. 이 관계는 피상적이지만, 시간을 관통하는 이 단위를 교체하는 데는 준비가 필요했다. 예컨대 프랑스어의 경우, 짧은 역사를 통해 (얼마 동안의) 준비 기간이 있었다. 그렇다면 〈그 대신 얻은 것이 무엇인지 알게 되었는데,〉 이 고정된 문자는 대부분의 경우 거짓이라는 것을 알게 되었다. 문자는 시공상에 죽 흩어져 있던 말에 인위적 단위를 [85] 부여한 것일 뿐이라는 사실이 그것이다. 문자라는 다른 단위를 포기함으로써 초래되는 난감한 반작용을 느끼지 않으려면, 역사를 통한 다른 보상이 필요했다.

로망스어 학자들이 시공상에 산재한 형태

krwa   krwe   kre   krö

사이의 연계를 알아챈 것은 (CRUCE<sup>십자가</sup>)에서였다. 이것은 역사적 단위였다. 즉 croix<sup>십자가</sup>는 위의 어떤 발음과도 대응하지 않으며, 결과적으로 어떤 형태와도 상응하지 않는다. 그것은 하나의 단위가 아니며, = c + r + o + i + x. (과거에는 〈kroïs[117]로 발음했는데, 이는〉 상응이 매우 불완전했다.)

문자가 지닌 더욱 기만적이고 잘못된 특성은 아주 괄목할 만한 것이어서 문자를 그 원래의 역할로 되돌려 놓을 용어를 정확하게 사용하기가 어려웠다. 우리는 발음에 대해 얘기했다! 이제 그 관계를 역전시켜 보자. 문자를 원형으로 간주하면, 발음은 문자를 이해하고 해석하는 방식이 된다. 〈그런데 발음은 문자에 선행한다!〉 따라서 "문자를 무시하고, 발음에만 관심을 가지시오"라고 말한다〈이렇게 조언하면서도 위험한 용어를 사용한다〉.

첫째는 발화된 단어가 그 존재의 일부를 문자로 기록된 단어에서 끌어온다는 생각을 버리는 것이다(매우 빈번히 문자에 의해 오류가 빚어지는 것이 언어의 병리현상인 양 문자로 되돌아가는 것을 의미하더라도). 가스통 데샹[118]〈같이 지식이 풍부한 입지를 가진 인물조차〉도 프랑스어를 정서법과 혼동한 듯이 생각된다. 그는 몇 주 전에 아카데미 프랑세즈에서 베르텔로[119]가 〈"프랑스어의 파손", 다시 말해 정서법의 개혁에 "반대했다"라고 말했다.〉 이들은 언어학을 연구하지 않았기 때문에 이

---

117† 대괄호 속에 : croiz, crois로 기록되었고, 정서법 복원으로 croix가 되었다(crux!).
118  Gaston Deschamps(1861~1931). 프랑스의 고고학자이자 작가.
119  Marcellin Berthelot(1827~1907). 프랑스의 화학자. 르낭, 플로베르, 로댕 등과 교유했다.

같은 오류에 빠졌다. 뛰어난 문헌학자도 두 개의 m, 두 개의 p를 쓰지 않던 옛적에 라틴어는 이를 발음하지 않았다고 생각한 듯하다(Nūmius 냐 Nummius냐에 대한 논의). 〈분명히 그는 이를 문자 그대로 주장으로 내세우지 않았지만, 이 일은 많은 학자들이 무의식적으로 저지르는 혼동을 드러내 보여 준다. 이러한 현상을 더 많이 제시하고 충분히 추가

할 수도 있다. 그리하여 우리는 아주 잘못되고 위험스러운 일련의 개념을 갖게 되었다.〉 이 오해 가운데서 언어학은 연구 대상에 대한 기록문헌의 입지를 잘못 생각하게 되었다.

5) 고유한 의미의 언어학적 오류로서 〈차후 메꿔야 했던〉 또 다른 큰 공백은 〈(최초의 언어학은)〉 언어 내에 〈일상적으로〉 끊임없이 창조되는 현상 전체〈의 차원〉에 거의 관심을 두지 않았다는 것이다. 유추〈를 말하는 것이다〉. 학자들이 유추가 아니라 '잘못된 유추'를 얘기들을 했는데, 이는 이 현상을 은폐하는 짓이었다. orator<sup>연설가</sup>의 곡용에서 우선 *oratorbus〈(그리스어의 자음어간 곡용 참조)〉를 제시하고, 다음으로 host(i)bus<sup>공적, 이방인</sup>를 제시한다. 여기서 –ibus를 취하고, i가 도입되면서 *oratorbus는 완전히 사라졌다. 〈이는 유추의 경우로서 첫 시기의 언어학에서는〉 잘못된 유추였다. 왜냐하면 최초의 원시형을 잘못 생각했기 때문이다. 원시상태에서 이탈된 것은 모두 정상적이 아니라는 것이다. 그래서 원시상태(산스크리트어에서 그랬던 것처럼 원시상태의 〈우월성이나〉 완결성의 관념이다)를 참조했지만, 〈그 원시상태 역시〉 그 이전에 선행하는 다른 원시상태가 있었는지는 질문하지 않았다. 따라서 언어에 유추가 사용되는 것은 허락되지 않았고, 유추는 일종의 허용사항이나 위반사항〈처럼 보였다. 하지만〉, 이 유추는 언어가 혁신을 꾀하는 방식이었다. 〈하지만 음성법칙과 유추가 대칭적인 것으로 대립하면 안

된다.〉 모든 사실이 음성현상과 유추현상으로 나뉜다. 이러한 의미에서 그것은 대칭이다.

'이는 음성변화인가? 아니다. 그렇다면 그것은 유추이다'라는 것은 영원한 딜레마로서 〈언어사는 여기에 빠져들었으나〉 당시로는 이 딜레마가 존재하지 않았다. 이 절반**은 우연히 부착된 부록처럼 간주되었다. 유추현상은 실제보다 훨씬 더 희귀한 것으로, 불규칙적인 것으로, 질서에 반대되는 것으로 간주되었다.

6) 〈첫 시기의 언어학은〉 방법의 일반성이 부재한 것으로 비난받아야 한다(이는 이미 앞의 여러 사항에서 귀결되는 것이다). 〈어떤 학문도〉 대상의 성질과 대상의 성질이 갖는 현상에 대한 정확하고 〈분명한〉 개념을 갖지 않으면 방법을 찾을 수 없다. 그래서 학자들이 언어학에서 문자로 기록된 언어〈(문자로 쓰인 기록에 나오는 언어)〉를 연구 대상으로 [87] 하면, 그것은 곧 그 대상이 무엇인지 알 수 없다고 족히 말하는 표시이다. 아니면 유추처럼 영속적 요인이 언어현상에 대한 우발적인 출처로 간주되면, 이 대상에 대한 정확한 개념을 가질 수 없고, 이 대상을 연구하는 적확한 방법을 자부심을 가지고 구축할 수 없다. 〈이 결점을 장황하게 늘어놓는 것은 별 소용이 없다. 그 사례가 수없이 많기 때문이다.〉

7) 과거의 언어학에서 그리 본질적이 아닌 영역에서 우리가 비난하는 것 가운데는 이와 같은 것도 있다. 즉 인도유럽어의 거의 모든 어파 가운데서 가장 오래된 것으로 알려진 어파만 고려하면 충분하다고 생각하는 경향이 그것이다. 마치 이 어파가 전체 인도유럽어족을 대표하는 데 적합한 어파인 것처럼, 이 어파로 전체 어족을 대치할 수 있는 것처럼 말이다. 예컨대 게르만어군을 논하는 데에 별 거리낌 없이 당연히 고트어를 끌어온다. 〈고트어가 다른 게르만어 방언보다 몇 세기 앞서

알려졌기 때문이다.〉 그러고는 이 언어가 다른 방언의 원형이나 기원이라는 잘못된 자격을 부여했다. 슬라브어는 10세기에 알려진 고슬라브어slavon(즉 고대 교회 슬라브어paléo-slave)로 충분한 것으로 생각했는데, 〈다른 방언이 이보다 훨씬 후대에 생겨났기 때문이다〉. 기본적으로 이러한 처리는 인도유럽조어와 관련해서 산스크리트어에 지위를 잘못 부여한 오류를 소규모로, 세부적으로 반복하는 일이었다.

오류 표현이 아주 광범하게 퍼진 〈그리고 많은 사람들에게서 이를 바로잡는 것이 어려운〉 경우, 그 형식적인 틀을 자세히 설명할 가치가 있다. 사실상 〈연속하는 시기에〉 문자로 고정된 두 언어형이 〈언어적으로〉 수직선상에 존재하는 경우란 매우 희귀하다. 〈그 자체로는 가능할지 몰라도〉 사실상 〈우리가 관찰하는 바로는〉 서로 다른 두 방언이 〈언어적으로 앞뒤로 이어지는 것이 아니라〉 그 선이 서로 다른 두 시기에 거의 동시적으로 두 방언을 가로지른다는 것이다. 예외가 이 원리를 확인시켜 준다.[120] 가장 좋은 본보기가 라틴어와 로망스어의 사례이다.

[88]

라틴어
|
프랑스어

여기서 우리는 이들이 수직선상에 있다고 말할 것이다. 요행히도 〈아케메네스 왕조의 명문에〉 설형문자로 기록된 고대 페르시아어는 중세의

---

120†여백의 대괄호 속에: 로망스제어의 영토가 라틴어의 영토와 예외적으로 동일한 것으로 드러났기 때문에. 『1차 강의』, 노트 III, p. 43 [p.110 236쪽].

고대 페르시아어⟨를 낳은 것⟩과 같은 방언이다.

일상적인 경우는 다음과 같다.

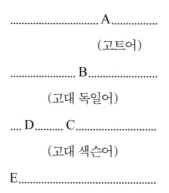

............................. A...............
(고트어)

...................... B.......................
(고대 독일어)

.... D......... C...........................
(고대 색슨어)

E............................................

그 결과는 언어학자들이 즐거워할 수밖에 없는 것이다. 달리 말해서 방언 A가 이후 생겨날 방언을 미리 ⟨⟨잠재적으로⟩⟩ 포함한 것일 것이다.

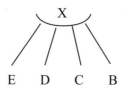

언어 수렴을 통해 우리는 A보다 더 오래된 언어형으로 거슬러 올라갈 수 있다. 이러한 이유로 혼란[121]은 없지만, 어느 정도의 혼란은 허용될 수 있다. 방언들이 점진적으로만 조금씩 알려졌기 때문이다. 그리스어 방언에 대한 ⟨지식은⟩ 방언들의 시기에는 아주 초보적 단계였다(⟨명문

121  여백의 대괄호 속에 : X와 A의

발견을 통해서만〉 알려질 수 있었고, 최근 30~40년에 밝혀진 지식이다〉.

8) 〈언어 자체 외의 언어학에 부과된 영역에 대한 오류.〉 이는 언어적인 오류는 아니다. 언어 밖에서 언어학이 할 것으로 기대한 역할보다 더 넓은 생각과 관련이 있다. 언어가 민족 자체와, 특히 선사에 대해 무궁무진한 자료의 원천을 제공한다고 믿〈은 시기가 있〉었다. 소쉬르 선생은 이를 실패로 끝난 것이라 말하려는 것은 아니었지만, 학자들이 지나치게 앞서 나갔고, 재고할 것은 주로 방법의 결여와 적절한 절제라고 하셨다. 켈트어학 연구의 선구자 중 한 사람인 아돌프 픽테가 언어학자로서 수행한 연구 활동은 그의 다음 저서에서 잘 드러난다.[122] 1859~1863, 전 2권, 2판, 파리. 1877, 전 3권(저자 사후 출판). 여러 저서 중에서 읽기에 이보다 더 매혹적이고 〈매력적인〉 책은 없으며〈── 조심스레 접근해야 할 다소간의 유보 사항이 있지만 ──〉, 이 분야의 가장 전형이 되는 저서이다. 그 책의 목적은 여러 인도유럽어가 제공하는 안내지표를 이용해서 인도유럽족 ── 아리아족 ── 의 원시문명에 분명 공통적인 것을 재구하는 것이었다. 물건들(연장, 무기, 가축, 이들이 유목민인지 농경민인지?)이나 통치 형태, 〈가족,〉 동식물상, 고향, 〈원거주지〉(픽테에게는 박트리아 지방[123]이다)을 알려주는 지표들이 그것이다. 픽테의 이 저서는 이런 종류의 저서에서 가장 중요한 시론이다. 그는 자신이 창안한 이 학문에 언어 선사고생물학paléonologie linguistique[124]이

[89]

---

122† 콜론 뒤에 큰따옴표가 있었는데, 이는 저서의 제목 『인도유럽족의 기원, 원시 아리아족』을 넣어야 할 것이라는 점을 가리킨다.

123 중앙아시아의 파미르고원 인근의 힌두쿠시산맥 북쪽 고원 지방. 고대에는 이란의 전설적인 카이니드 왕조의 수도였고, 조로아스터교의 중심지 중 한 곳이었다. 다리우스 왕의 베히스툰 명문에 언급된 도시이다.

란 명칭을 붙였다. 이 저서는 시대에 조금 뒤떨어졌지만, 치하할 구절이 여전히 있다. (픽테는 〈언어학 연구 외에 철학에도 몰두했고,〉 〈미학〉 저서 『자연, 예술과 시의 아름다움에 대해』*Du beau dans la nature, l'art et la poésie*, 1859를 출간했다. 소쉬르 선생은 그를 알고 있었고, 〈존경의 말투로 그를 칭찬했다〉. 그는 아주 맘씨 좋은 늙은 친구로서 〈유일한 결점은 상당히〉 귀가 어둡다는 것이고, 전前 포병장교로서 화약 제조술에 몰입하기도 했고, 로켓 발명에도 언어학과 철학만큼이나 깊이 몰두했던 것으로 생각된다!)

〈언어학을 이런 용도로 이용하는〉 이 시도에 대해 어떻게 생각하는가? 픽테 이전의 학자들은 언어를 이용하여 인도유럽족의 신화와 종교를 〈재구했다〉. 예컨대 아달베르트 쿤의 1859년 저서[125] 같은 것이다. 〈여기서는 일반적인 문제를 다루자.〉 언어로부터 이러한 정보를 끌어 [90] 내는 것이 합당한 것인가? 확실성을 담보할 수 있는, 인정할 수 있는 언어학의 응용인가?

언어를 증거로 채택하는 여러 방식이 있고, 언어적 증거가 다른 어떤 증거보다 뛰어난 방식이 한 가지 있다. 첫 번째 사례는, 〈이를 간략히 특징짓자면,〉 이탈리아에는 라틴인 외에도 에트루리아인으로 불리는 주민이 있었다는 것이다. 이들은 라틴인과 무엇을 했으며, 이들의 문명은 기원이 공통적인가? 이는 유적이나 남아 있는 모든 유물을 통해 해결할 문제이다. 그러나 언어를 벗어나서는 결코 확실한 것을 얻을 수 없다. 에트루리아인은 기원으로 볼 때, 라틴인과는 아무런 관계가 없다

---

124 인도유럽어의 여러 언어에 공통으로 출현하는 동식물 명칭이나 생활사의 기본 어휘를 가지고 그 대상이 서식하거나 사용된 장소를 탐구하여 인도유럽인의 원거주지를 추정하는 분야이다.
125 『불과 신주의 도래』를 가리킨다.

는 사실을 확증하려면 에트루리아어 네 줄이면 충분하다. [**일곱 번째 노트의 시작**] 일반적인 경우는 이것이다. 즉 〈현대에는〉 민족의 기원을 언어자료로, 〈그들이 사용하는 언어로〉 판단한다는 것이다. 물론 문자를 이해할 수 있어야 한다(이 경우 진정한 의미의 문자라는 의미가 아니라 자료로 남아 있는 언어를 가리킨다). 〈여기서 언어란 비교할 나위가 없는 결정적인 기록자료이다.〉 하지만 언어 선사고생물학은 민족의 과거가 어떠했는지를 탐구하는데, 이는 그 증거 능력의 범위를 지나치게 과장한 것이다. 다음의 이유 때문이다.

1) 불확실한 어원 : (얼마나 많은 단어들이 어원이 과연 확실한지를 알기에 이제 〈더욱 조심스럽다!〉) 어원 탐구 절차를 보자. servus^노예와 servare^지키다를 비교하고〈──이것이 타당한가? ──〉, 그다음에 어느 한 단어에 원초적 의미를 부여하고, '노예는 집지기였다'라는 결론을 내린다. 그러면 servare가 원래부터 '지키다'를 의미했는가?

2) 다음으로, 〈민족집단과 관련되는 결론처럼,〉 사람들의 주거지〈와 관습〉이 변하면, 거기에 따라 단어의 의미가 변할 수 있다. 예컨대 두세 언어에서 표범, 〈즉〉 고양이과 자태를 한 어떤 동물을 가리키는 단어가 고양이로 불린다면 그것은 표범이 될 수도 있고, 반대로 이 표범이 고양이라는 명칭을 가질 수도 있다. 〈의미작용이 이전된 것이다.〉

　　같은 맥락에서 여러 사물이나 일을 가리키는 지칭의 부재는 결정적인 증거인가? 예컨대 단어 labourer^일하다는 인도유럽어의 몇몇 특유어 〈(아시아의 인도유럽어)〉[126]에서는 나타나지 않는다. 그러면 이런 사물

---

126 주로 사템어에 속하는 언어들로서 산스크리트어를 비롯해서 인도이란어에 속하는 언어들과 토카라어, 히타이트어 등을 가리킨다.

이나 일은 원래부터 없었는가 아니면 이들 민족에게서 상실되었는가? 〈사실 그 단어는 소실되었을 수 있다. 이런 원인들이 합쳐져서 전체가 복합적이 되면,〉 학자들이 이들을 상반되게 반대로 해석할 가능성이 있다. 〈그러면 남는 문제는〉 결국 확실한 세부 사실을 찾지 못한다는 것이다. 그렇지만 전반적으로 볼 때, 〈일반적인 특징은〉 확실하다. 예컨대 친족관계는 현재 우리 친족만큼이나 아주 확고하고 완벽하게 조직되었고, 많은 친족명칭이 있어서 의심의 여지가 없다. 이 〈공통의 친족용어〉는 분명히 전승되어 내려왔다. 〈그리고 의미 구분은 현대의 우리 언어에서보다 더욱 상세하다.〉

예컨대 〈호메로스에서〉 εἰνάτερες = 제수 / 형수〈(형제의 아내)〉, γαλόως(복수 γαλοῳ = 시누이 / 올케(아내와 남편의 자매들)이다. 마찬가지로 라틴어에서도 janitrices(형제의 아내들)는 εινάτερες에 정확히 대응한다. 여형제의 남편도, 자매들의 남편들〈끼리〉도 그렇게 명명되지 않는다.[127] 살펴볼 것은 단지 일반적인 전체 사항이다(여기서 더 자세히 논의할 수 있지만 전반적이고 전체적인 것만 논의한다). 동물도 마찬가지이다. 소와 같은 중요한 동물종은 bous, Kuh(g₂ōus)로서 일치할 뿐만 아니라 동물 명칭의 굴절도 전체 인도유럽어에서 동일하게 나타난다. 후에 와서 언어들 간에 다른 언어에서 차용한 경우에는 이런 특성이 나타나지 않는다. 〈따라서 그것은 판단의 문제이다.〉 부가적으로, 확실한 어원을 가로막는 요인 가운데 차용어가 있다. 후대에 와서 교역을 통해 한 단어가 다른 민족들 사이에 〈점차〉 차입되기도 한다(예컨대 지중해에서

---

127 에밀 벵베니스트, 『인도유럽사회의 제도·문화 어휘 연구 1』, 김현권 옮김, 그린비, 2014, 제2편 「친족관계」 참조.

마麻는 후대에 들어와 알려졌는데, 그 후 남쪽에서 북쪽으로 전파되어 이 식물과 함께 그 이름도 알려졌다). 이러한 차용에 의해 생겨난 단어의 일치를 원래부터 있던 사물을 가리키는 것으로 착각할 수 있다.

## 소장문법학파 신경향

1875년경 언어학에 새로운 방향이 생겨났다. 새로운 학파 〈소장문법학파Jungrammatiker〉도 생겨났다(배타적인 이 용어를 사용하는 것은 틀린다. 〈개혁을 하면, 개혁자들은 학파를 구성하지 않는다!〉). '소장문법학파 경향'jungrammatische Richtung이 생겨났다. 이 경향이 때늦게 출현한 것은 이 [92] 런 논의를 거의 늘상 독일 학자들이 해왔기 때문이고(따라서 그런 경향을 지지한 집단은 오직 그 한 국가에 국한되었다), 또 이를 지지하는 학자들이 고전문헌학에 몰두했기 때문이다. 이들이 자연과학을 〈또는 문헌학 이외의 다른 학문을〉 알았더라면 훨씬 더 좋았을 뻔했다. 〈고전문헌학이 비판정신이 없어서가 아니라,〉 과학적 기반이 훨씬 더 빨리 닦일 수 있었을 것이기 때문이다.

두 가지 영향이 있었다. 우선 (독일인도 아니고 문헌학자도 아닌) 휘트니의 저서[128]가 촉진제가 되었다. 다음으로 로망스문헌학과 게르만어학이 언어사실들〈(그리고 더 직접 접할 수 있는 자료)〉이 훨씬 풍부했고, 인도유럽어학보다 훨씬 더 역사적인 기반에서 〈(훨씬 더 확고한 영역에서)〉 연구되었다. 〈(라틴어에 만족한 로망스어 학자들보다는)〉 게르만어 학자들이 인도유럽어학의 탐구에 훨씬 더 앞서 나갔다. 그래서 한편으

---

128†여백의 대괄호 속에: *La vie du langage*, 1875 (『언어의 삶과 성장』의 프랑스어 번역판, 1879, 2판).

로 〈이들은〉 인도유럽어학의 성과를 이미 알고 있었고, 〈다른 한편으로는〉 모든 것을 포괄적으로 연구하려는 학자들과 다른 견해를 발전시켜 그것을 더욱 제한된 좁은 영역에 적용했다.

그리하여 신구 〈학파〉 사이에 〈어쩔 수 없이〉 논쟁이 벌어졌다. 〈단지 기억을 다지기 위해〉 이 새로운 방향을 가리키는 핵심 인물들을 환기해 보자. 카를 브루크만,[129] 오스토프(전자만큼 중요한 인물로 볼 수 없다),[130] 브라우네(게르만어 학자),[131] 지페르스,[132] 파울,[133] 레스키엔(슬라브어 학자)[134]이었다.[135] 하지만 이들에 저항하는 중심 인물은 베를린대학과 괴팅엔대학의 쿠르티우스(『그리스어 어원의 기초』*Grundzüge der grieschen Etymologie*)였고,[136] 게르만어 학자 가운데는 빌헬름 셰러(베를린대

---

129 Karl Brugmann(1849~1919). 독일 라이프치히대학의 문헌학자이자 역사비교언어학자. 소장문법학자. 주저로 『인도게르만어 비교문법 기초』(*Grundriss der vergleichenden Grammatik der indogermanischen Sprachen*, 1886~1893)가 있다.

130 Hermann Osthoff(1847~1909). 브루크만, 레스키엔과 더불어 독일 소장문법학파의 일원으로서 인도유럽어 역사비교언어학자이자 고전문헌학자. 『인도게르만어 형태론 연구』(*Morphologische Untersuchungen auf dem Gebiete der indogermanischen Sprachen*, 전 6권, 1878~1910, 브루크만과 공저)가 있다.

131 Wilhelm Braune(1850~1926). 독일 문헌학자이자 게르만어 연구자로서 소장문법학파의 일원. 헤르만 파울과 함께 『독일 어문학사 연구지』(*Beiträge zur Geschichte der deutschen Sprache und Literatur*)를 창간했다.

132 Eduard Sievers(1850~1932). 독일의 고전문헌학자이자 게르만어 역사비교언어학자. 라이프치히학파의 소장문법가로서 지페르스의 법칙으로 유명하다.

133 Hermann Paul(1846~1921). 독일의 역사언어학자로서 대표적인 소장문법가의 한 사람이다. 주저로 『언어사 원리』(*Prinzipien der Sprachgeschichte*, 1880)가 있다.

134 August Leskien(1840~1916). 독일의 비교언어학자이자 고전연구자로 슐라이허 문하에서 수학했다. 소쉬르, 트루베츠코이, 블룸필드. 쿠르트네 같은 유명 학자들이 그의 지도를 받고 역사비교언어학을 연구했다. 특히 발토슬라브어 역사 연구에서 많은 업적을 남겼다.

135 이들은 라이프치히대학과 예나대학을 중심으로 활동했다.

136 쿠르티우스는 언급한 책 외에도 『신언어 연구의 비판』(*Zur Kritik der neuesten Sprachforschung*, 1885)에서 소장문법학파의 이론을 비판했다.

학),[137] 요하네스 슈미트(베를린대학에서 인도유럽어학에 혁혁한 기여를
했다)[138]가 새로운 언어 연구 방향에 반대하는 입장을 취했다. 이 모든
것은 일화이고, 이들은 오늘날에는 특정 학파에 귀속되지 않는 원리를
주장하려고 격렬한 논쟁을 벌였다.

이들의 프로그램은 무엇인가? 〈이 학파의 새로운 성과는 무엇이었
던가? 그것은〉 특히 게르만어 학자들이 제시했다.

[93] [1)] 언어비교의 모든 결과는 <u>역사적 연계</u>에 이관되었다. 옛 언어학에
서 언어 차이는 그 코드의 근저에 영속적 유형이 있고, 이 유형이 서로
상응한다는 생각이 자리잡고 있었지만, 이는 어떤 형태의 원형을 전제
로 한다는 생각은 하지 못했다. 이를 음성현상으로 예시해 보자. 라틴어
f = θ. 〈이는 음성비교이며,〉 이 두 음성은 인도유럽조어 dh로 거슬러 올
라간다. 이 설명은 대응을 대강 알려주는 것이지만, 대응의 중간과정을
모두 지적해야 〈찾아야〉 한다. 이러한 역사적인 관점이 오늘날 아주 통
찰력이 있는 것이지만, 역사를 연구하지 않아도 비교는 가능하다면서
연구를 했는데, 이것이 이들 학자들이 이룩한 공적이었다.

2) 정의될 수 없는 영역에서 언어를 〈일종의 식생으로〉 생각했지만, 오
늘날의 언어학은 언어를 인간 마음의 산물로 인지한다. 〈언어는 그 자
체로 발달하는 그 무엇이 아니라〉 언제나 집단정신의 작품이기 때문이
다. 이로 인해서 결국 언어학에 널리 유포된 많은 은유, 이미지와 투쟁

---

137 Wilhelm Scherer(1841~1886). 독일의 문헌학자이자 문학사가. 주요 저작은 『독일어의 역
　　사』(Zur Geschichte der deutschen Sprache, Berlin, 1868)가 있다. 괴테 평전으로도 유명하다.
138 Johannes Schmidt(1843~1901). 독일의 역사언어학자이자 문헌학자. 슐라이허의 수지설
　　에 맞선, 언어 전파에 대한 파상설(波狀說)로 유명하다. 『인도게르만어의 친근관계』(Die
　　Verwantschaftsverhältnisse der Indogermanischen Sprachen)에서 이를 주장했다.

이 야기되었다. 〈이 점에 대해 얘기할 것이 많다.〉 반드시 사용해야 할 이미지가 여럿 있다. 그런데 중요한 것은 그 의미를 이해하는 것이다. 오늘날은 감히 '언어는 이러이러한 것이다'라고 말하지 못한다(언어<sup>랑그</sup>는 실재체로서 존재하는 것이 아니라 오직 화자들만이 실존한다!). 〈혁신적인 이 언어학자들은 좀 지나치게 앞서갔다.〉

3) 〈언어가 사회의 집단정신의 작품이라는 점을 인정하는 것과 동시에〉 언어가 사회의 영속적〈이고 지속적〉인 작품이라는 점을 인지했다. 이러한 지속적인 혁신 작업은 모두 〈유추란 이름으로〉 묶을 수 있다. 이 유추의 장은 최초로 진정한 중요성이 인정되었고〈다른 한편 과거의 유추는 잘못된 유추로 불렀다〉, 이 유추현상의 타당성과 보편성이 최초로 확실하게 수용되고 선언되었다.

역사가에게는 음성변화가 초래하는 것은 유추(그 자체가 아니라!)와 서로 대립했다. 이 두 가지의 대립은 독특한 논쟁을 불러일으켰다. 이 대립에 수반되어 확증된 것은 음성법칙의 영향은 불변하고, 예외가 없다는 것이다. 〈반면 유추는 법칙을 말할 수 없다는 것이다. 오늘날 문제의 이 용어들은 올바르고 타당한 근거가 있다고는 말할 수 없다.〉 따라서 두 가지 사안이 있다. 1) 언어는 유추형으로 가득 차 있다. 2) 유추형은 법칙으로 환원될 수 없지만, 음성변화에는 법칙이라는 절대적 특성이 있다. 그리하여 과거의 언어학자들(쿠르티우스)은 〈음성변화에 예외적인 것을 찾으려고 노력했고〉, 그들이 부인한 이 두 사항이 오류라는 것을 증명하려고 했다. 두 번째 사항에 대해서는 용어를 바꾸어 일시적 논쟁을 벌였다. 〈그렇지만 첫째 사항은 문제가 없었다. 일련의 이 두 현상을 명료하게 구별했기 때문이다.〉

4) 음운론(음성기관의 메커니즘에 대한 〈보조〉학문)에 대한 더욱 엄밀한

[94]

연구를 통해서 문자로 기록된 단어에서 〈훨씬 쉽게〉 벗어났다. 음운연구는 비언어학자들〈예컨대 생리학자들〉에 의해 (특히 빈Wien대학의 브뤼케Ernst Brücke에 의해) 더욱 깊이 연구되었을 뿐만 아니라 그 외의 많은 학자들에 의해서도 연구되었다. 음운론은 언어학을 돕기 위해 제때 찾아왔다.

5) 이 시기에 인도유럽어학과 관련해서 일련의 새로운 견해들〈그리고 특히 언어사실들〉이 확립되었다. 예컨대 산스크리트어는 특권적 지위를 박탈당했다. 이로 인해 특히 인도유럽조어의 모음체계 이론을 혁신시킨 일련의 결론이 유도되었다.

# VI. 일반언어학 입문으로서
## 인도유럽어학 개관 [2]

인도유럽어족 전체를 포괄하는 저서들 중 상당수는 오늘날 해묵은 것으로 배제된다. 보프의 『비교문법』에 필적하는 저서로 다음과 같은 것이 꼽힌다.

카를 브루크만, 『개요』(2판, 완간 중, 프랑스어로도 번역).[139] 좀 더 축약되었지만, 개요로 일독하기에는 더 좋다.

앙투안 메이예,[140] 『인도유럽어 비교연구 입문』*Introduction l'étude comparative des langues indo-européennes*, 2판, 1908(독일어로 번역 예정).

어휘론에 관해서는 피크[141]의 사전(〈소쉬르 선생은〉 그를 앞의 학자들과 동급의 일류 학자로 취급하지 않았다) 최종판이 재구형에 거의 가까운 형태를 보여 주며, 거의 완성 단계에 있는 책이다. 특별한 사례에 대해서는 참조할 만하다.

또한 인도유럽인을 다룬 저서로

헤르만 히르트,[142] 『인도게르만인』*Die Indogermanen*, 전 2권, 1905~

---

139 『인도게르만어 비교문법 개요』(*Grundriss der vergleichenden Grammatik der indogermanischen Sprachen*, 1886~1893)를 가리킨다.

140 Antoine Meillet(1866~1936). 프랑스 언어학의 시조로 불린다. 브레알의 영향을 받고, 소쉬르 등에게서 가르침을 받았다. 인도유럽어학 전문가이자 아르메니아어, 슬라브어의 권위자이기도 하다.

141 August Fick(1833~1916). 독일의 문헌학자. 그의 『인도게르만어 조어 사전』(*Wörterbuch der indogermanischen Grundsprache*, 1868)은 이 분야 최초의 사전이다. 그 후 『인도게르만어 비교사전』(*Vergleichendes Wörterbuch der indogermanischen Sprachen*, 1890~1909)을 편찬했다.

142 Hermann Hirt(1865~1936). 독일의 문헌학자이자 인도유럽언어학자. 저서로 『인도게르만어 문법』(*Indogermanische Grammatik*, 전 7권, 1921~1937)이 있다. 인도유럽조어의 악센트와 모음에 대한 연구로 유명하다.

1907(말하자면 언어학은 다소 뒷전에 있다. 문법은 전혀 나오지 않는다. 이 책의 주제는 외적 언어학이다. 픽테처럼 언어에서 결론을 끌어낸다).[143] 〈일찍부터〉 인도유럽어란 용어가 그 이전의 **인도게르만어**와 동의어로 사용되었다. 〈이 첫 시기의 언어학자들은 게르만어 학자였기에 그랬다. 이 용어는 각별히 중요한 것은 아니다. **인도**는 지리적으로 인도유럽인의 경계를 표시한다.〉 더 짧은 용어가 없는 것이 불행한 일이다. 동의어로 '아리아족'을 여전히 사용하길 원한다. 이 용어는 아주 제한된 어군인 인도이란어군을 가리키는 것 이외는 다른 용도로 전혀 사용되지 않는다. 여기서 이 언어가 가리키는 민족의 이름과 같은 유형의 명칭을 본다. Âryas(고대 베다어)는 인도유럽 인종과 인도의 비인도유럽 인종(an-âryas)을 대립시키는 역할을 한다. 카스트의 상위 세 계급만이 아리아족으로 불린다(제4계급인 수드라는 혈통이 유럽인〈이 아니다〉). 이란인에게도 이와 동일한 용어가 있지만, a가 장모음이 아니다.

[96]
모음 첨가

aīrya

이는 축약되어 이처럼 변했다.

ērān, 중기 페르시아어 īran

(airyānām)

---

143 인도유럽인의 원거주지 문제를 다룬 최초의 저서 중 하나다.

이 명칭을 다른 곳에서는 찾을 수 없기 때문에 인도이란어군 이외의 다른 곳에 이 용어를 확대 사용하는 것은 옳지 않다.[144]

　　인도유럽어를 포괄하는 지리적 영역은 아일랜드에서 출발해서 아르메니아(흑해 동부)를 거쳐 펀자브와 인도까지 이르는, 오늘날 연속된 지역이다. 그러나 훨씬 더 오래된 시기〈'역사의 여명기'〉에 이를 포착하더라도 단절된 모습은 찾아볼 수 없다. 흑해 동부에 아르메니아가 있는데, 이곳이 이 언어연쇄를 연결하여 잇는 고리이다.[145] 그렇지만 이 언어연쇄를 있는 그대로, 액면 그대로 봐서는 안 된다는 것을 의미하지 않는다.

　　　　　ⓐⓑⓒⓓ……　　　ⓑ 가 사라질 수 있다.
　　그리고
　　　　　ⓐⓒ……　　　　　(그러면 ⓐ 가 ⓒ 와 접한다.)


일리리아족과 트라키아족은 인도유럽어를 사용했지만, 더 이상 그 모습이 보이지 않으며, 이 지방에는 오늘날 슬라브어가 있다. 〈이로 인해〉 이탈리아와 인접한다(더 이상 베네치아어와 인접하지 않고, 이탈리아어의 형태로 라틴어〈(이탈릭어)〉[146]와 인접한다!). 따라서 〈연속된 언어연쇄라고 말하지만,〉 이 연쇄 내에서는 단일 언어가 다양하게 이동하거나 소멸했다.

---

144† 여기 대괄호 속에 : 『1차 강의』, 노트 III, p.88[편집본에 생략됨] 참조.
145† 여백의 대괄호 속에 : "고대에 이 연쇄가 흑해의 <u>양안</u>으로 지나갔다." 『1차 강의』, 노트 III, p.39[p.107²³¹쪽].
146† 이탈릭어는 라틴어 위에 적혀 있는데, 위치가 불확실하다.

이러한 거대 현상〈언어연쇄〉은 네 가지 문제를 제기하는데, 과거의 언어학에서는 하나의 문제로 취급하여 단번에 해결하려고 했다.

첫째, 인도유럽 개별어의 차이로 야기되는 문제

둘째, 이들의 원고향의 문제

셋째, 확실한 지리적 확산의 문제.

## 언어의 지리적 확산

네 번째로, 과거 언어학이 다른 이 세 가지 문제를 해결하려고 한 문제가 있다.

민족의 이주. 이 이주로 모든 것이 설명된다. 이 주장의 주된 생각은 언어 차이는 언어의 〈지리적〉 이동, 공간상의 이동을 전제로 한다는 것이다. 이 견해는 식민지에서 일어나는 현상으로 예시된다. 라틴어가 프랑스어가 된 것은 그것이 이탈리아 밖 갈리아 지역에서 이식되었기 때문이었다. 이 현상을 분봉설分蜂設로 지칭할 수 있다. 민족의 숫자만큼 그에 해당하는 언어들이 많이 있고, 민족이 있는 만큼 〈최초의 중심지에서 출발한 많은〉 분봉들이 있다. 〈이 분봉들은 최초의 원거주지로 귀착되는데,〉 이 경우 출발 근거지의 문제를 〈직접〉 해결해야 했다. 여기서는 세부사항에만 이견이 있었다. 인도유럽인이 사방으로 분산되기 시작한 것은 아시아(파미르고원!)였다는 점에는 아무 반론이 없었다. 또한 〈신비에 찬〉 견해도 있었는데, 이 민족이 동부에서 서부로 이주하고, 해지는 곳으로 전진했다는 것이다, 왜 그런지는 아무도 모른다.

그리스이탤릭조어라는 단일어가 있었다면, 이는 주민들이 떨어져 나오는 진행 과정에서 생긴 언어였을 것이다.

이 민족 이주의 문제는 조금씩 제기되면서 점차 복잡한 양상을 띠었다. 〈민족 이주라는 생각은 버리지 않았지만, 제안된 이 견해가 너무 단순하다는 것을 이해하게 되었다.〉 그러나 이 민족 이주 문제 전체는 각 사항에 대해 보다 완벽한 견해를 제시하면서 전혀 다른 방식으로 전개되었다. 최초 견해의 특징은 인도유럽어가 그 기원에서는 단일어이더라도 이들 언어의 다양성은 이동을 전제로 하고, 〈이〉 언어이동은 민족 이주를 전제로 하므로 이 이주는 민족nationalité의 개념을 함의한다는 것이다. 여기에 없는 개념은 〈현장에서의 분화(다양화)〉, 현장에서 일어나는 방언분열 현상의 개념이다. 이 마지막 견해는 대치되는 것이 아니라 분명 똑같이 중요하다〈는 점을 첨언해야겠다〉. 별개의 〈역사적〉 요인이 두 가지 있는데, 이들 두 요인에 의해 〈보통〉 동일한 어족 내에서 언어 다양성이 생겨난다. 이 현장의 언어분열은 어떤 것인가? 모든 곳에서 맹목적으로 적용되지 않는다면, 이는 〈그 자체로〉 규칙적으로 검증되는 원리이다. 발화집단에 대한 〈시간의 작용과 공간의 작용이라는〉 단순한 원인 외에 별다른 이유가 없이 시기 A의 단일어 사용권이 시기 B에 와서 다언어 지역으로 바뀔 수 있다. 이 현상은 〈두 가지로 분석되고,〉 시간과 공간을 연루시킨다. 〈시간과 관련한〉 첫 부분은 우리가 이미 충분히 예상한 바다.

[98]

단일어

지역 a

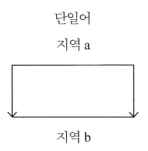

지역 b

하지만 이 상황은 복잡해지는데, 단일어 지역이 다언어 지역이 되기 때문이다.

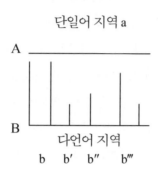

단일어 지역 a

수직적 변화는 공간상의 모든 곳에서 동일한 방향으로 일어나므로 한 지점 b가 아니라 여러 지점에 이른다. 사례로, 아주 폐쇄된 영토인 이탈리아반도는 시기 A에는 단일어였지만, 시기 B(근대)에 와서 라틴어는 북부에서 남부에 이르기까지 변화 정도가 똑같이 변하지 않았다. 그 결과 방언으로 분열되었고, 방언형이 아주 달라서 밀라노인은 〈나폴리 방언으로 쓰인〉 희곡을 공연하는 배우의 말을 이해하지 못했다.

[99]

방언이 더 발달하여 차이가 커지면, 〈다른〉 언어라고 말할 지경에 이른다. 언어와 방언 사이〈에 나타나는〉 차이를 규정하기는 꽤 어렵다 (방언을 넘어 〈하나의 언어가〉 되는 것은 흔히 문헌어 덕택이다). 이해 가능성의 문제가 있기 때문이다. 네덜란드어를 사례로 들 수 있는데, 대륙 게르만어 집단에서 네덜란드어는 언어로 불리지만, 10[세기]에는 방언에 불과했다. 다른 게르만어 방언과 아주 특별한 차이는 없지만, 이 방언은 다른 곳보다 차이가 심하게 훨씬 발전했던 것이다.

또 다른 사례도 이주와 현장의 방언분열을 대립시키는 예로 이용된다. 5세기에 색슨족이 유럽대륙에 거주할 당시, 영어는 언어로 제대로 형성되지 않은 상태였다. 그래서 〈그 원인으로서〉 이주를 부인할 수는 없지만, 다른 한편 그것이 언어분화의 유일한 요인은 아니었다.

이러한 견해는 요하네스 슈미트가 1877년작 『인도게르만어의 친근관계』에서 최초로 명료하게 설명했다. 인도유럽조어가 분화된 것은 무엇보다도 현장에서 분열된 〈결과로〉 생겨났으며, 〈요컨대〉 주민들이 〈각자 살던 지역에서〉 〈대규모로〉 이주할 이유는 없었다고 한다. 슈미트가 인도유럽인이 현재처럼 널리 확산된 것은 그 기원에서 분화한 것과 똑같은 방식으로 그러했다는 것을 말하려고 한 것은 분명히 아니다.

그러나 그의 주장〈의〉 요지는 인도유럽조어의 언어 차이는 현장의 방언분열로 이미 생겨났으며, 그 후에 영토가 확장되었다는 것이다. 그래서 역사시기에 인도유럽어가 다양하게 분화한 주요 과정은 현장의 분열로 생겨난 것이라고 한다. 그러나 현장에서의 분열은 지리적 연속의 한 측면, 한 가지 효과에 불과하다. 지리적 인접이 방언분열을 막지는 못하지만, 그 반대로 영향을 미쳐 언어분화를 완화시키고, 방언분열을 무력화하고 방언전이를 보인다는 것이다. 이러한 이유로〈(즉 지리적 인접성을 고려하여)〉 인도유럽어의 다양성에 대해 새로운 견해를 개진하면, 친근관계와 친근관계의 원근 정도에 대한 중요 개념을 새로이 갱신

[100]

할 수 있다. 이 사실은 지리적 연속〈의 중요성〉에 대한 전체 논지는 친근관계, 즉 언어들 간의 차이 및 일치와 관련해서 왜 영향을 주고받는지 그 이유를 잘 설명해 준다. 슈미트의 소책자가 목표로 한 것은 〈더욱 특정한 문제인〉 이 둘째 사항이었다. 그 이전에 언어의 친근관계는 계통수系統樹로 요약되었고, 이주설과도 아주 잘 들어맞았다. 예컨대

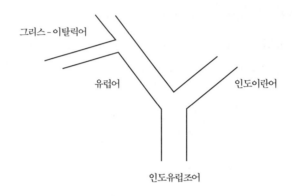

지리적으로 공통의 줄기를 대체하는 것은 공통의 영토권역이다. 서로 가장 다른 언어들( = 가장 친근관계가 없는 언어)은 계통수 그림에서 가장 거리가 먼 언어들이며, 상호 간에 지리적으로 거의 접촉하지 않는 언어들이다. 공통의 영토권역에서 계통수를 분화시키는 가장 중요한 사항은 전체 공동체가 분리된 시기를 지나서까지 계속 연장된다는 것이다. 〈그렇다면 이는 계통수로는 설명이 불가능한 것으로 간주된다.〉 상당히 오랜 세월에 걸쳐서 지리적 접촉뿐만 아니라 언어적 접촉도 계속되기 때문이다.

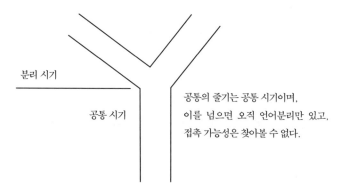

분리 시기

공통 시기

공통의 줄기는 공통 시기이며,
이를 넘으면 오직 언어분리만 있고,
접촉 가능성은 찾아볼 수 없다.

언어가 지리적으로 발달할 가능성이 있는 곳에서 발달 양상은 상황이 전혀 다르다. 어떤 시기 A의 영토권역을 다음과 같이 그려 보면,

A

시기 B에서 접촉이 지속된다.

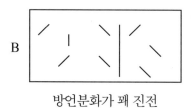

B

방언분화가 꽤 진전

시기 C

C

에서는 방언 차가 더 분명히 커지지만, 전혀 다른 두 특유어를 가정하지 않으면 〈지리적·언어적〉 접촉은 계속 이루어진다고 가정한다. 그래서 방언 차이가 드러나면 곧장 언어는 분리한다는 생각은 지리적 현상을 고려하면 바뀐다.

[102]

그렇지만 언어분화에는 정도程度가 있으며, 언어가 다양하게 분화하는 이유는 일련의 현상들 전체가 결합한 결과로 생겨난다는 것을 알지 못하면, 이 문제에 더욱 깊이 천착하기란 불가능하다. 〈연속된〉 언어 집단에 언어의 다양성이 생겨나는 방식을 분석해 볼 수 있다. 이미 방언지도(프랑스, 독일의 언어지도)가 작성되었고, 관심사는 방언이 아니라 오직 언어현상이었다. 방언 단위가 미리 주어진 것이 아니라 오직 언어현상만이, 언어 특성만이 지도상에 나타난다.

방언을 구별할 때〈(우리가 방언 경계를 긋고자 할 때)〉, 헛수고를 했다는 것을 깨닫는다. 한 방언이 다른 방언의 끝에서 거기로 침투해 들어가는 것을 보게 된다.

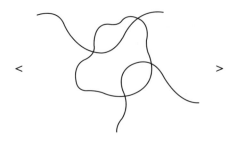

우리는 하나의 전체 단위로서 방언이 아니라 방언 특성만 고려한다. 방언 특성의 선은 프랑스 전역의 마을에서 마을 사이 불과 수 킬로미터를 가로질러 엄밀하게 그어진다. 이 선은 방언을 나누는 경계선이 아니다. 다른 방언 특성의 선과 서로 교차하기 때문이다. 한 가지 특성이 매우 중요하여 그 특성이 다른 특성보다 우위를 점하는 경우는 별로 없다.

첫 번째 생겨나는 차이〈예컨대 –r형의 수동태〉를 보자. 이 특성은 상당히 넓은 지역을 포괄한다. 두 번째 특성〈예컨대 o와 a의 혼용〉이 등장하면 이들의 경계는 거의 같고, 〈두 경계선의 안과 밖에서 취한〉 두 지점 사이의 차이는 더 분명해진다. 이 경계에 특성의 차이가 꽤 많이 축적되어 방언 경계가 될지는 미리 말할 수 없다. 하지만 지도상에서 멀리 떨어진 지점을 취하면, 얼마간 시간이 흐른 후에 이 특성이 상당히 많이 차이 난다. 〈방언 특성의 관찰에서 유래하는〉 또 다른 매우 중요한 사실은 전체 영토〈혹은 일부〉에 퍼진 현상도 있지만, 방언분화가 아주 심해져서 〈방언 다양성이 많이〉 생겨난다는 것이다. 예컨대 전 지역에서 더 후기에 와서 ch가 일부의 현상으로가 아니라 일반적 현상으로 k로 바뀔 수 있다. 이는 다음처럼 해명된다. 즉 이 변화 현상이 경계가 분명하지 않은 것은 아주 가까이 인접한 방언을 통해 〈점진적으로〉 전파되기 때문이다.

[103]

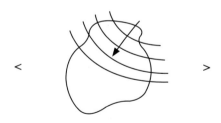

(예컨대 남부 독일 전역에서 제2차 자음추이[147]가 일어났다. thun에 대응하는 영어 do)

　그 결과는 무엇인가? 언어 연대기가 상당히 복잡해졌다는 것이다. 계통수에서는 사태가 아주 단순하지만, 오늘날 가장 일반적 현상이 가장 후대에 일어난 현상이라는 것은 주지의 사실이다.

　따라서 방언의 다양성과 친근관계를 다루는 이론은 흔히는 독일어로 파상설Wellentheorie이라는 명칭을 갖는다(물결 = 분화를 일으키는 현상. 분화요소가 영토의 한 지점에서 출발해서 그 물결이 어느 경계까지 퍼진다). 그래서 지리설 = 파상설〈은 동의어이다〉. 지리설과 이주설을 대립시켜서는 안 된다. 초기의 실수는 연속하는 지역에서 일어난 방언분화를 전혀 고려하지 않은 것이었다. 〈이 파상설을〉 인도유럽어족에 적용하면, 우리가 관찰하는 바의 방언 차를 만들어 낸 것은 민족의 이주가 아니라는 것을 알 수 있다. 〈여담으로〉 이 이주설을 선호한 것은 그 당시 유럽 대륙에는 사람이 거의 거주하지 않았다는 생각 때문이었지만, 실제로는 수천 년 전부터 사람들이 거기에 이미 거주하고 있었다.

[104]

　하지만 친근관계의 〈정도라는〉 관점에서 이주집단의 〈상대적〉 비이동성은 다소간 검증이 필요하다. 〈일반적으로 말해서〉 동부의 개별어들 전체는 이들 사이에 늘 접촉이 있었기에 공통의 특성을 많이 지닌다고 해야 할까? 그렇다. 서부는 〈동부와〉 한 가지 공통의 특성으로 대립한다. 즉 인도유럽어 경구개음은 〈동부(슬라브어와 리투아니아어)에

---

147 공통 게르만어에서 고대 고지 독일어로 넘어오면서 일어난 변화로서 무성 폐쇄음이 마찰음(또는 파찰음)으로, 유성 폐쇄음은 무성음으로, 유성 마찰음은 폐쇄음으로 바뀐 변화이다. 예컨대 다음의 독일어/영어 비교를 참조하라. Schiff/Ship, Apfell/apple, Tür/door, dies/this.

서〉 마찰음으로 바뀌었고, 그래서 서부 전체는 동부와 k/ś로 대립하게
되었다. 이것이 〈상대적〉 비이동성〈과 현장의 방언분열〉을 지지하는
지리적 특성이다. 〈이 특성만이 있는 게 아니다.〉 그 이유는 그 특성의
공유가 지리적이며, 인도유럽인이 이동으로 분산된 것이 아니라 현재
의 거주지가 <u>최초의 거주지와 동일한 핵심 지역임</u>〈을 보여 주기〉 때문
이다.

〈방금 얘기한〉 동부와 서부의 대립 사례로 다음을 보자.

$$\text{dek-}\ ^{취하다}\quad /\quad \text{deś-}$$

동부에는 인도이란어, 아르메니아어, 분명 프리기아어와 트라키아어,
모든 슬라브어와 레트어도 포함된다.

또 다른 사실이 있다. 인도이란어는 <u>세 모음의 음색 a e o를 단 하나
의 음색 a로 바꾸었다.</u> 슬라브-레트어와 게르만어를 취하면, 이 언어혼
합은 그리 심하지 않다.

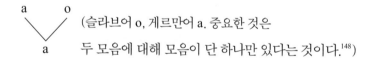

그런데 이 혼합은 슬라브-게르만어라는 연속된 영토 내의 현상이고,
따라서 이 대립은 〈원근에 따라 강하거나 약한〉 언어전파 물결에 노출
[105]    되었던 것처럼 생각된다. 더욱 가까이 인접한 영토를 취하면, 〈지리적

---

148†여기 대괄호 속에: 『1차 강의』, 노트 III, p.71 [p.124²⁵⁹쪽] 참조.

파상설이 많은 현상을 설명한다는 것도 알게 된다.〉즉 슬라브어와 게르만어에는 a와 o가 단 하나의 모음으로 융합되었다. 슬라브어와 게르만어에서 복수 여격/도구격 어미는 m이다(〈 mi : 라틴어 matribus<sup>어머니들에</sup>게). 다른 한편 서로 접촉한 라틴어와 게르만어를 비교해 보면, 어휘와 활용 등등에서도 얼마간 일치점을 목격할 수 있다. 하지만 과거에는 계통수상에서 이탤릭게르만어군이 한 분지分枝를 이루는가〈를 인정해야 되는지〉등의 여부를 결정해야 했다. 지리설에서는 〈그런 것이〉 필요 없다. 몇몇 특징을 공유하기 때문이고, 이는 다른 어군과 공유하는 다른 특징을 배제하는 것이 아니기 때문이다. 〈친근관계가 다른 친근관계를〉 배제하지 않는 것은 〈가장〉 가까이 근접한 특성은 자연적으로 전파될 수 있기 때문이다.

이처럼 전혀 새로운 파상설을 가지고 원거주지 문제에 대해 무엇을 말할 수 있는가? 〈확실한 것은〉 파상설이 인도유럽어에 적용 가능하다는 것은 최초의 핵심지가 유럽에 있는 역사적 핵심지와 비교해서 그 중심이 크게 벗어나지 〈않는다〉는 견해와 부응한다는 점이다. 따라서 이 역사적 핵심지도 역시 최초의 핵심지를 나타내는 데 우호적이다.

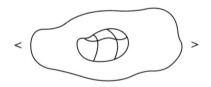

〈우리가 살펴본 바대로 방언의 상호관계는 현장의 방언분열로 잘 설명되는데, 이 분열로 인해 동서부 민족이 서로 각자의 지역에 남게 된 것이다.〉 확산된 지역을 더욱 좁은 핵심 지역으로 한정해 보면, 그곳은 아

시아보다는 유럽이다. 모든 새로운 견해는 이 주장에 동조한다. 누구보다도 헤르만 히르트는 하르츠산맥과 비스와강 사이의 독일 북부에 그 핵심 근거지를 정했다〈그러면 근거지가 독일이라는 것을 인정하는 것이다!〉. 히르트는 언어사실에 근거를 두었을 뿐만 아니라 〈지지받을 수 있는 부분에서〉 아돌프 픽테의 언어 선사고생물학을 〈조금〉 빌려왔다. 그는 남부 러시아를 원거주지로 거부했고, 단지 이동유목에만 동조한다고 말했다. 그런데 인도유럽인은 농경민이었다.[149] 더욱이 인도유럽어에 수목 명칭이 빈번하게 나타나기 때문에 삼림지역으로 생각했다.

[106]

## 언어와 인종

언어 확산〈의 중심지와 이동〉이라는 개념은 〈그 자체로는〉 이동〈이주〉의 개념을 배제하지 않는다. 그렇다면 다음 질문을 제기하는 것은 당연하다. 현재 우리가 알고 있는 지방에 〈역사시기 초에〉 정주민으로 출현한 민족은 어떤 사람들인가? 그 수는 아주 극소수였다. 문제의 주민 확산과 이동을 도처에서 목격할 수 있다고도 할 수 있다. 『리그베다』 찬가에 의거해서 힌두족 — 아리아족 — 을 예로 든다면, 이들은 지금도 여전히 편자브 지방에 있다〈〈갠지스강의 명칭은 10권에 단 한 번

---

149 원거주지설에는 김부타스(Marija Gimbutas)의 쿠르간설과 랜프루(Colin Renfrew)의 농경설이 있다. 전자는 러시아 남부의 스텝지역에서 유목생활을 하던 자들이 기원전 5500~3000년경에 걸쳐 수차례 이동했다는 것이고, 후자는 기원전 9000년경의 아나톨리아 중부가 원거주지이며, 농경과 인구 증가로 사람들이 분산되면서 이동했다는 주장이다. 감크렐리제(Tamaz V. Gamkrelidze)와 이바노프(Vyacheslav Ivanov)는 아나톨리아 동부 소아시아 근처가 원거주지라고 추정한다. 그 외 유럽 중부 발칸반도가 원거주지라고 주장하는 설도 있다. 콜린 렌프류, 『언어고고학 : 인도유럽어의 기원은 어디인가?』, 김현권 옮김, 에피스테메, 2017 참조.

나오며, 이것도 훨씬 후대에 속한다.〉 따라서 힌두족의 이동과 확산도 역사시대 이후의 일이다.〉 이들이 여전히 동부로 이동하고 있었다.

그 반대의 서부 극지역에 켈트족이 있다. 기원전 5세기에 이들의 고향으로 특정할 수 있는 지방을 확실히 정하기는 거의 불가능하다. 이들은 이탈리아로 원정했고, 다뉴브강 계곡을 따라 그리스까지 갔다(델포이 신전의 약탈). 이들은 갈리아 지역과 영국에는 원거주지를 정하지 않았다.

킴브리족과 〈튜턴족은〉 기원전 114년〈이 되어서야 출현했다.〉

게르만족은 기원전 3세기 전[원문 오류 그대로]에 흑해 연안까지 상당히 전진했지만, 라인강 주변을 거주지로 정할 수 없을 것 같다. 〈그래서 이 민족도 여전히 이동 중이었던 집단으로 보인다.〉 슬라브족과 레트족은 이 시기에는 전혀 알려진 민족이 아니었다.

인도유럽의 이탈리아족은 까마득한 과거로 거슬러 올라가지만, 이탈리아반도에는 극히 미미한 소수의 사람들만이 들어왔을 것이다. 마지막으로, 역사의 여명기에 가장 안정된 것으로 보이는 민족은 헬라스족으로서 〈이들은〉 에게해의 여러 섬〈이나〉 그리스 본토에 거주했다. 다음으로 그리스인이 잘 알고 있었던 트라키아족(프리기아족과 친족관계이다)이 우리가 현재 아는 곳에 있었고, 트라키아로부터 소아시아에 걸쳐 널리 살던 민족집단에 속한 트로이아족(트라코프리기아족〈의 분파〉)도 거의 분명하다. 메소포타미아 북부에는 미탄니왕국[150]이 있었고 (기원전 1500년), 〈그 명칭은 분명〉 이란어파에 속하는 인도유럽어이다.

[107]

150† 수고에는 Mygdonie. 후에 Mitanni란 글자로 여백에 수정(G. 고티에)
    *기원전 1500~1300년에 북부 시리아와 아나톨리아 남부에서 후르리어를 사용한 제국으로 당시에는 이집트와 겨루는 강국이었다.

민족의 고정된 기반 위에 원거주지를 정하려면(이 거주지를 가장 오래된 곳에 설정하려면), (한편으로는) 발칸반도 북부로 정해야 하고(침입한 도리스족[151]은 후에 남아 있던 그리스 주민이었고, 이들은 최후의 물결로서 다른 주민들 위에 상층으로 도착한 자들이다), 그 후 소아시아 북부(프리기아)와 연결되고, 또한 아르메니아와 쿠르디스탄까지 포함하는 띠(이들은 미탄니왕국[152]에 속한다〈문헌에 의하면 분명 이란인[153]도 여기에 포함되는 듯이 보인다〉)도 포함해야 할 것이다. 이 핵심 지역은, 게르마니아를 얘기할 때처럼 그 지속적인 확산 역시 고려해야 한다.

〈우리가 언급하지 않는〉 사항이 한 가지 있는데, 여기에 대해 한 마디 얘기해야겠다. 그것은 인도유럽어와 인도유럽족으로 요약된다. 〈오늘날은〉 이 두 가지 문제를 더 이상 연계 짓지 않지만, 어떤 민족이 인도유럽어를 사용한다고 해서 곧 이들이 인도유럽족에 속한다거나 동질적인 인도유럽족이라고 〈단언하지 않는다.〉 고려할 복잡한 요인이 많고, 이런 점 때문에 이 문제는 언어학자들의 몫이 아니라 〈우선은 두개골 측정으로 종족을 결정하는 인류학의 몫이다〉. 언어와 인종을 대립시키기 전에 언어와 민족을 대립시켜야 할 것이다. 정복이나 식민화의 결과로 생겨난 정체政體는 한 민족에게서 볼 때 엄청나게 다양할 수 있고, 언어 자체의 운명에 영향을 미친다. 정복자의 언어가 침몰하고, 민족에게 단지 언어명칭만을 남겨 놓거나(예컨대 〈우리 경우는〉 부르군트족), 〈설사〉 그 언어가 우위를 점하더라도 갖가지 경우의 수가 결합하기 때

---

151  고전기 이전에 그리스 남부에 살던 주민을 대체한 부족들. 렌프루에 의하면 기원전 6500년부터 아나톨리아에서 그리스로 건너온 주민들이 있었다고 한다.

152† 수고에는 Mygdonie.

153† (R. 리들링제)에 의거해 이 가필도 대괄호 속에 들어가야 할 듯하다.

문이다.

〈앵글로색슨족의〉 영국 정복[154]은 이 섬의 몇몇 후미 지역을 제외
하고는 그곳의 언어를 추방했고, 노르만족의 침입으로 엄청난 결과가
초래되었다. 프랑스어는 앵글로색슨어와 함께 상류계급의 언어였다.
이 현상은 언제나 반복되었다. 문헌자료가 별로 많지 않더라도 실제로
는 서너 개의 언어가 사용되던 곳에 한 언어만 다루는 것으로 얼마든지
착각할 수 있다. 〈오늘날 핀란드의 언어는 무엇인가? 핀란드어? 스웨덴
어? 러시아어?〉 인도에서는 아리아 집단만이 원래부터 인도유럽어를
말했다. 거의 대부분의 사람들은 인도유럽어를 사용하지 않았다.[155]

동질적이 아닌 민족집단 가운데 —〈예컨대〉 불가리아인은 (인접
민족인 슬로베니아인처럼 슬라브족이 아니라) 타타르 인종이다 —〈정
체와 관련해서 두 언어가 공존하는 방식은 수천 가지이다. 이들은 때로
는 서로 위해를 가하지 않고 지내거나, 때로는 서로 싸우기도 하고, 때
로는 서로 물리치기도 한다.〉 폼페이에서는 분명히 라틴어가 사용되었
지만, 이 도시 출입문에는 〈아름다운〉 오스크어 명문이 새겨져 있어서
이 두 언어가 얼마나 오랫동안 공존했는지를 잘 보여 준다. 〈문헌자료
에 따르면,〉 노르웨이에서는 덴마크어가 사용되었음을 알 수 있는데,
그것은 덴마크 왕이 노르웨이를 다스렸고, 또 그것(〈덴마크어〉)이 공식
어였기 때문이다. 루마니아와 러시아의 국경에는 타타르족, 마자르족,
집시족 촌락이 있다. 언어들은 이 소지역들로 경계가 만들어진다. 예전
에는 한 언어가 산을 점령하고, 다른 언어는 평야를 점령했다. 〈매우 다

[108]

154 영국에는 선주민들과 켈트족의 일파가 살고 있었다.
155†여백에 줄 그어 지운 글: 정체에 대해 언어가 존재하는 방식은 다시 반복하지만 수천 가지
  나 된다.

양한 역사적 여건으로 인해 언어가 종족을 드러낼 수 없게 되었다.〉 따라서 언어는 종족을 가리키는 하나의 지표〈일 뿐〉이다. 휘트니는 말하길, 광범위하게 넓은 지역에서는 종족이 언어와 상응한다는 생각을 섣불리 포기하면 안 된다고 했다. 〈그 반대의 경우는 오직 특수하고 예외적인 원인으로 인한 것이다.[156]〉 로마의 정복은 오직 우월한 문명 덕택에 〈갈리아 전역에〉 라틴어를 확산시켰고, 이슬람교는 오직 종교적 이념으로 아랍어를 확산시켰다.

156†여기 대괄호 속에 : 따라서 확인한 후에만 이를 인정해야 한다.

참고

## 인도유럽어족의 주요 민족, 그리고 각 민족의 언어와 보다 특수하게 관련된 문제 고찰[1]

(R188~194)[2]

**인도유럽조어의 음성체계.**

(R195~251)

**켈트어.** 주요 특성: 음성사실(*p 탈락, *k, *g의 처리, 유기음과 유성음의 합류)과 비음성적 사실(악센트 문제, 쌍수, r형 수동). 음성현상에서 유래하는 문장 내 단어의 변동(고대 아일랜드어의 연음화, 비음화 등).

(R251~303)

**이탈릭어파.** 고대 이탈리아의 언어 다양성.

**라틴어.** 1. 주요 음성사실, 2. 어휘: a 어간모음 단어(cado, laedo 등): 기원이 무엇이든 '**언어 내에서는 아무것도 창조되지 않는다**'라는 원리를 폐기하면 안 된다(R282). 합성어: 비록 라틴어가 인도유럽조어의 모든 모델을 지니고 있지만, 조어법은 제한적이다. 3. 굴절. 곡용: 라틴어는 두 개의 격을 상실했다. 복합적인 통시적 사실과 공시적 사실을

---

1 저본에 실리지 않은 리들링제의 노트 뒷부분(pp.188~462)의 내용을 요약한 대목으로, 고델의 책 pp.75~76에 정리된 것을 추가 번역했다.
2 이하 이 형태로 표기된 것은 리들링제의 노트 쪽수 범위를 나타낸다.

여기서 구별해야 한다. 기능의 분포. 라틴어는 여섯 개의 다른 격이 있다. 동사체계.

**오스크움브리아어.**

(R303~408)

**게르만어파.** 게르만왕국과 고대 영토. 게르만어의 세 소어파와 이들의 기념비적 문헌자료.

게르만어의 특성 : 음성현상(게르만어 자음추이, *o와 *a의 합류, 모음향음의 처리), 악센트의 변화. 강세 악센트로 야기된 어중음소실 연구 : 게르만어 학자들이 적용한 **재구 방법**의 괄목할 만한 사례. 그 결론은 룬 문자 기록문헌에 의해 확증되었다.

주요 방언의 특성 : 1) 영어 어말의 붕괴는 인도유럽조어 상태와는 전혀 다른 특정공시적 상태를 만들어 냈다. 반면 독일어에서는 굴절차이의 소실은 **결합굴절**에 의해 보상되었다(Tageslicht : schöner Tage Licht).

2) 독일어 제2차 자음추이(시기, 지리적 확산, 효과). 이 현상과, 특히 이 현상의 반복으로 일반적인 음성변화의 원인에 대한 가설, 특히 언어기층설이 생겨났다. 이 현상의 음성적 양상. 3) 형용사의 이중굴절(유추적 확장에서 기인? : **이 언어는 일반적으로 우연한 사건을 이용한다. 음성 차이는 관념을 표현하는 데 이용되는 것으로 인식된다**[R395]). 4) 동사체계의 평준화, 특히 강변화 동사(인도유럽어에서 1차동사는 형태론적 단위가 아니다 : **여러 형태[현재, 아오리스트 등]는 의미적 거리의 단위에 의해 연결된다. ἤνεγκόν과 φέρω의 거리는 ἔδειξα와 δείκνυμι의 거리와 같다**[R399]). 모음교체의 유의미한 가치.

(R409~456)

**슬라브어와 발트어.** 이 두 쌍둥이 어군의 친근관계.

역사상의 발트민족. 이들의 가장 오래된 기록문헌. 리투아니아어의 주요 특성 : 어말음절 보존, $*o$와 $*a$의 합류, 장단음량의 유지, $*k_1$과 $*k_2$의 처리, 악센트, 억양. 고유한 의미의 문법 : 동사, 형용사의 복합굴절.

슬라브 민족, 슬라브어의 분류. 이들 언어의 일반적 특징, 어휘(게르만어, 이란어와의 공통 단어).

(R456~462)

그 외의 어군에 대한 간단한 지적(그리스어, 트라코프리기아어, 아르메니아어, 인도이란어, 투르판의 '인도스키타이어')

파투아의 노트

# Linguistique Générale

## Généralités

La langue est très fixe, et très changeante
jusque dans le détail minime.

L'objet de la linguistique a des aspects divers
et parfois contradictoires; et il n'y a pas
d'objet comparable à la langue.

La linguistique est sortie de la gram-
-maire comparée des langues indo — europ. fondée
par Bopp en 1814 et pendant 50 ans
on en a parlé avec beaucoup d'erreurs;
les problèmes élémentaires ne sont pas
encore bien tirés au clair.

— On ne peut se faire facilement une
idée de ce qu'est le langage dans son
principe même, de quel côté qu'on l'envisage
la langue revêt un double aspect; la
langue est dans le son; mais tout
n'est pas dans le son; il y a une partie
opposée au son; il y a les articulations buccales.
On voit que la langue est un objet double;

# 일반언어학 강의

소쉬르 교수

샤를 파투아                                     리옹가 82

[1]                   일반언어학

## I. 일반론

언어<sup>랑그</sup>는 최소의 세부사항에 이르기까지 매우 고정되고, 아주 변화무쌍하다.

언어학의 대상은 다양하고 때로는 상충되는 면모를 가지며, 언어와 비교할 만한 대상은 없다.

언어학은 1814년[원문 오류 그대로] 보프<sup>R 1</sup>에 의해 창설된 인도유럽어 비교문법에서 벗어나 왔고, 50년간 많은 오류를 논의해 왔다. 기본적인 문제들이 아직 명확하게 밝혀지지 않았다.

[2]

원리상 인간언어<sup>랑가주</sup>가 무엇인지에 대한 뚜렷한 견해가 없었는데, 언어<sup>랑그</sup>는 어떤 측면에서 고찰하든 모습이 양면적이기 때문이었다. 언어는 음성 내에 있으나 모든 것이 음성에 있는 것은 아니다. 음성과 대립되는 부분도 있다. 구강조음도 있다. 언어가 상응하는 두 부분으로 구성된 이원적 대상이라는 것을 알 수 있다. 이 이원성이 함정이다. 왜냐

---

1  각주 형태로 추가한 R 표시는 리들링제 노트의 해당 부분에 옮긴이 주가 있음을 의미한다.

파투아의 노트 181

하면 흔히 그 이원성의 오직 한 측면만을 포착하기 때문이다.

언어를 만드는 것은 음성이 아니다. 음성은 의미와 결부되어야만 단어가 된다.

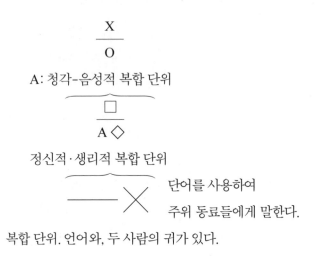

$$\frac{X}{O}$$

A: 청각-음성적 복합 단위

정신적·생리적 복합 단위

단어를 사용하여
주위 동료들에게 말한다.

복합 단위. 언어와, 두 사람의 귀가 있다.

〈그리고〉 실제로 언어가 작동하는 곳은 사회집단 내이다. 그래서 이처럼 나타낼 수 있다.

$$\frac{\text{사회언어}}{\text{개인언어}}$$

음성기관은 오직 개인에게서만 연구할 수 있다. 예컨대 문법은 군중 내에서만 연구할 수 있다. 그리고 언어변화는 개인에게서 출발한다.

사회언어와 개인언어를 혼동해서는 안 된다. 언어의 가장 본질적인 자리는 어디인가? 인간언어는 개인에게서 고찰한 언어이며, 그것은

힘이고, 능력이다. 개인만으로는 결코 언어에 이를 수 없으며, 그것은
전적으로 사회적인 사실이다.

[4]　　　사회적인 관점에서 포착된 '언어'<sup>랑그</sup>는 휘트니<sup>R</sup>가 말한 '제도'이다.
이 제도는 사회집단에 의한 '규약'의 수용이다. 그러나 언어는 다른 규
약과 구별되는데, 수천 개의 기호에 기반하여 매일 수천 번 사용되는
까닭이다.

　　　'요컨대 언어는 사회집단이 채택한, 필요한 규약 전체이며, 개인에
게 언어능력을 발현시킨다.' 발화<sup>파롤</sup>는 언어로 부르는 규약을 이용하여
언어능력을 실현시키는 개인의 행위이다.

　　　언어를 개인과 사회 내에서 고찰했다. 하지만 사회의 언어는 동일
한 것이 아니며, 통일 가운데서 다양성이 있다(예컨대 로망스어, 프랑스
어 등).<sup>R</sup> 프랑스어 자체도 문학어를 제외하더라도 하나로 통일될 수 없
다. 수많은 방언들로 나뉘기 때문이다. 또 다른 근본적인 다양성도 있
[5] 다. 예컨대 중국어와 인도유럽어의 다양성인데, 이는 〈사고〉표현의 기
반 자체가 다르다.<sup>R</sup> 또한 인종적 소질도 개입된다. 하지만 지리적 다양
성의 면모는 그리 어려운 것이 아니다. 이는 개인어가 갖는 양면성을
보여 주지 않는다. 예컨대 지리적 다양성은 그 자체로는 원리가 되지
못한다. 다른 측면으로 귀착시킬 수 있는 한 측면에 불과하다. 프랑스어
와 라틴어 사이에는 시간 이외의 다른 것을 볼 수 없고, 이것은 연구할
새로운 관계이다.

　　　언어는 역사를 갖는다. 역사를 무시하면서 많은 오류가 생겨났다.
오늘날은 그 반대이다. 언어와 시간 관계가 서로 관련됨으로써 이중적
사상<sub>事象</sub>인 언어의 특성을 재발견하게 되었다. 언어와 언어의 역사, 시
간상 진행된 것과 아주 성격이 복합적인 것의 관계. 그래서 이들을 완

벽하게 구별하기가 어렵다. 문법의 규칙조차 흔히는 동일한 시간성을 잘못 사용한다.

예를 들면, 라틴어 악센트는 늘 동일한 음절에 온다.[R] 라틴어 시기와 프랑스어 시기 사이에 음절이 모두 탈락되거나 묵음 음절로 축약되었다.

언어는 문자로 기록된다. 〈문자체계〉écriture는 새로이 고려할 사실이다. 문어와 구어의 혼란으로 많은 오류가 야기되었다. 실어증 환자는 흔히 글을 쓰거나 읽을 수 없다. 문자로 기록된 단어와 발화된 단어를 조심스레 구별해야 한다는 것, 또 발화된 단어만이 언어학의 진정한 대
[6]    상이라는 것을 결론짓지 않을 수 없다,

많은 개별어idiome가 아직 기록되지 않고 있다. 문어는 구어에 영향을 미친다. 그래서 예컨대 sè-cent이 아니라 sett cent 숫자 700으로 말한다.[R] 구어체계와 문어체계에는 '상응'이 여전히 있지만, 이 상응체계는 문자체계에 따라 변동한다. 이 이중의 상응체계는 많은 결과를 초래했다. 중국인의 문자체계가 그런 식이어서, 사람들이 말할 때는 끊임없이 글로 쓰인 기호한자를 생각하는 듯하다.[R] 문어만이 문헌어[R]가 되었다. (루이 아베,[R] 작가이자 문헌학자.)

지역 집단어 외에 무시할 수 없는 언어유형이 있다. 그리스어를 연구하면 인위적 방언을 만나게 된다. 라틴어에서 보면, 공식 라틴어는 다른 라틴어의 형태와 같지 않다. 우리는 문학어를 고려해야 한다.[2]
[7]    언어는 종합적인 방식으로 연구해야 할 것이다.

무엇보다도 언어는 기호체계이며, 따라서 기호과학에 의지한다.

---

2† 이하 1908년 11월 12일 강의. 고델, 앞의 책, p.66 참조.

기호는 무엇이며, 그 성질과 조건은 무엇인가? 기호과학에는 특별한 분과가 없다. 그것은 아마도 기호학이 될 것이고, 그것이 존재할 근거가 있다. 따라서 언어는 기호학에서 주요한 지위를 차지할 것이다. 문자 기호체계는 언어체계와 가장 비슷하다. 1) 문자체계에는 기호의 자의성이 있으며, 기호와 기호가 지칭하는 사상과는 관계가 없다. 2) 문자 기호는 차이<sup>差異</sup> 가치를 갖는다. 그것은 오직 차이에서 그 가치를 가져온다. 예컨대 T, τ, *t*, t〈에 대해〉 이와 다른 글자, 예컨대 L, *L*, ı, *l*과 비슷하지 않은 것이 무엇인지 물을 수 있을 뿐이다. 3) 문자의 가치는 대립적이며, 대립항으로 구성되며, 전체 문자에 수용되는 가치의 수는 제한적이다. 우리에게 P는 p이지만, 그리스인에게는 ρ이다.<sup>R</sup> 이 마지막 두 글자의 가치는 1)에서 추론된다. 4) 기호의 산출 수단〈과 그것을 구성하는 질료〉는 완전히 무관해서, 돌이나 나무에도 글자를 새길 수 있고, 검은 종이에 흰 글자를 쓰거나 흰 종이에 검은 글자를 쓸 수도 있다.

[8]

  이 모든 특성을 언어에서 재발견할 수 있다. 첫 번째 특성, 예컨대 Apfel은 사과로서, 어떤 종류의 과일을 가리킨다. 그 관계는 Apfel이 표상하는 대상과 관련해서 자의적이다. 이 기호와 관념을 연결하는 관계에서, 기호를 이 관념 그 자체와 맺어 주는 것은 아무것도 없다. 반면 상징은 자의적으로 선택하는 것이 아니다. 저울은 자의적인 것 이상의 그 무엇에 의해 정의<sub>正義</sub>의 관념과 관계를 맺는다. 2) 언어는 명백히 부정적 가치와 관련된다. 모든 것이 차이와 대립으로 구성된다. 예컨대 어느 언어에서 a가 자주 출현하는지, 거의 출현하지 않는지에 따라 그 가치는 변한다. [3)] 세 번째 사항은 두 번째 사항으로 귀결된다. 예컨대 미완료 과거는 εφην<sup>그는 말하고 있었다</sup>, 아오리스트는 εστην<sup>그는 말했다</sup>인데, φημι<sup>말한다는</sup>는 있고, στημι는 없기 때문이다. 4) 우리는 언제나 음성기관을 통해 말을

하지만, 만일 음성기관을 통해 언어를 표출하지 않는다면, 단어의 본질은 변하지 않을 것이다.[3]

———————

[9] 문자가 존재하려면, 사회 내의 규약을 전제로 한다. 이것은 다른 계열의 외재적 특성 중 첫 번째 특성이다. (그리고 문자는 그 대상으로 자의적인 사상事象을 갖는다.) 두 번째 특성은 개인은 〈이 규약에서〉 어떤 것도 변경할 수 없다는 사실이다. 전체 사회도 마찬가지로 그렇게 변경할 수 없다. 그 결과, 개인적이든 사회적이든, 오로지 의지로 문자체계를 바꾸기 위해 할 수 있는 일은 아무것도 없다. 이 두 가지 특성은 언어에서도 재발견된다. 이 규약은 자유로이 확립되지만, 확립된 후에는 자유의지가 작동하게 내버려 두지 않는다.

언어와 문자는 사물의 일반적인 질서를 똑같이 따르는 것을 알 수 있다. 언어는 많은 요인을 작동시키는 정신魔을에 사회적 활동을 제공하고, 새로운 학문(기호학)을 설립한다. 우리는 그 입지를 설정할 것이다. 우리는 이 기호학을 일반심리학과 결부시키고, 그러면 언어는 이 기호학과는 별개로 하나의 체계로서 그 모습을 드러낼 것이다.[4]

[10] 예절기호도 또한 이 기호학으로도 분류할 수 있다. 이것은 개인의 죽음을 넘어서 지속되는 형식을 통해서 표현되는 비개인적 언어이다.

언어기호는 전적으로 자의적인 반면, 예절을 나타내는 인사기호는 상징과 더 유사하며, 따라서 자의성을 벗어난다. 예절형식과 관련되는

3† '통해 …… 않을 것이다'를 변형해 두 행 사이에 : "내에서 …… 않는다".
4† 이하 1908년 11월 16일 강의. 고델, 앞의 책, p.67 참조.

모든 것은 기호학에 속한다. 모든 의상도 그렇다. 의상의 의미가 완전히 사라지면, 단어가 더 이상 이해될 수 없는 경우와 같다. 언어는 기호학의 주요한 체계이다.

대부분의 심리학자는 〈1)〉 흔히들 언어를 명칭 목록으로 보려고 한다. 이는 가치들을 공존에 의해 〈상호〉 결정하는 것을 배제한다. 기호가 기호체계란 개념을 유도한다는 사실을 알지 못하기 때문이다. 예컨대 jugement은 지성의 한 부분, 즉 판결을 의미할 수 있고, 따라서 기호는 에워싸는 주위의 기호에 의해서만 그 의미가 고정되는 것을 금세 알아차릴 수 있다.

단어는 〈기호들의〉 체계에 의존한다. 단어는 이 체계 내에서 일정한 위치를 차지하며, 이 자리는 이 단어와 이웃하는 단어에 의존한다.

따라서 기호를 연구하며 기호체계라는 시야를 잃어서는 안 된다.

2) 기호를 보다 깊이 알기를 원하면, 개인에게서 그 메커니즘과, 이를 산출하는 여러 정신작용과 물리작용을 연구해야 한다. 그런데 이들 작용은 기호를 실행하는 것일 뿐이다. 음악 작품을 연주하는 것이 작곡하는 것과 다른 것과도 같다. 그러면 자연히 우리는 개인을 선택하는데, 그러는 편이 연구에 더 용이하기 때문이다.

3) 우리는 기호를 가치와 사회적 존재로 생각한다. 여기서 다시 우리에게 가장 크게 의존하는 것, 우리 의지를 따르는 것만 택하고, 이를 연구하는 것으로 국한하고자 한다. 이러한 이유로 언어는 계약, 즉 의지를 가지고 맺은 협약이라고 간단히 말하는 것이다. 그런데 기호학은 우리에게 의존하지 않는 것, 즉 우리 의지를 벗어나는 모든 것을 연구해야 한다. 언어는 준수해야 할 법을 만든다. 모든 것이 절대적이라고 생각하는 〈이상적〉 시간이란 기본적으로 존재하지 않는다. 존재하더라도

그건 그리 중요한 것이 아니다. 인간언어의 기원은 있지도 않은 문제이며, 이는 마치 론강의 지리적 원류나 시간적 기원을 정할 수 없는 것과 마찬가지다. 일상적인 조건으로 소위 언어〈기호〉가 맺은 계약이 흡수된다. 이러한 일상 조건이 우리가 고려해야 할 유일한 사항이다. 잊으면 안 되는 것은

a) 언어체계는 후속 세대에 의해 수동적으로 수용된다는 점

b) 원초적 계약에 기초한 〈기호〉체계라 하더라도, 이 체계는 전달된다는 점이다. 기호체계가 한 번 구축되면, 그것은 모든 사람의 의지를 완전히 벗어난다. 모든 기호체계는 전달되는 것이기 때문이다.

c) 사람들에게 이 기호체계가 전달되면서 변화하고, 이러한 실질적 변화는 기호와 사고의 관계에 영향을 미친다. 예컨대 프랑스어에서 'quoi qu'il en ait'<sup>어찌 되었든5</sup>의 의미로 malgré que<sup>무엇에도 불구하고</sup>를 사용하는 것을 보는데, 이는 직설법과 함께 quoique<sup>무엇이라도</sup>의 의미로도 사용되기 때문이다.

d) 언어기호는 단순히 음절의 연속이 아니라 의미를 결부시키면, 음절군으로 구성되는 이중적 존재이다. 우리는 이처럼 이원성을 지닌 기호를 의미작용과 구별할 수 없다. 이는 종이의 이면을 자르지 않고는 전면을 자를 수 없는 이치와도 같다.<sup>6</sup>

결국 언어 내에서만 기호의 본질이 구성되는 것을 알 수 있는데, 이 기호의 본질은 거의 탐구되지 못한 곳에서 발견된다. 정확히 말해서 기호의 특성은 분명히 겉으로는 드러나지 않는다는 것인데, 예컨대 의지에 대한 독립성이 그런 것이다.

---

5† 수고에는 : quoi qu'il en est.

6† 이하 1908년 11월 23일 강의. 고델, 앞의 책, p.67 참조.

원초적 계약은 전혀 기호의 본질적 특성이 아니다. 기호가 집단의 자산이 되면, 그 출처가 어디든 상관 없이 1) 〈내적 특성과 관련해서〉 그것을 평가할 수 없고, 2) 그 본질적 특성을 가지려면, 기호를 집단과의 관계에서 고려하면 족하다.

[14]

1) 그것을 더 이상 평가할 수 없다……. 이 기호체계의 생태에 어떤 힘이 개입되었는지 모르기 때문이다. 기호체계는 그것이 어떤 것이든 조선소에 있는 선박이 아니라 바다에 떠 있는 배와도 같다. 2) 언어를 사회적이고 집단적인 사상事象으로 간주하는 것으로 만족해야 한다. 바다위에 떠 있는 배만이 진정 배가 무엇인지를 알려준다. 즉 집단에 수용된 기호체계만이 이 기호란 이름을 가질 자격이 있다.

집단의 환경은 언제나 변하고, 기호체계는 태생 때부터 집단 환경을 지향한다. 기호적 현상은 그 어떤 것이든 한시도 사회집단의 요소를 환경 외부에 방치하지 않는다. 이 사회성은 기호의 내재적 요소 중 하나이기 때문이다.

우리는 오직 사회적 산물로서의 특징을 나타내는 일부 현상만을 기호학적인 것으로 인정한다. 이 사회적 산물의 성질이 무엇인지 결정해야 한다. 그것은 무엇인가? 기호학적 산물은 많은 다양한 단위, 단순하고도 복잡한 단위로 구성된다. 이 단위들 전체는 어떤 기호체계든지 그 기호체계 내에서 발견되며, 이들의 성질은 가치라는 것, 즉 가치체계라는 것이다. 이 점으로 인해 이들은 다른 사상과 혼동되지 않는다. 가치는 정의하기가 어렵지만, 일단 기호체계를 가치체계로 생각하면, 그

[15]

요소들이 아주 복잡하다는 것을 알게 된다. 가치란 여러 가지로 복잡하다. 예컨대 가치는 상호적이며, 가치가 되려면 오직 사회적 힘에 의해서 승인을 받아야 한다.

이 사회적 현상만이 언어 내의, 기호체계 내의 모든 것을 창조한다는 사실을 알 수 있다. 집단에 의거하지 않고서는 어떤 식으로도 가치가 존재하지 않기 때문이다.

이와 동시에 단어, 기호는 그것이 어떤 것이든 비물질성이라는 것을 알 수 있다. 단어를 만드는 기초는 물질이 아니다. 물질인 음성을 다뤄야 하지만, 음성은 언어의 본질과는 무관하다. 5프랑 동전의 가치는 이 동전을 만드는 금속 재질의 값이 아니다. 다른 많은 것들이 그 값을 구성한다. 그것이 20프랑 동전의 4분의 1에 값한다는 것도 잘 안다. 금속 재료로 본다면, 재료비의 8분의 1의 값에 지나지 않는다. 동전에 새긴 다른 초상과 비교하면, 그 값은 전혀 없을 수도 있다. 음성도 금속처럼 그 사상<sup>단어</sup>의 한 측면을 구성하는 한 요소일 뿐이다. 따라서 이들은 비물질적 실재체이다. 관념 역시 가치의 구성 요소 중 한 요소만을 나타낼 뿐이다. 단어는 관념과 음성의 복합으로만 구성된 것이 아니다.

[16]

|  | A | [B] |
|---|---|---|
| 관념 | 관념a | 관념b |
| 음성 | 음성a | 음성b |

$\dfrac{A}{B}$ 의 관계를 고려해야 한다.

언어의 단위는 가치이다. 즉각 포착 가능한 어떤 요소도 그 전체 가치를 표상할 수는 없다.

기호체계 내에서 언어의 특수성이 어떤 것이든 언어를 이처럼 가치체계로 규정한다면, 그 위치를 정해야 한다. 그 기반을 찾으려면 언제나 사회환경으로 되돌아가야 한다. 집단은 가치창조의 기반이며, 가치는 집단에 앞서서 그 이전에도, 그 외부에도 존재하지 않는다. 이것이 의미하는 바는

1) 개인에게 속하는 것의 가치를 연구하는 것은 헛수고인데, 그것은 개인은 가치를 전혀 결정할 수 없기 때문이다.[7] 언어변동은 개인의 주도권에 달려 있는 것이 아니다.

2) 기호가 무엇인지에 대해 전반적인 이해를 제공해 주는 것은 언어기호에 속하는 사항이 아니다. 모든 요소가 오직 가치를 위해서만 이용되기 때문이다. 가장 실질적인 것의 변동 없이도 가치는 변동할 수 있다.[8]

　　그리하여 〈1)〉 언어는 생리적 체계 내에 있는 것도 아니고, 〈2)〉 단지 음성이나 사고 내에서 이 언어를 산출하기 위해 필수적인 수단에 있는 것도 아니다. 그것은 아주 복합적인 대상이다.

———————

구체적으로 언어학에 속하지 않는 연구가 있다는 것을 이제 꽤 분명하게 알 수 있다. 이는 발화^파롤의 생리학(음성기관이 작동하는 방식에 대한 연구)이다. 이 학문은 보조학문이며, 언어학의 외적 영역에 속한다. 그것은 언어가 사회집단에 의해서만 결정되는 가치체계이기 때문이고, 또한 다른 사상처럼 음성기관이 아무런 영향력을 행사하지 못하기 때문이다. 음성을 산출하는 음성기관의 성질이 어떠하든 기본 조건은 그

[17]

---

7† 여기에 공백이 있고, 그 가운데 '그리고'라고 적혀 있다.

8† 다른 원자료는 어느 정도 모두 일치한다: 그 모든 것이 질료에 지나지 않는다. 가치는 이들 요소가 변하지 않고서도 변할 수 있다(리들링제).

대로 남아 있다. 금속재질 자체보다 그 금속을 산출하는 방식이 동전의 가치를 만들어 낸다.

발화생리학은 언어의 역사적 요인 가운데 하나인 음성변화가 무엇인지를 알려준다. 이 연구는 언어변화를 더 잘 이해하게 해준다. 하지만 음성이 산출되는 방식은 여전히 그리 중요하지 않다.

기본적으로 단어는 청각음성과 관념의 결합이 있고, 이 모든 작업이 두뇌 속에서 일어난다. 이들을 분리시키면, 음성기관이 고장난다. 꿈꾸는 사람이 언어를 말하겠는가?[9]

우리는 아직도 언어의 내적 특성을 연구하지 못했다. 언어라는 유기체를 취하여 이 대상의 가장 놀라운 특성이 무엇인지를 알아보면, 이는 두 가지 문제를 제기한다.

1) 단위의 문제

[18] 2) 동일성의 문제

1) 단위의 문제. a) 학문의 단위는 전적으로 주어져 있고, 〈명시적이다〉. 예컨대 식물학에서 개체(식물)의 단위는 단번에 주어진 대상이며, 처음부터 연구 토대로서 확보된 것이다. 이들 단위의 비교는 학문의 대상이 되지만, 연구의 목표는 아니다. 또 단위의 경계 구분도 대상이 아니다.[10] 화학자〈에게〉 공간은 [천문학자에게처럼] 단위는 아니지만, $SO_4H_2$란 단위는 주어진 완벽한 단위이다.

b) 구체적 단위가 명백한 것이 아닌 경우, 그 단위는 중요하지 않다. 예컨대 시기 같은 것은 구체적 단위가 아니다.

---

9† 이하 1908년 11월 26일 강의. 고델, 앞의 책, p.67 참조.
10† 리들링제 : 연구의 대상이 되는 것은 이들 단위 〈등〉의 비교이지 이들 단위의 경계 구분은 아니다.

[19]

인간언어<sup>랑가주</sup>는 1) 근본적으로 대립에 기초한 체계라는 특성이 있다. 그것은 마치 체스 게임과도 같다. 언어<sup>랑그</sup>는 전적으로 단위들의 대립에 기반해서 존재한다. 따라서 이 단위를 알아야 한다. 2) 이 단위는 명백한가? 대개는 그렇다. 〈가장 구체적이고 명백한〉 단위는 단어이다. 그러나 언어학에서 단어란 무엇인가?

예컨대 mois<sup>달</sup>를 보자. moi<sup>나</sup>와는 전혀 혼동되지 않는다.<sup>R</sup> 복수 mois<sup>달들</sup>는 같은 단어인가?<sup>R</sup> 그렇다. 그러면 chaval<sup>말</sup>과 chevaux<sup>말들</sup>도 같은 단어이다.<sup>R</sup> 이 두 단어 cheval과 chevaux는 추상해야 하는데, 그러면 단어는 더 이상 구체적 단위가 아니다. 우리는 추상적 단위를 다루는 것이다. 단어가 구체적 단위라는 것을 나타내려면, 이 단어를 담화연쇄 내에서 〈또한〉 취할 수 있다.

외국어를 말하는 것을 들으면, 단어들의 음성연쇄를 자를 수 없다. 따라서 이것은 음성 측면에서 그처럼 주어진 것이 아니다. 단어들을 정확히 분리한다고 생각해 보자. 예컨대 le mois de décembre<sup>12월</sup>라는 구절을 들어 보자. 마치 그리스어 명문에 기록된 단어들을 자르듯이 담화를 사진으로 찍은 듯한 이 단어들을 분할할 수 있다. 이 문장에서 단위 'mwa'를 볼 수 있다. 이제 un mois et demi<sup>한달반</sup>라고 말하면, 이 단위는 mwaz가 된다.<sup>R</sup> 구체적 단위를 가지려면, 이 두 단어 mwa와 mwaz를 고려해야 한다. 일차 단위를 얻으려면, 이들 두 단어를 결합시켜야 한다.

[20]

또한 문장을 구체적 단위라고들 말한다. 우리는 오직 문장을 가지고서 말한다. 다수의 문장을 취해 보면, 그 문장들의 특성은 서로 전혀 비슷하지도 않고, 연구 대상이 될 수 있는 공통의 기반을 제공해 주지도 않는다. 문장은 이처럼 다양한 것이 거의 전부이다. 연구 대상으로 취할 수 있는 공통 특징을 찾아볼 수 없으므로 문장을 단어로 나눌 것이다.

단어들만큼 많은 문장을 가지고 해결책을 찾기란 쉽지 않다.

언어를 내적 특성에서 고찰하면, 언어는 우선은 구체적 단위를 제공하지 않지만, 단어가 존재한다는 사실은 부인할 수 없다.[11]

기호의 질료적 수단의 측면에서 아주 중요한 것은 음성기관의 산물인가? 그렇지 않다. 음성질료의 주요 특성은 발화연쇄로 출현한다는 점이다. 이는 즉각 시간적 특성을 유도하는데, 이 시간성이란 선적線的인 것으로 부르는 유일한 차원이다. 질적 차이, 예컨대 한 모음과 다른 모음의 차이는 단지 연속적으로 표현될 뿐이다. 모든 것이 음악처럼 계기적 선을 따른다. 언어를 제외하고 다른 종류의 기호들은 그렇지가 않다. 예컨대 시각에 들어오는 많은 기호는 동시적이다. 그래서 여기서는 선적 특성을 벗어나 기호들은 중첩되기조차 한다.

[21]

언어에서 이런 유형의 기호를 보는 수가 있는데, 이 경우 이 기호들을 분리하는 것은 아주 간단한 일이라고 잘못 생각한다. 연구 대상을 고찰할 때, 단어를 그 대상으로 생각한다. 그런데 언어의 질료적 측면은 형태가 없다는 것인데, 이것 때문에 언어의 단위가 어디 있는지를 찾기 어렵다. 언어학은 이 단위가 무엇인지 탐구해야 한다. 이 단위의 결정은 아주아주 시급하다. 사고에 대한 언어의 특징적 역할은 사고를 표현하는 음성적 수단이 아니라 중간 매개환경을 만들어 사고와 음성의 조화를 통해 단위를 만들어 내는 것이다. 이렇게 함으로써 사고는 명료하게 드러날 수밖에 없다. 사고는 분해되고, 단위로 배분되기 때문이다. 유용한 현상은 음성으로 사고를 질료화하는 것이 아니라 음성–사고son pensé[12]가 언어학의 궁극적 단위가 되는 분할체를 함의한다는 사실이다.

11† 이하 1908년 11월 30일 강의. 고델, 앞의 책, p.68 참조.

[22]　언어적 동일성 문제는 앞의 문제와 부분적으로 겹치지만, 〈이는〉 단위 문제보다도 더욱 복잡하다. calidus<sup>뜨거운</sup>와 chaud<sup>뜨거운</sup>의 동일성의 근거는 어디에 있는가, 어떤 기반에서 이를 동일시하는가?<sup>R</sup> [또는] 'despectus'<sup>비열한, 경멸</sup>와 'dépit'<sup>경멸</sup>도 마찬가지로 그 근거는?<sup>R</sup> 이 두 단어는 동일한 연쇄가 아니다. 어느 시기에 발화된 단어가 후대에 발화되어도, 이것은 그 단어와 동일한 것인가?

　　여기서 문제의 이 동일성은, 5시발 기차가 같은 방향으로, 같은 속도로 달려가는 밤 12시발 기차와 같은 기차일 수도 있고, 다른 기차일 수도 있다고 말하는 것과 같다. 기차의 실체가 바뀌었고, 반복 발화된 단어의 실체도 역시 바뀌었다. 이 동일성은 손에 직접 잡히지 않는다. 발화된 단어의 동일성이 어디에 기반을 두는지를 탐구하는 문제는 단위〈의 문제〉와 유사하다. 언어학에 존재하는 동일성의 관계는 단위라는 개념 자체에 영향을 미친다.

[23]　　일반적으로 언어에서 동일성의 관계는 탐구할 요소, 즉 단위에 기반을 둔다. 단위의 문제는 실체의 문제와 섞여 있다. 우리는 동일성을 쉽게 확보할 수 있는 구체적 사실을 다루는 것이 아니기 때문이다.

　　적용 사례로,

I. 품사 구별은 매우 중요한 사안이며, 그 성질을 이해하기 매우 어렵다. 이를 언어에 적용시켜 형용사가 품사라고 [말하려면], 예컨대 Ces gants sont bon marché<sup>이 장갑은 싸다</sup>란 문장에서 bon marché<sup>값이 싼</sup>는 형용사인가? bon marché는 두 단어이고, 이는 즉각 단위의 문제를 제기한다.

---

12† 참고로 모든 다른 원자료에는 : pensée-son 또는 son-pensée.

II. 어말이 -κα인 〈그리스어〉 완료형을 예로 든다면, -κα는 동사 자체에 속하는 것이 아니라 거기에 추가된 요소라고 생각할 근거가 있다. 도대체 어떻게 된 것인가? 이것이 단위의 문제이다. 지금은 그 둘이 하나가 되었지만, 과거에 둘이었다고 확신하는가? 아니다.

III. 단어 chanteur<sup>가수</sup>〈에서〉 다른 두 요소 'chant'와 'eur'를 감지하지만, 어원상으로 보면 그것은 chan-teur(can-tor)이다.<sup>R</sup> 요소들의 배분이 변화했지만, 완전한 변화는 아니다. 이것 역시 단위의 문제이다.

[24]     인간언어<sup>랑가주</sup> 내에는 언제나 음성질료가 필요하고, 이는 시간상에서 경계가 구분된다. 음성 덩어리를 잘라서 구분해야 한다. 추상인 것과 그렇지 않은 것을 구별해야 하는데, 그 구별 기준은 의식에 감지되는 의미작용이다. 그래서 말할 수 있는 것은

구체적/실제적 = 언어의식에 감지되는 것 = 유의미한 것

유의미한 것이 단위의 경계 구분으로 생겨난다. ekwo를 어간으로 〈설정〉하고, ekwo/s로 구분하는 것은 문법가가 행하는 추상작용이라고 들 말했다. 따라서 ekw/os로 구분할 수도 있다.


[25]                II. 언어학의 내적 구분


언어학은 외적인 측면을 모두 연구에서 제외할 것이다.

전체 언어현상 가운데 언어의 내적 기관과 직접 관련되는 것과 그렇지 않은 것이 있다. 내적 언어학과 외적 언어학에 대해서. 언어의 외

적 연구는 때로는 역사적이고, 때로는 기술적이다(외적 기술과 외적 역사). 이 외적인 측면에 중요한 것이 매우 많다. 언어학이란 용어 자체는 이 전체에 대한 개념을 환기시킨다.

외적 연구에 속하는 것은 우선

1) 인종지학과의 관계(문명, 인종).ᴿ 이 관계는 일반적으로 두 가지이다. (슬라브어를 말하는 사람들은 모두 슬라브인인가?)

2) 언어와 민족 정치사의 관계. 이 관계는 모든 종류의 관계일 수 있다. 예컨대 [아랍과]¹³ 로마 정복은 많은 언어현상에 광범위한 영향을 끼쳤다. 이 정복과 함께 식민지화가 이루어졌다. 갖가지 정치적 사건도 있을 수 있다. 예컨대 노르웨이는 덴마크어를 정치와 문학의 언어로 채택했다. 정치적으로 국가는 언어에 다양한 영향을 미친다. 예컨대 국가는 자국어가 아닌 언어는 추방해 버린다.

3) 예컨대 교회, 학교 등 여러 기관과의 관계. 문학의 발달과의 관계.
[26] (이들은 정말 상호 연관성이 있다.) 문학의 발달은 굉장히 큰 사건이다.ᴿ 문학어의 탄생과 방언과의 투쟁, 문학어 자체에는 문학 이외에 다른 관심사도 있다.

4) 지리적 확산. 즉 방언분화 같은 현상은 일반적 현상이며, 오직 지리적 방법으로만 다룬다. 등어선(동일한 방언 요소들)을 그린 언어지도가 필요하다. 등어선이 갖는 특성은 언어의 내적 특성을 쉽사리 환기시킨다. 이제는 여러 식물의 재배권역을 연구할 수 있지만, 언어권역을 모르고서도 언어의 내적 조직은 연구할 수 있다.

[27]    이러한 모든 영향이 습관적으로 반복되면서 언어요소가 된다. 기

13† 다른 모든 강의노트에 의거하여 삽입.

술적 전문 용어들이 섞이지 않도록 수차례 강조했다.

이 언어 외적 요인을 고찰할수록 내적 조직이 더 명확히 밝혀지지만, 언어 내적 조직에 기본적으로 필수적인 것은 아니다. 예컨대 어떤 식물이 잘 자라지 않으면, 그 내부 조직이 변할 수도 있겠지만, 그것이 외부 영향인지 내부 영향인지 알 수 없다. 어떤 개별 특유어, 예컨대 젠드어ᴿ나 고대 슬라브어는 어떤 민족이 사용했는지 알 수 없지만, 그렇다고 해서 그 언어를 실제로 연구할 수 없는 것은 아니다.

또한 〈외적〉 언어학으로 분류할 수 없는 보조학문, 예컨대 심리학도 있고, 음성의 생리적 연구도 있다.[14]

외적 언어학에 속하는 것을 내적 언어학에 속한 것처럼 연구할 수 [28] 는 없다. 구체적 사상을 다루게 되면, 외적 언어학을 연구하는 것이다.

언어는 자신의 고유한 질서만을 인정하는 체계이다. 언어체계 속으로 들어가지 않는, 언어와 관련되는 모든 것은 외적 언어학에 속한다. 예컨대 체스 게임의 체계와 관련되는 모든 것은 내적인 것이다(체스 게임의 기원, 이름, 체스 말의 재료는 외적인 것이다).

〈체스의 네모칸의〉 선을 더하거나 〈체스 말을〉 제거하면, 그것은 체계에 영향을 미치는 중요한 사실이다. 내적·외적 구별이 꽤 어려운 경우들도 있다. 내적인 것은 어느 정도 가치의 변경이 가능하고, 외적 현상은 각각 내적 가치를 변경하는 조건하에서 고려한다.

모든 체계에는 오직 가치만이 존재한다. 다른 실체는 환영에 지나지 않는다. 이 가치는 체계에 따라 서로 달리 구성된다. 어떤 경우에도 가치는 결코 단순한 단위가 아니며, 특히 언어에서는 가치를 벗어나서

14† 이하 1908년 12월 7일 강의. 고델, 앞의 책, p.69 참조.

[29] 는 질료적 단위의 경계를 구분할 수 없다. 언어학에서 다음 다섯 요소 사이에는 아무런 차이가 없다. '가치, 동일성, 단위, 언어실체, 구체적 언어요소'. 체스판의 '기사'는 이 게임의 요소로 취할 수 없다. 그것은 체스판을 벗어나 단지 질료성만 취하면, 체스판과 관련해서 기사가 나타내는 것이라곤 아무것도 없기 때문이다. 구체적인 것은 가치를 지닌 기사, 가치와 연합된 기사이다. 동일성의 척도는 여러 체계에 적용된 것과 척도가 동일한 것이 아니다. 가치는 동일성의 기반이다. 실체 또는 가치, 가치 또는 동일성이라고 하거나, 이와 반대로 말해도 사정은 여전히 똑같다. 이것이 이 언어사항의 유일한 기반이다.

어떤 단어를 들을 때, 그 단어의 소리나 관념을 듣는 것으로는 충분하지 못하다. 가치는 다른 제3의 어떤 것으로부터 주어진다. 예컨대 관계에 의해 주어진다.

$$\left( \frac{\text{관념 x}}{\text{marcher}^{걷다}} \right) \times \left( \frac{\text{관념 x}}{\text{marchant}^{걷는}} \right)$$

[30] 외적 형태는 기본적으로 경계가 없다. 언어의 가치 자체가 형태의 경계를 짓는다. 단위는 언제나 이러한 질문들로 귀착된다.

가치란 무엇인가?

동일성이란 무엇인가?

구체적 요소란 무엇인가?

가치 이외에 다룰 다른 실체를 알지 못하면, 내적 구분은 거기서 출발해야 한다.

언어 자체에는 두 종류의 동일성이 있음을 인지해야 한다. 두 유형의 동일성 문제가 있다. '매 순간 시간을 관통하는 동일성'을 볼 수 있다. 통시적 동일성으로 인해 예컨대 separarer<sup>분리하다</sup>는 sevrer<sup>떼다, 떼어내다</sup>라고 말한다. 이 동일성은 어디에 근거를 두는가? 언어학은 이를 탐구해야 한다. fleurir<sup>꽃피다</sup>는 florēre<sup>개화하다</sup>와 동일한 것이라고 말하면 안 된다. 무엇인가가 변했기 때문이다. 이는 일직선상에 있는 동일한 형태가 아니다. 무엇보다도 중간에 'florire'가 필요한 것이다.

이 동일성은 — 가장 잘 알려진 유형으로서 — '음성적 동일성'이다. 그래서 이를 일반적으로 통시적 동일성이라고 부른다. 음성이란 개념을 도입하는 것은 설명이 아니다. 음성이란 영역에서 벗어나야 한다.

'음성적' 동일성은 불안정하다. 예컨대 모든 음성법칙에서 변하는 것은 음성이 아니다. 어떤 형태에서 벗어나면서 그것을 단지 재생시키는 것뿐이다. 음성이란 동일성이 없다.

통시적 동일성은 음성적 동일성보다 더 중요하다. 예컨대 동일성이 있다고 말하는 것은 chaud<sup>뜨거운</sup>와 calidus<sup>뜨거운</sup> 사이에 관계가 있기 때문이다.

[31]     통시적 동일성 또는 통시적 단위와 관련되는 일련의 모든 문제가 있다.

또 다른 차원의 동일성이 있는데, 공시적 동일성이다. 이는 매 시기마다 언어가 형성되는 동일성이다. 이것《(이러한 동일성)》을 구성하는 요소는 첫눈에는 분명하지 않다. 예컨대 부정 'pas'<sup>아니</sup>는 단어 un 'pas'<sup>한 걸음</sup>와 동일한 것인가? 통시적으로는 동일성 관계가 있고, 동일한 것이다 (je n'irai pas<sup>난 가지 않겠다</sup> = je ne ferai un pas<sup>나는 한 발자국도 움직이지 않겠다</sup>).<sup>R</sup> 그러나 공시적으로는 pas는 동일하지 않다고 말해야 한다. 거기에 동일한 가치를 부여할 수 없다. 그것은 더 이상 같은 동일체가 아니다. pas는 가치가 두 가지이기 때문이다.

대립하는 두 개의 큰 축이 있다.[15]

공시적이란 용어(언어의 일정한 순간에 속하는 것)는 다소 미결정된 것이다. 동시적인 모든 것은 동일한 차원이라는 것을 가정하는 듯하다. 일정한 언어에 상응하는 특수한 차원은 <u>특정공시적</u>idiosychronisme[16]이라는 점을 첨언한다. 두 차원의 분리는 원칙상 방언과 하위방언까지 해당하는데, 언어의 이러한 구별을 별도로 다룰 필요가 있는 경우에 그렇다. 통시적 동일성은 필요가 없을 뿐만 아니라 그러한 세부사항이 포함되지 않는다. 통시적으로 비교한 사항은 동일한 언어에 속하지 않는다.

esti   그리스어  esti

독일어  ist   프랑스어  est

[32]

다양한 개별 특유어를 만들어 내는 것은 통시적 사실 전체와 이들의 방향[17]이다. 동시에 이러한 유형의 세부사항은 요구되지 않는다. 두 사항 사이에 설정된 통시적 관계가 사실이면, 그것으로 충분하다.

따라서 언어현상은 두 종류의 연계(통시적, 특정공시적)에 따른다. 이를 두 축으로 나타낼 수 있다.

---

15† 이하 1908년 12월 10일 강의. 고델, 앞의 책, p.69 참조.
16† 다른 모든 강의노트에: 'idiosynchronique'.
17† 원텍스트에는 비어 있음. 리들링제의 노트에 의거해서 추정.

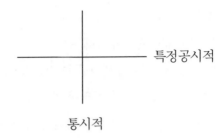

특정공시적

통시적

그러나 이 두 연계축에서 연계가 a냐 b냐에 따라 존재 가능한 정확한 단위들을 다루어야 한다.

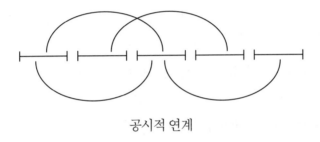

공시적 연계

통시적 단위에서 마치 단위가 이미 경계가 구분된 것처럼 잘못 그린 그림은 다음과 같다.

이와 반대로 시기에 따라 이 통시적 연계를 따르면, 이 단위는 다음과 같이 확정된다.

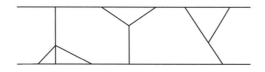

[33]　많은 사실에서 〈임의로 다소 막연히 어떤 방식으로 취한〉 사례는 많은
견해를 명료하게 밝혀 주고, 우리가 다룬 여러 사항과 관련된다.

　　인도유럽어의 기원에는 전치사가 없었지만, 단어들의 관계는 격
으로 표시되었다. 격은 수도 많고, 그 의미 효력도 강력했다. 다른 한편
복합동사(전동사+동사)는 없었다. 그렇지만 첨사 단어가 있어서 이것
이 첨가되어 행위의 의미를 보다 자세히 구체화했다(예컨대 περι-⁻대하여).
obire mortem, ire ob mortem 같은 것은 없었고, mortem ire ob⁻죽음을 향해 가다
이 있었다.ᴿ 그리스어의 사례로 원래는 ορεος(산으로부터)가 있었다. 애
초에 일반적으로 이 형태의 의미적 힘은 속격이나 탈격이나 똑같았다.
βαινω ορεος는 '나는 산에서 오는 길이다'를 의미했고, 그 후 kata '아래
로 내려오면서'가 붙어서 의미가 좀 더 추가되었고, 그다음 시기에 κατα
ὸρεος βαινω 또는 (ὸρεος κατα)⁻산에서 내려오는 길이다가 되었다. 이때부터 kata는
전치사 역할을 했다. 마지막 단계에서 καταβαινω ὸρεος⁻나ᄂᆫ 내려온다. 산에서라고
말하게 되었다. 여기에는 두세 가지 현상이 있지만, 이들은 모두 단위의
해석에 기반을 둔다. 언어가 언제나 계승받은 것을 그대로 해석하는 것
은 아니다. 각 단어는 가치가 변했고, 무엇보다도 단위의 분포가 새롭게
생겨났다. 어떤 사태가 일어났는지를 알려면, 각 단위의 질료적 실질은
이 실질에 부여하는 기능만큼이나 중요한 고찰 대상이다. 그러나 여기
서 다루는 문제는 통사론으로 부르는 분야에 속하는 현상이다.

　　통사론을 다루면서 의미 영역에서 작업한다고 하면, 그것은 망상

이다. 많은 오류가 이 망상에서 생겨났다.

〈1)〉 새로운 종류의 단어가 창조되었고, 이는 고찰할 단위의 단순한 이동으로 생겨난다(κατα ὀρεος로 말하든지 ὀρεος κατα로 말하든지는 별로 중요하지 않다).

2) 새로운 동사 유형이 탄생했는데, 그것이 특수한 단위이든 아니든 상관없이 단어의 창조도 이동으로 역시 귀결된다. 한 단어나 두 단어로 된 καταβαινω가 그 예다.

[34] 3) ορεος에는 격의 의미가 상실하는 싹이 보인다. 그렇지만 이 의미에 크게 기여하는 것은 κατα이며, –ος는 더 이상 중요하지 않다.

따라서 세 가지 현상이 단위의 문제로 귀결된다. 단지 단어의 이동만을 고려하면, 이들은 세 가지 통시현상이 된다. 한편으로 이는 음성변화가 아니다(여기서는 어떤 음성도 변하지 않았고, 단지 관념만이 변했다). 음성학과의 공통점은 모든 것이 단위로 귀결된다는 것이다. 이 단위는 시간상에서 변화하거나 변화하지 않고 전달된다.

음성변화만 있는 것처럼 음성변화를 늘상 얘기한다. 그러나 음성변화 없이 전달되는 단어도 있다. 음성현상이 아닌 변화도 있다.

통시적 차원은 변화가 어디서 유래하든 간에 가치의 이동이다. 그것은 유의미 단위의 가치이동이다.

특정공시적 차원은 가치의 일정한 균형이며, 그렇기 때문에 시기마다 가치의 균형이 이루어진다. 통시적 차원은 이와 같지 않다. 이 두 차원은 하나는 역동적이고, 다른 하나는 정태적인 것으로서 서로 대립한다.

그러나 역동적인 것은 단순히 역사적인 것인가? 역사란 용어는 이미 상당히 모호한 개념을 연상시킨다. 그 까닭은 한 시기를 기술한 것도 역사라 불리기 때문이다. 언어의 정태적 힘과 통시적 힘은 서로 접촉하면서 영속적인 관계를 맺을 뿐만 아니라 갈등하는 관계이기도 하다. 이들의 상호작용은 이들을 아주 밀접하게 연합시키기 때문에 언어이론은 이들을 서로 명백하게 대립시킬 수 없다. 우리가 인정할 수 있는 최대한의 것은 **진화적**, **정태적**이란 용어이다. 그런데 또한 **진화적**이란 개념 역시 그렇게 명확한 것은 아니다. 이 두 힘의 역학체계를 그렇게 확실하게 대립시키지 못한다.

통시적이거나 공시적인 것 내에서 가치나 단위는 온갖 종류의 것이 될 수 있다. 이들을 '선험적인' 것으로 내세워서는 안 된다. 예컨대 [35] 단어와 같은 가치는 공시적으로 있는 것인가? 통시적 차원에서도 이와 같은 가치가 있는가? 그리고 이들은 동일한 것인가? 그리하여 단위의 범주를 사전에 미리 말할 수는 없고, 이 범주는 이 두 차원에서 인지할 것을 요청한다. 이들을 인지하기 전에 평가 기준으로서 통시적 관점과 공시적 관점을 적용해야 한다. 기본 단위라고 하더라도 그것은 단지 이두 관점 중 어느 한 관점에서만 결정될 수 있다. 이 두 차원 중 어느 한차원에서만 단어는 실체가 있으며, 이 둘 사이에 혼합된 실체란 없다.

이 두 차원이 언어학의 모든 관점인가? 범시적인 관점은 없는가? 처음부터 관점을 구별해야 한다. 일반화하는 것이 문제시되는 경우에는 관점이 범시적이지만, 그것은 어디까지나 일반화된 것일 뿐이다. 예컨대 음성변화 그 자체는 통시적이지만, 음성변화는 지금도 일어나고 있고, 앞으로도 늘 일어날 것이기 때문에 이를 범시적이라 부를 수 있다. 그렇지만 구체적인 언어사실에 대해 얘기하자면, 범시적 관점이란 존재하지 않는다. 바로 이것이 언어적인 것과 그렇지 않은, 즉 범시적으로 간주될 수 없는 것을 구별하는 기준이다. 예컨대 'chose'<sup>일. 것</sup>란 단어는 통시적 관점에서 라틴어 'causa'<sup>원인, 일</sup>와 대립된다, 공시적 관점에서는 이를 프랑스어의 다른 언어사항과 대조시켜야 한다.

chose | | choses (동시적인 모든 choses와 대립)

범시적 관점을 취하려면, 이 단어는 음성 'šoz'로 표상될 수 있다는 것을 알 수 있다. 언제나 'šoz'로 발음하는 것이 가능하지만, 이 음성의 질료성은 청각적 가치에 지나지 않는다. 즉 비언어적인 사실일 뿐이다. 음성 연쇄 'šoz'는 언어 단위가 아니다. 아직도 범시적 관점에 너무 지나치게 의존한다. šoz는 단위가 아니라 질료적인 껍질에 지나지 않는다. 다른 어떤 것, 즉 그 어떤 것에 의해서도 경계가 구분되지 않은 무형태의 덩어리 내의 절단된 음성조각이다(사실상 왜 oza나 šo가 아니고 šoz인가?).

[36]   그것이 가치가 아닌 것은 의미를 지니지 않기 때문이다. 이 세 가지 관점을 적용할 수 있지만, 범시적 관점만이 언어적이 아닌 결과에 이른다는 사실을 알게 될 것이다.

어떤 단위가 통시적인지 공시적인지 알기가 어려울 수도 있다. 예컨대 축소 불가능한 다음의 단위들

$$\left.\begin{array}{l} a\,i\,u \\ d\,b \\ e\,a\,d \end{array}\right\}$$

는 공시적인가 통시적인가? 이들에게 가치를 부여하면, 이들은 언어학의 단위가 된다. 그렇다고 말할 수 있다. 예를 들면, 묵음 e는 유의미한

단위의 구성에 기여하고, 다른 가치들과 대립한다.[R] 음운론적 견지에서는 절단된 단위이지만, 공시적 관점에서 가치를 지니는 단위이며, 프랑스어의 형상에 기여하고, 그 일반적 가치에 기여할 수 있다.

마찬가지로 μ와 π는 그리스어의 어말에 올 수 없다. 이 단위들이 음운론적으로 절단된 단위이지만(그러나 음성적으로 절단된 것은 아니다. šoz처럼),[R] 가치를 지니고, 공시적 또는 통시적 관점에서 출현이 정당하면, 응당 언어학적 단위로 간주되어야 한다.[18]

이 모든 것이 통시적 차원과 공시적 차원으로 귀결된다. 이 두 차원 각각에 속하는 현상이 있다. 통시적 관계와 공시적 관계가 있다. 언어현상과 언어적 관계는 언어학적으로 다르다. 이 두 가지는 이들이 속하는 다수의 사항을 전제로 하며, 이 사항은 단위이다.[19] 언어현상으로부터 출발해서 단위로 귀환하는 것이 바람직할 것이다.

[37]      공시현상과 통시현상을 구별하되, 이들을 확실하게 대립시켜야 한다. 현상이라고 말을 하지만, 어떤 점에서 이 다양한 현상을 구별하는 것이 간편할 것인가? 공시현상과 통시현상 사이에는 계속 함정이 있었는데, 그것은 이 두 차원의 현상들이 상호적인 입장으로 인해 오랫동안 혼동되었기 때문이었다. 이들은 서로 의존적이기도 하고, 또 서로 독립적이기도 하다. 또한 각기 서로에게 환원되기도 하고, 환원되지 않기도 한다. 공시현상은 통시현상에 의해 조건화되지만, 이 공시현상 자체는 성질이 근본적으로 다르다.

이러한 혼동의 사례들이 있다. 다음 라틴어 현상은 규칙적으로 이

---

18† 이하 1908년 12월 14일 강의. 고델, 앞의 책, p.70 참조.
19† 다른 모든 원자료에는 '단위'가 수정되어 있다. 리들링제 노트의 해당 부분 참조. '우리가 〈관심을〉 집중한 단위'.

루어진다. capio<sup>잡다, 빼앗다</sup>와 percipio<sup>빼앗다, 알아채다</sup>, taceo<sup>침묵하다</sup>와 reticeo<sup>침묵을 지키다</sup>, amicus<sup>친구</sup>와 inimicus<sup>적</sup>, pater<sup>아버지</sup>와 Jupiter<sup>주피터</sup>. 이를 공식화하려면 물론 이처럼 말해야 한다. 즉 capio의 a는 percipio의 i가 되면서 어두음이 아니라고 말이다. 예상할 수 있는 현상은 얼마나 되는가? 고려할 현상의 수는 하나로 생각되며, 또한 차원이나 시기도 역시 하나이다. 두 사항이 서로 대립하는데, capio와 percipio, ⟨또는⟩ a와 i이다. 사실상 capio의 a는 percipio의 i가 결코 될 수는 없지만, 어느 시기에

[38]  <center>căpio 와 percăpio</center>

가 있었고, 또 다른 시기에는

căpio 와 percĭpio

가 있었다는 점을 염두에 두어야 한다. 시간상으로 percipio를 산출한 것은 percapio이다. 이 도식에는 언어에서 고려할 모든 것의 기반이 포함된다. ⟨이제 알게 된 것은⟩ 사항이 둘이 아니라 넷이라는 것이다. 차원도 둘이고(또는 시기도 둘이고), 현상도 둘이다. 더욱이 이 두 현상은 전혀 다른 두 차원, 두 축에 속한다는 점이다. 예컨대 한 축은

과 같고, 다른 축은

$$\xleftrightarrow{\hspace{2cm}}$$

공시적

처럼 나타낼 수 있다. capio와 percipio 사이에 어떤 관계가 있는지를 감지할 수 있다. 관계가 있는 단어들 사이의 이 차이는 의미에 기여하는 것이라는 점 때문에 언어현상이 생겨난 것이다. 모든 의미작용은 차이에 기반하고, 이 차이는 상당히 유의미한 것이다. 그래서 이는 공시현상이 된다(예컨대 격굴절보다 더 유의미한 것은 없다). 이러한 공시현상에 대해 a와 i의 교체라는 이름을 부여할 수 있다.

따라서 두 가지 현상이 있고, 두 번째 현상은 첫 번째 현상에 의해 조건화된다.

[39]                        capio / percipio

이들은 통시현상이 percapio를 percipio로 변화시키지 않았더라면, 존재하지 않았을 것이다.

다른 한편, 이 두 번째 현상은 첫 번째 현상으로 환원될 수 없고, 첫 번째 현상과 완전히 독립적이다. 이들이 특히나 차이 나는 이유는 통시현상이 두 시기 사이에서 일어나기 때문이다[20]. 한 시기에서 다른 시기로 바뀌면서 이들은 시간을 관통하면서 서로 관계를 맺는다. capio와 percipio는 통시적으로 확인되는 단위이고, capio와 percipio는 이와 반대로 동시적이며 대립하는 단위이다.

20† 위에 : 일어나는 한에서.

선재하는 것은 이 현상에 음성적 특성을 부여했다는 사실이다. 다른 한편 이 사실이 계기성 없이 단일 시기에 일어나는 것으로 기대했고, 그래서 주요한 사항 percapio을 무시했던 것이다.

다른 많은 사례에서도 음성현상을 무시하고, 단지 공시적 사실만 관심을 가지고 다루었다. 독일어에 나타나는

wurst<sup>소시지</sup> / würste<sup>소시지들</sup>    gast<sup>손님</sup> / gäste<sup>손님들</sup>

가 그 예다. 이 현상은 일반적으로 문법적으로만 공식화될 수 있다. 즉 이를 순수히 공시적인 공식으로 정리할 수 있다. 사람들은 이처럼 말할 것이다. 즉 a가 복수에서 ä로 바뀌었다. '복수에서'를 덧붙여 말함으로써 의미작용의 개념을 위해 음성적 관념을 제외시켰다. 다음과 같은 모음교체가 있다.

[40]

a            i
capio와   percipio

우선 의미적인 것을 고려하지 않고 네 항을 설정해야 한다.

통시현상을 분석해야 한다.

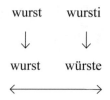

10세기까지 wursti라고 말했으며, wurst와 würste는 분명 공시현상이다. 통시현상은 capio와 마찬가지다. 공시현상으로서는 capio, percipio가 수용되었다. wurst와 würste의 관계도 마찬가지였다. 그러나 a:ä[원문 오류 그대로]의 대립은 의미작용의 차이가 있었다. 여기에서 그 의미 대립은 wurst와 würste에서보다 훨씬 더 강하게 느껴진 것이 사실이다. 하지만 이것은 필수적인 것에서 기인하는 것은 아니다.

따라서 공시적 대립 현상은 다소 분명하지만, 정도가 다양하다. 다른 사례로 그리스어 λειπω<sup>떠난다</sup>와 λελοιπα<sup>떠났다</sup>의 차이나 τρεφω<sup>기른다</sup>와 τετραφα<sup>길렀다</sup>의 차이는 유의미하다(이 대립으로 완료와 현재가 구별된다). 독일어에서 gebe<sup>나는 준다</sup>와 gab<sup>주었다</sup>, giesse<sup>나는 붓는다</sup>와 goss<sup>부었다</sup> 같은 대립도 같은 현상이다. 이처럼 완전히 동일한 모음교체를 비교해 보면, 의미 가치는 그리스어보다 독일어가 더욱 강하다. 그리스어에는 또 다른 차이로 a가 있다. 이는 단지 정도의 문제일 뿐이다. 우리는 단지 공시현상만 보게 된다.

[41]        모음 사각도를 다시 그려야 한다.

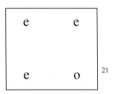

이론상으로나 실제로나 일정 시기의 언어에 있는 현상을 아는 유일한 수단은 과거를 백지화하는 것이다. 역사적인 것을 충분히 연구한

21† 이하 1908년 12월 17일 강의. 고델, 앞의 책, p.70 참조.

## 42

후 공시현상을 발견하려면, 그렇게 해야만 한다. 시기의 시작점을 아는 것도 매우 중요하지만 —— 정말 역설적이게도 —— 정태적인 것(공시적인 것)을 알려면, 이를 백지화해야 한다. 진화, 역사, 통시의 관점은 거기서 벗어나기만 하면 어느 방향으로도 갈 수 있다. 이러한 관점은 우리에게 가치를 알려주고, 이 가치가 어떤 사건에 의존하는지도 알려준다. 어원을 말하는 것이 아니라 기존의 가치를 말하며, 이 가치 자체는 이를 만들기 위해 예비한 것과는 완전히 독립적이다. 과거에 선행한 것이 아니라 공존하는 것에서 그 가치를 끌어낸다. 예컨대 dépit<sup>경멸, 원한</sup>(despectus<sup>경멸하는</sup>)를 보자. dépit는 옛날 가치를 그대로 보존하는 용법이 있다. 'en dépit de'<sup>-에도 불구하고</sup>란 어구에서 그 단어가 어떤 인상⟨(즉 가치)⟩을 갖는지를 아는 유일한 방도는 despectus를 완전히 잊는 것이다. 그러면 그 가치가 경멸의 뜻과는 다른, dépit의 일반적인 용법이 갖는 의미와 관련이 있음을 알게 된다.

또 다른 사례는 vous faites<sup>당신은 한다</sup>, vous dites<sup>당신은 말한다</sup>, vous aimez<sup>당신은 사랑한다</sup>, vous pensez<sup>당신은 생각한다</sup>이다.[22] 어말 -aites의 가치를 확정하려면, estis<sup>너희는 ~이다</sup>를 생각해서는 안 되고, 오늘날 모든 화자와 관련되는 문제를 제기해야 한다. 그런데 이 화자들은 그 어원을 전혀 모른다.

## 43

과거에는 통시현상, 공시현상이라고들 말했다. 과거에 확인된 점은 언어현상에 대해 말할 때는 이 현상이 출현하는 언어사항이 있고, 이 사항은 구별할 단위이며, 이 단위는 이 언어현상을 통해 연구할 수 있다는 것이었다.

---

22 여기서 앞의 두 형태는 3군 동사의 불규칙형, 뒤의 두 형태는 1군 동사의 규칙형이다. 후자는 유추로 평준화된 것이고, 전자는 옛 형태론이 그대로 전수된 것이다.

$\boxed{\text{wurst / würste}}$ 는 공시현상이다.

$\boxed{\text{wursti} \longrightarrow \text{würste}}$

이는 의미 대립을 위해 이용한 음성대립인데, 이는 곧 공시현상이다. 단위들 사이에 이 현상이 일어났는가? 예컨대 이것은 wurst와 würste 사이에 일어난 현상인가, 아니면 유사한 단어의 전체 계열에 해당되는 것인가? 단지 단위 a와 ä[원문 오류 그대로]만을 고려해야 하는가, 아니면 단수와 복수를 고려해야 하는가? 우리는 어떤 단위가 문제시되는지를 곧바로 알 수 없다. 언어학에서는 현상과 단위 간의 근본적인 차이란 없다. 이는 불합리한 것으로 보인다. 언어현상은 모든 종류의 단위처럼 곧 관계를 가리키기도 한다. 단위의 경계를 구분하는 것은 사고이며, 언제나 사고와의 관계이다.

$$\frac{a}{b} \quad \text{또는} \quad a \times b$$

그런데 모든 것이 대립으로 이용된 차이뿐이다. 언어현상의 차이가 있고(nacht, nächte),[23R] 이 단위 내에 또한 음성연쇄와 사고단위 사이에 확립된 균형을 결정하는 차이도 있다. 단어의 특성은 단위 그 자체와는 구별되지 않는다는 점이다. 그것은 항상 지속적인 선적 연쇄상에 있기 때문이다. nächte가 단위이고, ä가 그 특성의 하나라고 하자. 그러면 ä는

[44]

23† 다른 모든 원자료는 일치한다: 현상으로 부를 수 있는 차이들(리들링제).

발화선상에 절단한 한 분할체에 지나지 않는다. (단위를 이해하는 한 가지 방식.) 이 문제는 언어현상에 대한 연구와 그리 명료하게 구별되지 않는다. 언제나 사고가 발화덩어리를 절단하는 것이기 때문이다.

또 다른 통시적 계열을 살펴보면, nacht와 nächte에서는 단위 문제가 있다. 또한 모든 통시현상에 대해 고찰할 단위를 아는 것이 필요하다는 것을 알게 된다.

언어학의 대상 설정에 도입할 첫 번째 구분은 사물의 본질상 선택을 배제하고 외부에서 강제됨을 알 수 있다. 이 구분은 공시와 통시의 구별이다. 어느 구별 사항을 선호하느냐 하는 것은 우리에게 달려 있는 것이 아니다. 모든 사안을 혼동하지 않으려면, 그것은 필수적 조건이다. 이 구별이 이처럼 필연적으로 나타나는 분야는 거의 없다. 마찬가지로 이들은 별개의 두 학문인 것처럼 두 분야를 형성한다.

1) 정태 또는 공시 언어학

2) 역동 또는 통시 언어학

가치를 다루는 모든 학문은 아마도 이처럼 구별해야 할 것이다. 예컨대 경제사와 정치경제학이 그렇다. 학술서는 언제나 이와 같은 차이를 강조하는 것 같다. 가치가 더욱 엄밀히 짜여진 체계를 형성할수록 이 필요성은 그만큼 더 절실해진다. 그런데 어느 체계도 언어만큼 엄밀하게 짜인 것이 없다(가치는 정밀하고, 가치는 종류도 많으며, 사항이나 단위도 〈유례 없이〉 많고, 단위들 간에도 엄밀한 상호 의존성이 있다. 말하자면 모든 것이 조합적이다[R]).

[45]

공시와 통시를 강력히 구별하는 것은 [바로] 공시만이 체계를 형성하기 때문이다. 통시적 사실은 이 체계를 변경시킬 따름이다. 통시적 사실은 서로 연관 없는 특정 언어사실 전체를 나타내 줄 따름이다.

첫 번째 유형의 언어사실은 그들이 맺고 있는 연관성connexité[24]과 관련해서만 연구할 수 있다. 두 번째 유형의 언어사실은 그렇지 않다! 이는 모든 체계에 유효한 것이다.

체계의 이동은 오직 고립 사실의 연속으로만 이루어진다. (체계는 전체를 통해서만 연구될 수 있다.)

예컨대 gebe^준다 : gab^주었다, trepho^기르다 : tetrapha^길렀다의 대립은 규칙적 대립에 의해 맺어진 주요한 문법적 계열이다. 그 대립은 인도유럽어의 영역에서는 사라졌는데, e와 o가 a로 바뀌었기 때문이다.

공시적 사실을 고려하는 순간 우리는 체계를 다루는 것이다. 통시적 사실은 체계의 개념을 필요로 하지 않는다. 이러한 이유로 이 두 가지 연구를 동시에 수행할 수 없다.

[46]

이제 더욱 자세한 구별을 살펴보자.

요컨대 다음의 커다란 두 차원을 고려해야 한다.

1. | 공시주의 | [25]
2. | 통시주의 |

---

24† 리들링제와 부샤르디는 collection, 고티에와 콩스탕탱은 connexion으로 기록.
25† 이하 1908년 12월 21일 강의. 고델, 앞의 책, p.71 참조.

## III. 공시법칙과 통시법칙의 구별

통시적 사실은 사건일 뿐이다. 이들은 사건이 체계와 대립하는 것처럼 공시적 사실과 대립한다. 사건과는 얘기할 수 없다. 그러나 이러한 (통시적인) 특정 사실은 '법칙'의 개념과 관련된 문제를 제기한다. 통시태에는 탐구할 법칙이 없다. 그 까닭은 사건, 사고가 문제시되기 때문이다. 〈따라서〉 통시태의 법칙은 음성법칙뿐이며, 이들은 통시적 사실의 전형적인 〈주요〉 사실이다. 음성법칙이라는 용어는 공시법칙과 통시법칙(음성법칙으로 표현)을 대립하면 평가된다. 어떤 현상을 가지고 법칙을 말할 수 있는가? 공시법칙에 대한 개념을 알기 위해 〈이들이 문장 내의 어순을 지배한다〉는 점을 이해해야 한다. 예컨대 '직접목적어는 동사보다 앞에 와서는 안 된다'. '그리스어에서 악센트는 어말 제3음절보다 더 멀리 갈 수 없다'라는 것도 역시 공시법칙이다.

통시 영역에 속하는 음성법칙의 사례로서

[47] '12세기에[원문 오류 그대로] 모음의 장음화는 s로 표시된다'라거나(teste<sup>머리</sup>, tête),<sup>R</sup> 또 예를 들면 '라틴어 k는 프랑스어에서 cha가 되었다'<sup>R</sup> 같은 것이 있다.


## IV. 공시법칙과 통시법칙의 특성

법칙은 무엇보다도 한편으로는 규칙성, 다른 한편으로는 강제성, 강제적 필연성을 요구한다. 그러나 〈이들 특성이 공존할 필요는 없다!〉 공시법칙을 취하면, 거기에는 분명히 규칙성이 있지만, 단지 그 규칙성뿐이다. 여기서 법칙은 확립된 질서를 표현하는 공식이다. 전체 내에서, 전체 집단 내에서는 강제성이 없다(예컨대 그리스어 악센트에 대한 법칙). 이 질서는 그다음 날이면 바뀐다.

2) 〈사건에 속하는〉 통시적 음성법칙. 여기서 이 법칙은 분명 강제성이 있다. 사실상 음성법칙은 요소의 변화 결과로 인정을 받는다. 이를 단지 규칙성의 개념으로밖에 표현할 수 없고, 이 규칙은 강력력을 나타낸다. 〈동일 조건에 놓인〉 모든 단어들은 음성법칙을 따르는가? 이 음성법칙은 정말 규칙적인가? 이것 역시 다시 단위의 문제를 묻는 것이다. 모든 것이 법칙이 어떤 단위에 적용되는지 않는지를 아는 것에 달려 있다. 음성법칙과 관련해서 이 법칙을 따르는 많은 사실을 지적할 수 없다면, 법칙이란 존재하지 않는다. 단어들로 규칙을 만들고, 기성의 개체를 만든다. 음성법칙에서 단어라는 단위를 그런 식의 단위로 간주한다면 아마도 잘못된 것일 게다.

[48]

공시법칙은 확립된 질서를 표현하고, 음성법칙에서 법칙이라는 용어는 이러한 의미로는 사용하기 의심스럽다,

다루려는 대상은 통시적 장과 공시적 장을 형성하기도 한다(고려하는 시기만큼이나 많은 장이 존재한다).

[49]

통시적 전망과 공시적 전망이 상응하고, 이들은 모든 언어사실을 판단하기 위해 주어진 것이다. 첫 번째 전망은 언어사실을 통시적 연계 내에서 고찰한다. 두 번째 전망은 언어사실을 공시적 연계 내에서 고찰한다. 각 전망은 나름의 방법이 있다. 통시적 전망은 두 가지 변이체가 있고, 각 변이체에는 그 나름의 방법이 있다. 즉 전망적 변이와 회고적 변이이다. 통시적 장에서는 이 두 전망을 다음과 같이 생각할 수 있다.

전망적 ↓      회고적 ↑

어떤 언어사항에 대해 과거가 어떠했는지, 시간이란 차원을 어떻게 겪어 왔는지를 물을 수 있다.

공시적 장에서는 단 하나의 전망(변이체)과 단 하나의 방법만 있다. 그것을 알려면 언어에 대한 화자의 인상이 어떠한지를 물어야 한다. 그것만이 유일한 방법이다,

## V. 공시적 장

공시적 장은 유의미한 차이들의 합으로 구성된다. 이 유의미한 차이의 역할에 관심을 기울여야 한다. 공시적 사실을 말하는 것과 유의미한 사실을 말하는 것은 사실상 동일한 것이다. 이 모든 것이 동일한 것으로 귀착된다. 이러한 이유로 유의미한 차이는 공시언어학의 대상을 나타낸다. 〈공시적으로〉 존재하는 것은 언어의식에 감지되는 것이고, 유의미한 것은 모두 단위 그 자체이다. 다른 한편, 차이로 표현되는 것만이 유의미하다. 차이 또는 공시적 사실, 유의미한 차이 또는 유의미한 단위, 이들은 모두 동일한 것으로 귀착된다. 이러한 이유로 유의미한 차이는 공시언어학의 대상의 작용을 가리킨다.

[50]

이 차이를 작용시키는 사실들의 덩어리 속에는 가능한 차이가 겉으로 보는 것만큼 특징이 분명히 드러나지 않음을 지적해야겠다.

따라서 〈우선 생각해 볼 것은〉 형태론이다. 형태론은 공시적인 것으로 인정된 것인데, 도대체 그것은 무엇인가? 'Formenlehre'<sup>형태론</sup>, 예컨

대 프랑스어에서 격형태가 어떤 것인지 결정한다고 하자. 이 형태론은 문법과는 완전히 다른 개념을 요청하는가? 문법은 예컨대 격형태의 기능을 다룬다. 형태론은 이 형태의 상태를 결정한다. 요컨대 형태의 구별은 헛된 일이다. 단위들은 의미작용에 의하지 않고서는 분리할 수도 없고, 그 역도 마찬가지이기 때문이다.

서로 다른 격곡용 형태들을 제시한다는 것은 곧 차이를 제시하는 것이다. 〈예컨대〉 φυλακος<sup>보초의</sup>는 φυλακι<sup>보초에게</sup>와 의미가 같지 않다는 것을 말하려고 한다.[26] 그 의미(〈그리고 그 존재〉)를 확정짓는 것은 예컨대 φυλακα<sup>보초를</sup>, φυλακι와 차이가 있기 때문에 가능하다. 이 차이는 기능의 차이의 집합에 다름 아니다. 이는 마치 φυλακος의 가능한 용법 전체와 φυλακα, φυλακι의 가능한 용법 전체를 대립하는 것과도 같다.

(이 두 가지 구획을 구분짓는 것은 쉽지가 않다.)[27]

어휘론도 똑같이 얘기할 수 있다. 문법의 이 측면, 이 구별도 역시

[51] 헛된 일이다. 예컨대 라틴어에서 dicor<sup>말해지다</sup>가 dico<sup>말하다</sup>와 맺는 관계처럼 'fio'<sup>일어나다, 되다</sup>는 facio<sup>하다, 만들다</sup>와 같은 관계를 갖는다. 완료와 미완료의 차이는 어떤 언어에서는 시제로 표현되고, 또 어떤 언어에서는 다른 두 동사로 표현되는데,<sup>R</sup> 이 차이가 문법과 어휘의 차이이다.

전치사의 기능은 일반적으로 문법적인 것으로 간주된다. 'en considération de'<sup>고려하여</sup>란 어구는 어휘적이고(considération), 문법적이다(à cause de<sup>때문에</sup>처럼).

이러한 구획의 구분은 때로는 유익하다.

---

26 주격은 φύλᾰξ(보초)이다.
27† 이하 1909년 1월 11일 강의. 고델, 앞의 책, p.72 참조.

언어상태에 존재하는 것을 분류하는 것이 문제시되기 때문에 일반적으로 무엇을 언어상태의 메커니즘으로 인지하는가? 그것은 차이의 작용이라고들 한다. 언어상태에서는 <u>차이의 작용</u>만 있다. 그러나 중요한 것은 상대적 단위에 작용하는 차이이다(이것이 단위들을 조정, 배열하는 것이다). 또한 이 단위들을 결합하는 보다 더 광범위한 단위에 작용하는 차이이다〈특수한 단위도 있다〉. <u>모든 것이 차이와 또한 단어군의 결속으로</u> 귀착된다. 단어군을 말하는 순간, 언어 내에 모호함이 있음을 쉽사리 깨닫는다. 이 모호함을 없애는 것으로 충분하겠지만, 그래도 반드시 제거해야 한다.

[52]     예컨대 contre<sup>대해서</sup>, contraire<sup>반대되는</sup>, rencontrer<sup>만나다</sup> 등을 이용하여 단어군을 만들 수 있다. 이제 contremarche<sup>후퇴</sup>, contre vous<sup>당신에게 반대하여</sup> 같은 것을 예로 들면, 이 두 표현 각각은 〈그 자체로〉 단어군을 형성한다. 이 두 의미를 명확히 밝혀서 필요한 주요 의미를 구별한다. <u>어떤 요소나 단어가 다른 단어와 이웃해서 배열되어 다른 단어와 접촉하는 두 가지 방식이 있다.</u> 이를 '한 요소의 두 존재 자리' 또는 '단어들 간의 두 관계 영역'으로 부를 수 있다. 이는 두 가지 적극적 기능에 해당한다. 한편으로는 기억의 저장고에 해당하는 심적 내부 보고가 있는데, 이는 첫 번째 존재 자리 또는 첫 번째 관계 영역이다. 이 심적 내부 보고에는 담화, 발화연쇄라는 다른 존재 자리에서 활성화되는 모든 것이 가지런히 정렬한다.

이 둘 중 어느 존재 자리에 위치하느냐에 따라서 성질이 전혀 다른 단어군에 관여한다.

| 심적 내부 보고 (창고) | 담화 |
|---|---|
| 연상 단위 | 담화 단위 |
| 단어족이란 의미에서 어군 | (담화 내에서 산출) |
| | 통합체란 의미에서 어군 |

우리가 이용할 수 있는 이 요소들의 집체(심적 내부 보고)에서 연상을 한다. 유사하거나 차이가 나는 모든 것은 각 단어의 주위에 현존한다. 예컨대 곡용표는 〈당연히 단위를 요구하는〉 연상군이다. 이 단위 내에는 바뀌는 것과 바뀌지 않는 것이 있는데, 이것은 모든 연상군의 특성이다. 'désireux'바람직한, 'soucieux'걱정하는, 'malheureux'불행한는 단어족을 형성하는데, 공통의 요소 -eux가 있는 까닭에 연관되는 단어군이다. 다른 한편으로는 차이가 나는 요소도 있다.

이 단어군은 경계가 분명히 구분되지 않는데, 특히 공간적으로는 〈경계가 더 구분되지〉 않는다. 즉 이들 단위 중 어느 단위는 다른 단위 뒤에 오는 것도 아니고, 그 순서가 어떤 것이든 순서대로 오는 것도 아니기 때문이다. soucieux가 désireux에 대해 어떤 위치를 점유하는지는 그림으로 표상할 수 없다. 이들은 심적 연상에 의해 연합되기 때문이다.

통합체군. 공간제약이란 개념이 즉각 떠오른다. 이 차원의 조건은
[54] 길이이며, 이 조건은 간단하다. 언어에서 이 길이 조건은 단지 일차원인 까닭이다. 통합체를 만드는 방법은 딱 한 가지, 선적 연장이다. (공간, 공간적 등의 용어는 시간 차원에서 이해해야 한다. 그것은 여기서는 '구어'를 문제시하기 때문이다.) quadrupes네 발 달린 동물, hippotrophos말 사육 같은 것을 예로 든다면, 이것이 단어군인 것은 1) quadru넷, 2) pes다리, 발를 구분하는 근거가 있기 때문이다.ᴿ

이 통합체의 개념은 단위의 크기가 어떠하든, 그 종류가 무엇이
든 모두 적용될 수 있다. 단일어에서 단어 구성은 이 통합체라는 단어
군과 관계가 있다. 'désireux'는 두 단위로 분석된다. 따라서 이는 통합
체라는 어군이다. 연속적인 두 단위 'désir'와 'eux'를 구별할 수 있기 때
문이다. 문장도 마찬가지이다. 예컨대 'que vous dit-il'<sup>그가 당신에게 뭐라고 말했나</sup>은
'désireux'와 같은 통합체이다.

우리는 오직 통합체만 가지고 얘기하는데, 이런 유형의 통합체가
두뇌 속에 간직되어 있다는 것, 그리고 이 통합체를 사용하는 순간 거
기에 연상군이 개입한다는 것은 상당히 타당한 메커니즘이다. 예컨대
λεγομεθα를 사용하면, 예컨대

$$
\begin{cases}
\lambda\varepsilon\gamma o\mu\varepsilon\theta\alpha^{\text{우리는 불린다}} \\
\lambda\varepsilon\gamma\varepsilon\sigma\theta\varepsilon^{\text{너희는 불린다}} \\
\lambda\varepsilon\gamma o\nu\theta\alpha\iota^{\text{그들은 불린다}}
\end{cases}
$$

위 단어들이 포함된 연상군이 생겨난다. λεγομεθα는 동일 연상군에 속
하는 -σθε, -νθαι와의 차이로 인해 무엇인가를 의미한다. 따라서 이 연
[55]  상군은 통합체에 역시 적극 관여한다. 이 두 단어군이 모두 활발히 기
능작용을 한다.

1) 예컨대 'M'은 'm'이다. 그 이유는 그것이 'n'도 'l'도 아니기 때문
이다.

[56]  2) amna에서 'm'은 'a'와 'n'사이에 들어 있기 때문이다.

통합체에 의한 대립과 심적 내부대립은 언어상태의 메커니즘의 기
저를 구성한다.

'tripolis'는 두 단위로 분석되는 통합체이다. 이 'tripolis'는 '세 도시'나 '세 도시를 거느린 자'를 의미할 수 있다. 그러나 그것은 공간 내의 위치 tri-polis에 의존하기 때문에 통합체이며, 연합체는 아니다. Triōn^트라이온, tri^숫자3, tria^숫자3는 그 반대이다. 공시적으로 발현되는 이 두 가지 활동은 두 축으로 그릴 수 있다.

| | | | |
|---|---|---|---|
| ↑ | | refaire^다시 하다 등 faire^하다 | |
| (연상) | dé | faire^해체하다 | ← (통합적) → |
| (인접하며 | dé | placer^이동하다 | (발화한 것) |
| 사고한 것) | dé | ranger^방해하다 | |
| ↓ | | 등 | |

연상군이 없다면, 'défaire'는 단 하나의 단위만 될 뿐이며, 더 이상 통합체가 될 수 없다.

[57]      단어라는 단위에 앞서 통합적 현상이 있다. 예컨대 désir-eux에서 가치는 공간 내의 위치에 지배된다. 두 단위가 통합체를 구성하기 때문이다. 실제로 통사적 현상은 통합에 속한다. 왜냐하면 언제나 두 단위 사이에서 발생하며, 이 두 단위는 공간상에 분포하기 때문이다. (이것이 이 통사현상의 일차적 특성이다). 영어에서는 다음처럼 말할 수 있다.

the man I have seen

= que j'ai vu

( = l'homme j'ai vu)

영어에서 'que'that는 표현되지 않았지만, 사람들은 그것을 이해한다. 이 관계를 표현하는 것은 무無이다. 그러나 사람들이 단어가 빠져 있다고 생각하는 것은 통사론에 대한 직관에서 생겨난 것이다. 연결사가 빠져 있다고 말할 수 없다. 어떤 경우에도 단어는 절대 삭제할 수 없다. 배열된 사항을 지지하는 관계가 있다. 어떤 통사적 현상이라도 통합체 역할을 하는 연속 사항이 <u>필요하다</u>. 단어처럼 작은 단위는 결부된 의미가 없다면, 아무것도 아니다. 더욱이 통합체 내에서는 공간에 표시된 실재적 구성 요소를 지적해야 한다.

[58]

밝힐 모든 사항은 두 이론을 동시에 적용해서 밝혀야 하는데, 통합체 이론과 연상체 이론이다. 예컨대 grand르을 예로 들어 보자. 한편으로 gran garçon키른소년, 다른 한편으로 grant enfant키른아이이 있다. 통합체 내에 음성 차이가 발생한다.R gran père할아버지란 단어를 취해 보면, 여기에도 여전히 동일한 단어를 인지할 수 있다. gran père에는 통합체가 있다.

grand, grande

grands, grandes

이 단어군은 연상군이다.[28] 이것은 통합체처럼 공간에 존재하는 것은 아니다.

바로 이 두 행위에(이 행위로써 통합체와 연상군을 만든다) 결부되

---

28  남성 단수 grand[grã]/복수 grand[grã], 여성 단수 grande[grãd]/복수 grandes[grãd]이다.

는 것은,

　　유추이다 — 즉 유추창조 또는 유추혁신은 언제나 발생한다. 새로운 것이 나타나고, 결과적으로 이 유추는 변화이다. 이는 통시적인 것에 속하는 것 같지만, 실제로 공시/통시를 구별하는 것은 매우 어려운 문제이다. 물론 이는 정녕 공시적 현상이다. 유추현상은 어린아이가 사용하는데, 예컨대 아이는

[59]

| | | |
|---|---|---|
| viendra그는 올 것이다 | 대신에 | venira |
| meridialis남쪽의 | 대신에 | meridionalis |
| dites너희는 말한다 | 대신에 | disez |

라고 말한다. 이러한 언어사실이 출현하려면, 어떤 메커니즘이 필요한가? 언어는 언어를 전수받는 세대가 매 시기마다 해석하는 사상으로 간주된다. 사람들은 언어를 이전 세대가 해석한 것과 똑같이 해석하지 않는다. 유추형을 만들려면, 최초의 행위가 필요하다. 이 해석은 단위의 구별로 표현된다. 예컨대 접미사 ier가 있는데(prisonnier죄수), 과거에는 'gantier'(gant-ier)장갑 제조인라고 말했다. 오늘날 와서는 gant장갑는 없고, gan이 있다. 그래서 접미사를 tier로 생각하여 gan-tier로 분석하여 't'가 두

[60]

번째 단위 -ier로 이동한 것으로 간주했다. 이는 새로운 해석이다. 이제 와서는 이 〈새로운 두 번째 단위〉를 접미사로 적용하려고 시도한다. 예컨대 cloutier못 제조공는 유추로 만들어진 새로운 단어이다.R 이는 두 번째 해석 행위이다. 모든 종류의 단위 분포는 그 자체 내에 이 단위를 외적으로 적용할 가능성을 내포하고 있다. 유추현상은 이 단위를 적용한 것에 지나지 않는다(여기서 단위의 적극적 해석이 시작된다). entre quatre s yeux<sup>네 개의 눈 사이에</sup>라고들 한다. des yeux<sup>눈들</sup> 같은 통합체를 dé-syeux로 분석했기 때문이다.[29] 유추현상의 전체는 이미 새로운 형태 출현 이전에 완료되었다.

유추형 구성은 창조형과 비창조형의 두 특성을 갖는다. 요소들의 새로운 결합이라는 의미에서 창조이다. 창조가 아닌 것은, 이들 요소가 이미 준비되고 구성되어 있어야 하기 때문이다. 예컨대 프랑스어에서 흔히 'able'형의 형용사가 필요하고, 'dépistable'<sup>추적할 수 있는</sup>, 'entamable'<sup>시작할 수 있는R</sup>가 만들어진다. 이들 형태는 유추형이다. 모든 유추형은 4항 비례식으로 요약할 수 있다.

[61]

$$\frac{\text{aimer}}{\text{aimable}} = \frac{\text{entamer}}{\text{x}} \quad \text{(entamable)}$$

그러나 이 공식은 프랑스어의 내적 의식이 언어에서 끌어낸 것으로 귀착된다. 즉 -er는 -able로 교체할 수 있다는 것. 따라서 이 공식은 언어 분석을 함의한다. 그게 진실이라면, 유추형을 만들려면 단어를 분해해야 한다는 것을 가리킨다. 이 새로운 결합 단위는 창조형이지만, 결합 단위는 이미 언어에 있던 것이다. entam-able. 더욱이 이 창조는 변화가 아니다. finals 대신 finaux라고 말한다면,<sup>R</sup> 이것은 음성변화가 아니다. 〈음성〉변화는 반드시 대체형을 유도하거나 다른 형태를 파괴한다.

예컨대 독일어에서 ward<sup>되었다</sup>는 wurde와 공존한다. ward가 사라진

---

29  des yeux[dezjɸ]에서 복수의 리에종 형태에 영향을 받아 quatre yeux에서 s가 없으나 유추에 의해 [zjɸ]로 발음하는 현상이다.

다면, 그것은 wurde의 탄생과는 상관없는 일이다. 변화가 있다면, 그것은 언어 전체와 관련된다. 언어는 〈유추를 통해서만〉 풍요롭게 된다.

[62]      따라서 유추에 의한 창조형은 이러한 활동, 요컨대 해석 활동의 특정한 장章으로 출현한다. 언어는 자기 모습을 드러내면서 그 단위를 어떤 방식으로 새로이 분포시킨다. 이것이 유추창조형을 만든다.

단위의 해석과 분포. 언어의 공시태에 속하는 모든 것은(유추도 역시) 문법이란 용어로 압축된다. 이것은 가치를 작동시키는 체계에 아주 잘 적용된다. 고유한 의미의 역사문법이란 존재하지 않는다. 왜냐하면 어떤 가치체계도 여러 시기에 동시에 걸칠 수 없기 때문이다.


         문법적인 = 유의미한

         유의미한 = 기호체계에 속하는

         기호체계에 속하는 = 공시적인 (자동적으로)


공시태와 문법을 고려하는 동시에 문법의 하위구분을 고찰해야 한다. 어휘론, 통사론, 형태론은 아주 분명히 정의될 수 없다.

통합적 차이를 지닌 단어군과 연상적·심적 차이를 지닌 단어군이

[63]      있다. 그 차이는 두 방향에서 작동한다. 실제로 전통적인 구분을 불신하는 것은 과장된 행위이다. 문법의 하위구분에 적절한 조정이 없었고, 이 하위구분이 두 축상에서 조직될 때만 조정된다. 대분류도 공시 차원이나 연상 차원에서는 어떤 것에 대응하는 단편에 지나지 않는다. 이들의 연결고리가 없다. (공시태의 초기에) 하위구분의 방법은 언어의 현 시기에 있는 것이 무엇인가를 관찰하고, 언어가 인정하는 바를 비준하는 것이다. 이 방법은 요컨대 가이드로 사용되는 〈외적 관찰로 수정되는〉 내

적 관찰이다. 기존에 결정된 구분은 더욱더 간단한 방법으로 통제해야
한다.


## VI. 통시적 장 : 시간을 관통하는 언어관

여기에는 두 가지 관점이 있다. 1) 전망적(시간의 흐름을 뒤따라 가는)
관점, 2) 회고적(시간의 흐름을 거슬러 올라가는) 관점.

첫째 관점은 언어의 역사, 진화를 구성하는 모든 현상을 완전히 종
합한 것이다. 이 방식은 특히 이상적이어서 결코 적용할 수 없다. 여기
서 자료는 현재적 관찰이 아니라 일반적으로 간접적 자료 —— 문자 ——
[64] 이다. 이처럼 구상하는 역사를 구현하려면, 무수히 많은 텍스트가 필요
하다. 개별어, 예컨대 로망스어 같은 언어로는 역사 구축이 가능하다.

전망적 관점(서술 narration과 종합 synthèse)을 떠나 회고적 관점에 들어
서면, 방향 전환에서 생기는 틈이 있다. 통시언어학에서는 거의가 이 두
관점이 '종합'과 '분석'으로 서로 대립한다. 회고적 관점에서 어느 시기
에 멈춰 서서 고찰할 형태로부터 귀결되는 사항이 무엇인지를 묻지 않
고, 그것을 만들어 낸 이전 형태가 무엇인지 묻는다.

[65] 라틴어를 연구하려면 3세기부터 과거로 거슬러 올라가야 한다. 요
컨대 회고적 관점이 없는 언어분야는 없다.[30] 개별어가 완전히 고립되

---

30† 여기에서 줄 그어 삭제 : 지질학은 이 [.]에 대해 역사적 대상과 관련하여 우리가 처한 입지
를 환기시킨다. 지질학은 역사와 상태를 다루어야 할 것이다. 또한 필요한 요소는 (이하 누
락되어 있음).
　　이하 1909년 1월 21일 강의. 고델, 앞의 책, p.74 참조.

면, 그 언어의 과거에 대한 시각을 가질 수 없다(예컨대 바스크어). 그 반대로 반투어ᴿ는 재구를 할 수 있다.

음성학은 무엇보다도 통시언어학에 속한다. 공시음성학이란 없다. 음성학과 나란히 언어상태를 기술해야 한다. 음성학은 이 언어상태로부터 벗어난다. 우선 꽤 알려진 이전의 과거 상태와 관련해서 음성요소의 상황을 고려해야 한다. 이는 곧 한 언어상태에서 다른 상태로 바뀌는 통시적 전이를 결정하는 것이다.

[66]

femina<sup>여자</sup>    |     fenna

seminare<sup>생산하다</sup>    |     senå

문법가의 두 번째 역할은 선으로 나타낼 수 있다(공시적 선. 그러나 첫 번째 역할은 선들 사이의 통시적 화살표로 표시된다).

음성적인 것은 유의미한 것도 아니고, 문법적인 것도 아니다. 시간을 관통하면서 단위의 음성을 기술하려면, 이를 의미작용과 분리해야 한다. 따라서 음성학은 질료적 부분, 즉 음성만 고려한다. 그 외에도 음성학은 오직 통시적이다. 음성적인 모든 것은 문법적이 아니다. 통시적

[67] 장은 오직 음성학만을 포함하며, 통시적 장과 공시적 장에 속하는 질료들 사이의 대립이 즉각 분명하다. 즉 한편으로 통시적이고 비문법적인 것과, 다른 한편으로 공시적이고 문법적인 것의 대립이다.

그러나 음성적으로 고찰한 단어 외에도 단어의 의미작용이 변한

현상(시간을 관통하는 변화)도 있다. 또는 언어요소의 유추 발달과 같은 현상도 있다. 그래서 통시태와 공시태를 구별하기가 쉽지 않다.

많은 역사적 사실이 음성현상으로 해소된다.

'Springbrunnen'<sup>분수</sup>과 'Reitschule'<sup>승마학교</sup>, 이들 단어의 첫 항<sup>31</sup>은 동사적 개념이고, 문법적 현상이다. 그러나 역사적으로는 단지 고찰할 음성사실만이 있다.

'Beta hus'<sup>기도자의집</sup>는 음성적으로 'bet hus'로 귀결된다. 'bet'는 어근 'bet'<sup>빌다, 기도하다</sup>의 동사적 관념과 관련이 있을 수 있다. 이는 단지 음성적 사실이다. 라틴어 곡용을 대체한 방식은 격곡용이 거의 녹아 없어져서 [68] 유사하게 된 현상이라고들 한다.

많은 공시현상의 기원은 통시태에 의해 음성적인 것이 된다.

곡용의 역사는 동일한 차원에 속하지 않는 다수의 특수 현상으로 형성된다.

'prendre'['ai']는 'prendrai'<sup>나는 취할 것이다</sup>가 되었다. 그 형태 구성을 고찰하면 아주 다양한 사실이 있다.

[69]    두 개의 악센트가 하나의 악센트로 바뀌는 음성전이가 있다.<sup>R</sup>

문법현상이 역사를 갖는다는 점을 정당화하는 것같이 보이는 그 외의 나머지 사실들도 있다.

---

31  spring-과 reit-를 가리킨다.

# VII. 일반언어학 입문으로서
## 인도유럽어학 개관[R]

## 70

'인도유럽'이라는 이 용어만으로도 특히 역사의 개념, 통시언어학의 개념이 떠오른다. 하지만 그게 전부는 아니다. 학자들은 이 어족을 우선시하는데, 이는 꼭 타당한 것만은 아니다. 박식한 언어학자인 윌리엄 휘트니(『언어의 삶과 성장』, 프랑스어판)는 『동양언어학연구』에서 인도유럽어족에 속하는 부류의 언어들은 다른 어족보다 연구하기에 훨씬 더 적합하다고 말했다.[32] 하지만 그 후로 다른 어족, 예컨대 우랄알타이어의

연구도 발전했다는 점을 지적해야겠다. 우선 [인도]유럽어학이 확립한 원리들을 알아야 한다. 나아가 인도유럽어학은 여러 다른 언어학 가운데서 가장 전통이 오래되었고, 특히 그 연구의 틀은 그것이 그리 복잡하지 않은 다른 어족을 능가한다.

인도유럽어학은 다른 언어학보다 훨씬 복잡하고 더 다양하므로 선도적 지위를 차지한다. 통시적 사례로나 공시적 사례로 보면, 다른 어족보다 훨씬 더 많은 사례들을 보여 준다.

로망스어군은 그 일부 언어들이 기존에 알려진 공통 원형인 라틴어와 연결된다는 특성이 있다.[R] 이는 인도유럽어족의 게르만어파 언어에는 해당하지 않는다. 슬라브어군이나 체코어군은 알려진 원형이 없

다. 따라서 로망스어는 연구에 예외적으로 유리한 입장에 있으며, 확실한 언어사실을 최대한 많이 보유하고 있다. 이는 예외적인 경우이므로

---

32  세계의 6500~7000개 언어들 중 아직 어족 자체 구성 여부가 미결정되고, 어족 내의 언어 분류와 계통이 확립되지 않은 언어들이 많다.

제외해야 한다고들 생각했다. 학자들이 일반적으로 사용하는 방법, 즉 귀납법을 보여 주지 않기 때문이었다.

인도유럽언어학의 일반적 역사.

이는 두 시기로 나뉜다.

초기의 모색기는 아주 길다(60년. 1870 ~1875년까지)

〈인도유럽조어가 알려진〉 시기에는 새로운 연구 방향이 제시되었다.

첫 시기는 단지 화석과 같은 시기였지만, 그래도 교훈적이었다.

첫 번째 시기. 언어학의 기초는 1791년생인 프란츠 보프가 1816년 출간한 『그리스어, 라틴어, 페르시아어, 게르만어와 비교한 산스크리트어의 활용-체계』에서 기초를 닦았다. 프란츠 보프는 주로 파리에서 연구했다. 그가 이 저서에서 산스크리트어가 그리스어, 라틴어와 연관된다는 것을 지적한 것이 최초는 아니었지만, 이 사실은 그의 관심을 크게 끌었다.

산스크리트어, 그리스어, 라틴어 사이의 친근관계의 인식이란 관점에서 보면, 쾨르두<sup>R</sup>를 인용해야 한다. 그는 1767년 이후 바르텔레미 신부[.]의 권유로 논고를 한 편 작성했고, 여기서 "산스크리트어에 그리스어, 라틴어와 공통된 단어가 매우 많은 것은 어찌된 일인가?"라고 묻고 있다. '산스크리트어'는 장식적이고, 교양 있는 의례의 언어로서 '프라크리트어'와 대립한다. 따라서 그것은 구어로는 사용되지 않는 사어다. 1786년에 동양학자인 윌리엄 존스<sup>R</sup>가 콜카타에서 열린 아시아학회에서 "산스크리트어는 라틴어와 그리스어보다 구조가 더 완벽하지만, 〈이들〉과 친근관계가 있고, 이는 우연이라고만 볼 수 없습니다"라고 발표했다. 또한 요한 크리스토프 아들룽<sup>R</sup>도 인용해야 한다. 그의 『미트리다테스 또는 일반언어학』은 당시 알려진 지구상의 모든 언어를 기술한

[73]

저서이다. 이 책에서 산스크리트어는 단음절이 아닌 아시아 언어에 분류되어 있다. 이 저서는 1806년에 나왔다. 언어들 사이의 유사성이 확인되었지만, 단지 그뿐이었다. 보프는 언어들 사이의 유사성은 단지 역사가나 인종지학자만이 다루는 현상이 아니라, 언어학도 연구하고 분석할 수 있는 사실이라는 것을 최초로 증명해 보였다는 점에서 독창적인 인물이었다. 그의 공적은 유사한 두 언어를 연관짓는 관계는 연구할 소재라는 것을 착안한 점이다. 그는 언어에 대한 결론이 아니라 언어를 위한 결론을 끌어내었다. 언어의 형식 내에 그 무엇이 있고, 이를 밝혀 설명해야 한다는 견해를 피력했다. 보프에게 산스크리트어는 각별한 일종의 계시 같은 언어였다. 그는 비교문법의 영역을 정복했다. 산스크리트어가 없었더라면, 그는 이러한 경지에 그리 쉽사리 도달하지 못했을 것이다. 라틴어와 그리스어를 비교하는 데 산스크리트어는 각별히 유리한 입장에 있었다.

예를 들어,

| genus<sup>기원, 탄생</sup> | γενος | | ganas | |
|---|---|---|---|---|
| generis | γενεος | | ganas | as |
| generi | γενει | 처격 | ganas | i |
| generum | γενεων | | ganas | am |
| genera | γενεα | 처격 | ganas | su |

라틴어와 그리스어 두 언어를 산스크리트어와 비교하면, 이 단어의 분석선을 그을 수 있다.

그리하여 그리스어 s는 두 모음 사이에 있으면 상실되고, 라틴어 s

는 모음 사이에서 r로 변했다는 결론을 내릴 수 있었다. 또한 형태가 고정된 단위에 해당하는 어간에 대해서 보다 잘 알게 되었다. 그리고 그리스어는 어간 형태가 고정된 것으로 결론을 내릴 수 있다. 산스크리트어는 모든 형태에 s가 손상을 입지 않고 그대로 남아 있다.

[76]    1833년에 보프는 『비교문법』을 출간하기 시작했다. 그러는 도중에 다른 인도유럽어들이 발견되고 정체가 밝혀졌다. 젠드어는 뷔르누프<sup>R</sup> 이전에는 미지의 언어였다. 켈트어는 아주 나중에 가서야 뒤늦게 인도유럽어족으로 밝혀졌다. 보프는 자기 저서에 이를 포함시키지 못했다. 아돌프 픽테<sup>R</sup>는 켈트어를 연구한 최초의 언어학자 중 한 사람이었다. 그는 1837년에 『켈트어와 산스크리트어의 친근관계에 대한 논고』를 발표했다.

보프 이후 시대를 살펴보면, 야콥 그림<sup>R</sup>은 게르만어 연구의 기초를 닦은 학자였다. 1822년부터 1836년까지 『게르만어 문법』을 출간했다. 빌헬름 그림은 문헌학자로 문헌학 연구에 더 경도되었다. 야콥 그림은 특히 원시 게르만어에서 몇몇 자음이 변한 〈방식을 설명하는〉 법칙을 발견했다.<sup>R</sup>

흔히 보프를 비교문법의 창시자가 아니라고도 하고, 그림도 역사문법의 창시자가 아니라고 반대하기도 한다. 하지만 이는 그리 올바른 판단이 아니다. 그림은 훨씬 자연스럽게 역사언어학적인 주제를 연구했다.

[77]    그림은 말하길,

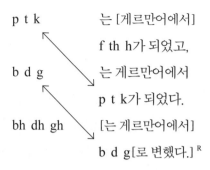

p t k      는 [게르만어에서]

f th h가 되었고,

b d g      는 게르만어에서

p t k가 되었다.

bh dh gh      [는 게르만어에서]

b d g[로 변했다.] [R]

어떤 자음이 소실되면, 이를 대체하기 위해 다른 자음이 필요하다!

또한 프리드리히 포트, 테오도르 벤파이(주 연구 분야는 인도학), 쿤(주요 [인도]유럽언어학 기관지를 창간), 아우프레히트도 언급해야 한다. 인도유럽언어학의 첫 시기 말엽에는 쿠르티우스, 막스 뮐러 같은 학자도 있었는데, 이들도 비교문법 연구에 큰 업적을 남겼다.[R]

[78]

쿠르티우스는 그리스학 연구자였다. 그는 문헌학과 비교문법을 조화시킨 최초의 언어학자 중 한 사람이었다. 보프 이후에는 아우구스트 슐라이허[R]가 차후의 비교문법 발달에 가장 중요한 인물이었다. 그는 보프가 구상한 비교문법을 체계화하고, 오늘날까지도 다소 만족스러운 전반적인 연구관을 추구했다.[33] 그는 비교문법의 일반화와 체계화를 시도했다. 슐라이허의 『비교문법 요강』은 보프가 이룩한 성과와, 보프 이후에 축적된 성과를 체계화했다. 그는 언어 연구에 엄청나게 혁혁한 공적을 세웠다. 그는 후속 세대의 언어학자들을 선도하는 선구자였다. 슐라이허는 일반언어학의 문제를 다루지는 않았지만, 축적된 결과를 틀을 갖춰 체계화하려고 했다. 이 형식화 덕택에 그는 학자들의 견해를

[79]

---

33† 리들링제와 콩스탕탱은 일치한다: 오늘날 이 견해는 더 이상 만족스럽지 않다(콩스탕탱).

보다 정확히 규명할 수 있었다.

이 시기(1816~1875)의 인도유럽언어학의 주요한 결점은 무엇인가? 보프에서 슐라이허까지 모든 언어학자는 헛된, 흔히는 잘못된 견해를 가졌다. 이 시기의 인도유럽어 연구를 개관하려는 연구자를 방해하는 것이 있었다. 첫 번째 잘못은 표면적이지만, 산스크리트어의 지위를 지나치게 과장한 것이었다. 이로 인해 산스크리트어가 인도유럽조어에 대한 개념을 바꿀 정도였다. 예컨대 산스크리트어가 다른 인도유럽어의 맏형이라고들 생각했다. 또 다른 잘못은 언어의 고어성〈의 의미에 대한 개념이〉 모호했다는 점이다. 고어성의 의미를 세 가지 방식으로 이해할 수 있다.[34]

[80] '모든 언어가 똑같이 오래되었다', 우리가 근세에 와서 아는 언어도 포함해서. 왜냐하면 언어는 언제나 전날 말해진[35] 바를 계승한 것이기 때문이다. 언어에는 지속성만 있지 세대는 없다. 프랑스어는 라틴어의 자식이 아니다.

a) 그러므로 고어성이란 없다. 직계언어와 방계언어를 구별해야 한다. 고대 슬라브어는 10세기 이후 알려진 언어이고, 리투아니아어는 고작 16세기〈에 발견된 언어상태이다〉.

b) 더 오랜 옛 시기에 발견된 언어상태

c) 더 고어적 형태로 남아 있는 언어상태. 이 의미라면 리투아니아어는 라틴어보다 더 고어적이다. 산스크리트어는 이 마지막 두 의미를 다 지닌다. 가장 오래전에 알려진 언어이며, 고어적 특징 전체를 보더라도 다

---

34† 그 위에 적힌 글: 산스크리트어가 가장 오랜 옛 언어라고 생각했다.
35† 수고: 일어난. 리들링제를 따라 추론.

## 81

른 인도유럽어보다 훨씬 더 고어적이다. 이러한 이유로 이 언어는 다른 인도유럽어보다 시기가 매우 앞선 것으로 생각되었다. 그리하여 학자들은 언제나 최우선적으로 산스크리트어를 고려했고, 이는 다른 인도유럽어 연구에 빛을 던져 주기도 했지만, 어둠도 던져 주었다. 아돌프 픽테의 『기원』을 읽어 보면, 그는 산스크리트어와 다른 인도유럽어가 존재했다는 것을 이해했지만, 주로 산스크리트어를 기점으로 삼았다.

훨씬 더 일반적인 또 다른 오류가 있다. 학자들은 초기의 언어학이 역사언어학이 아니라 비교언어학이어서 반대했다. 초기의 언어학은 전혀 역사적인 것이 아니었다는 것이다. 언어사를 구축하려면 언어를 비교해야 하지만, 비교만 해서는 안 된다.

역사적인 결론을 피하기 위해 비교를 잘못했다. 예컨대 슐라이허는 o, e가 예컨대 γουυ, genu처럼 두 계제$^R$를 갖는다고 하였다. 그는 산스크리트어 gāna와 găna의 격이 동일한 것으로 보았다. 그것이 사실일 수도 있지만, 그는 두 계제가 있다고 하고는 산스크리트어에서는 ā와 ă로 나타나고, 그리스어와 라틴어에서는 o와 e로 나타난다고 했다. 이는 역사적인 것이 아니라 비교였다.

## 82

세 번째 오류는 실제 언어사실에 부응하지 않는 모든 관념은 당시 순전히 이 비교 방법의 결과로 존재했다는 것이다. 예컨대 보프는 모음의 단계계제가 있고, 이 계제에서 a는 —비질료적이다— 최고 계제의 우세성을 가졌기에, 이로부터 다른 많은 사실이 유래한다는 것이다. 산스크리트어에는 a가 여럿 있는데, 아직 그 모음들은 계제가 낮아지지 않았다는 것이다.

4) 언어학은 문자로부터 완전하게 벗어나지 못했으며, 언어학은 문자로 기록된 것과 말로 발화된 것을 혼동했다는 것이다. 문자를 언어현상

과 관련해서 고찰하면, 문자는 그것이 정확하더라도 무無이며, 이는 마
치 사진이 연구 대상을 대체할 수 없는 것처럼, 이 연구 대상인 언어의

[83]  단순한 문자기록 자료에 지나지 않는다는 것이다. 그렇지만 문자는 많
은 언어를 알 수 있는 유일한 수단이다. 그래서 이 오류는 변명의 여지
가 있다. 단지 구어(언어학의 대상)와 문어(보통은 부정확한 문서자료)를
엄밀히 구별하는 것이 중차대함을 아주 조금씩 점차 알게 되었다. 예컨
대 선사 라틴어에는 f처럼 발음되는 철자 β가 있었다. 그래서 다음 관계
가 성립된다.

$$p = f$$
$$t = \beta$$

‘이 β는 영어의 th이다’〈라고들 한다〉. 하지만 th는 두 글자로 된 문자로,
두 단위로 구성되어 있다. 이 설명을 이용하면 잘못이다. 왜냐하면 이
두 글자로 된 문자는 그러한 음성에 대한 관념을 혼란에 쉽게 빠뜨리기
에 충분하기 때문이다. 즉 이 β에 기음이 있다고 결론을 내릴 수도 있다.

[84]      우리가 연구하려는 이 대상언어의 성질이 무엇인지를 탐구하지 않
았다. 문자로부터 벗어나기란 매우 어렵다. 거의 본능적으로 문자 뒤로
숨기도 한다. (마치 수영하는 사람에게서 구명조끼를 벗겨 내듯이) 사고
에서 문자를 제거하면(그래야만 한다), 즉각 분간하기 꽤 어려운 덩어리
이외는 보지 못한다. 더 진전하려면 다시 노력해야 하고, 인공적인 것문
자을 대체하는 자연적인 것발화이 필요하다. 이는 쉬운 일이 아니다. 우선
음성을 보는 데 길들여져 있으므로 음운론의 몇몇 새로운 개념이 필요
했다. 최초의 언어학에서는 문자를 추방한다는 것이 발판을 잃는 것이

[85] 었다. 더욱이 문자는 고정된 것이라는 인상을 주며, 시간을 관통하여 단위를 만들어 낸다. 이런 측면에서도 대비가 있어야 했다. 짧은 언어사를 통해서나마 언어학자는 준비가 필요했고, 이 고정된 문자란 단지 피상적인 것이라는 점을 지적해야 했다. 문자는 작위적 단위이다. 발음은 한 가지 이해 방식이므로 문자는 사진이 골상을 연구하는 것처럼 개입할 뿐이다. 발화된 단어는 문자로 기록된 단어로부터 그 존재를 획득하는 것은 아니다. 이 점에 주목해야 한다.

[86] 또 다른 오류로, 언어가 끊임없이 혁신되는 현상의 국면에 관심을 기울이지 않았다. 언어는 끊임없이 창조되는데, 즉 유추현상이다. 그런데 학자들은 '잘못된 유추'만 얘기해 왔다. 원시상태에서 벗어나는 모든 것은 틀린 것으로〈만〉 간주했다.

음성학과 유추를 제대로 고찰하지 못했다.

6) 방법의 부재

[87] 7) 인도유럽어파 중 가장 오래전에 알려진 개별 특유어를 전체 어군을 충분히 대치할 수 있거나 대치한 언어처럼 생각했다. 예컨대 게르만어 대신에 고트어를 가지고, 이를 다른 모든 게르만어 방언의 원형으로 생각했다. 문자로 고정된 두 언어형태가 상호 간에 수직적인 관계를 갖는 경우는 희귀하다. 두 개의 다른 방언과 거의 동 시기에 두 시기를 분리하기는 어렵기 때문이다. 예컨대 라틴어와 로망스어인데,

[88]
라틴어
|
프랑스어

이는 희귀한 사례이다. 흔히는 다음과 같다.

_____A ____
(고트어)

_____B_____    이들은 수직선상에
(고대 독일어)      있지 않다.

D_C_____
(고대 색슨어)

원시형 X를 향해 수렴이 필요하다. X는 A보다 더 원시적이다.

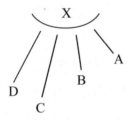

[89]  8) 엄밀한 의미의 언어를 벗어난 아주 광범위한 야심. 언어는 역사적 정
보의 마르지 않는 원천으로 생각되었다.

[두 번째 노트의 시작][36]

　　아돌프 픽테는 『인도유럽족의 기원』(1859~63)(2판, 파리, 전 3권)으
로 이름을 날렸다. 이 저서는 아주 흥미진진하고, 이런 유형의 연구 가

36† p.89의 상단에 :　　　　　　　'일반언어학(계속)'
　　　　　　　　　인도유럽언어학(계속)
　　　　　　　　인도유럽언어학의 역사(계속)

운데 가장 전형적이다. 그 목적은 인도유럽족의 원시문명의 공통 요소를 재구하고, 그 최초의 고향을 찾아내는 것이었다(그는 그곳이 박트리아 지방<sup>R</sup>이라고 생각했다). 그는 '언어 선사고생물학'<sup>R</sup>이란 분야를 창안했다. 그의 저서는 오늘날 상당히 오래된 것이지만, 여전히 주목할 만한 것이 있다. 이런 유형의 언어학 응용은 픽테의 저서가 그 모델이다. 또한 유럽족의 원시종교를 탐구하기도 했다(아달베르트 쿤)<sup>R</sup>. 이러한 적

[90] 용도 가능한가?<sup>37</sup>

언어는 문명의 증거로 이용될 수 있다. 어떤 경우에는 반드시 그렇다. 예컨대 사비나족은 라틴족과 뿌리가 같은가? 네 계통의 에트루리아족은 이 민족이 라틴족과 기원이 다른 것이라고 확증시켜 준다. 이는 확실한 사례이다. 이 언어 선사고생물학은 민족의 과거가 무엇이었는지를 탐구하지만, 언어는 이 문제에서 그리 유용하지 않다. 왜냐하면 1) 불확실한 어원 때문이다. 예컨대 servus<sup>노예</sup>는 servare<sup>지키다</sup>에서 유래하며, 처음에는 노예가 경비를 했다고 한다. 하지만 servus가 정말 servare에서 유래하고, servare가 원래부터 '지키다'를 가리켰는가? 2) 민족의 거주지가 바뀌면 단어의 의미가 변하는 경우는 빈번하다(표범을 대체하는 동물을 '고양이'라 부를 가능성도 있다). 3) 어떤 행위를 가리키는 단어가 없는 경우, 이 언어의 침묵은 결정적인 증거인가? 어떤 세부사항도 거

[91] 의 확정할 수 없지만, 전반적인 개요는 언어를 통해 문명 내에서 확정된다. 4) 차용어의 문제. 사물은 그 명칭과 함께 이동한다.

1875년 이후에 언어학의 새로운 방향 전환이 일어났다. 소장문법파 경향이다. 당시 선호되던 고전문헌학에는 언어학 이외의 다른 방법

---

37† 리들링제와 고티에 : 받아들일 수 있는가.

이 요구되었다. 이 고전문헌학은 그렇게 과학적인 기반을 제공하지 못했기 때문이다. 원래는 수학자였던 휘트니는 이 새로운 연구 경향을 지지했다. 로망스어와 게르만어 문헌학자들은 인도유럽언어학보다 더욱 구체적인 사실을 많이 제시했다. 카를 브루크만, 헤르만 오스토프, 빌헬름 브라우네, 에두아르트 지페르스, 헤르만 파울, 레스키엔 등은 라이프치히대학과 예나대학에서 이 새로운 학풍의 전면에 나섰고, 쿠르티우스, 빌헬름 셰러, 요하네스 슈미트가 있던 베를린대학과 괴팅엔대학에 반기를 들었다.[R]

    1) 〈유일한〉 비교방법 대신에 이들이 인정하는 유일한 관점으로서 역사적 관점이 확립되었다. 각 언어는 유형이 영원하며, 누구도 원시형을 알지 못한다고 생각되었다. $f = \theta$는 단순한 비교이다. $f$와 $\theta$는 인도유럽조어 $dh$와 연관되는데, 이런 관계는 역사이다. 2) 언어는 일종의 식생처럼 발달한다는 견해와 단절했다. 언어는 (집단적인) 인간 마음의 산물로 인정되었다. [더욱이 이는] 모호하고 잘못된 언어모습에 사로잡힌 관념을 가능하면 적게 보여 주었다. 3) 이들은 언어는 사회의 항구적이고 지속적인 작품이라는 점을 인정했다. 언어는 언제나 작동한다. 이 작동원리는 유추이며, 이를 타당하고 보편적인 것[으로] 인정했다. 유추와 음성학에 대해 논란이 많았다. 언어는 유추현상으로 가득 차 있다.

음성법칙의 절대성을 확증했다. 쿠르티우스〈와 다른 베를린대학 학자들〉은 이 두 현상을 부인했다. 4) 음운론에 대한 보다 더 엄밀한 연구를 통해 기록된 단어 단위로부터 벗어났다. 문자는 언어에 대한 증거에 지나지 않으므로. 5) 언어현상에 대한 새로운 견해를 표명했다. 무엇보다도 산스크리트어의 특권적 지위가 박탈되었다.

# VIII. 인도유럽언어학에 대한 일반적 개요

카를 브루크만의 『개요』ᴿ, 앙투안 메이예ᴿ의 『입문』, 헤르만 히르트의 『인도게르만인』ᴿ에서 언어학은 오히려 뒷배경에 밀려 있다.

(인도게르만 = 인도유럽). '아리아족' 같은 용어를 사용할 수 있는데, 이 용어는 〈오늘날〉 힌두족과 이란족만 가리킨다. 힌두인에게 'Âryas'는 우리 유럽어와 관계 있는 힌두어를 말하는 자들이고, 'Anaryas'는 우리 언어와 관계 있는 힌두어를 말하지 않는 자들이다. 이란인에게도 이와 같은 단어가 있다. airya이다(airyânâm에서 나왔고, ērān(iran)이 되었다). 〈인도유럽이란 용어는 잘못 선택한 용어이다. 아리아유럽이라고 해야 한다. 힌두족에게 '아리아'가 우리 유럽어와 관계 있는 힌두어를 말하는 자들을 가리키기 때문이다.〉

인도유럽제어는 지리적으로 아일랜드에서 아르메니아를 거쳐 인도에 이르는 권역을 포괄하고 있다. 그 역사에서 지리적 연쇄가 단절된 곳은 없다. 그러나 어느 시기에는

와 같은 어군이 생겨났고, 또 다른 시기에는

와 같은 어군이 생겨났다. 예컨대 오늘날 일리리아어와 트라키아어는 슬라브어로 교체되었고, 베네치아어와 움브리아어는 이탈리아어로 교

[97]  체되었다. 이와 같은 <u>언어연쇄는 네 가지 문제를 제기했다</u>(과거의 언어
학에서는 이 모두가 하나의 문제로 귀결되었는데, 바로 네 번째 문제였다).

1) 인도유럽 개별어의 차이

2) 인도유럽 개별어의 원고향

3) 결정적인 지리적 확장

4) 이 세 가지가 귀결되는 <u>민족이동</u>

언어의 차이는 공간상의 이동을 전제할 수 있다. 언어가 차이 나려
면, 언어는 이동해야 한다고들 생각했다. 전체 인도유럽어족은 거대한
분봉으로 표상되었다. 민족의 수만큼 분봉의 수도 많았다. 이러한 인도
유럽족의 분산은 틀림없이 아시아에서 시작된 것으로 생각되었다.[38] 그
래서 이 민족이 서쪽을 향해 이주한 것으로 생각되었다.

이주의 출발을 이렇게 가정한 것은 너무 순진한 것으로 생각되기
도 했다. 이러한 사항을 재고해야 한다.

개별 특유어의 차이.

언어의 다양성. 언어의 기원이 하나라고 생각하면, 언어이동을 상
정하고, 따라서 〈1)〉 민족이동을 전제로 한다. 2) 그 원거주지에서 <u>방언</u>
<u>으로의 분지는 고려하지 않았다.</u> 이 후자의 견해는 전자만큼이나 중요

[98]  하다. 이러한 두 가지 별개의 역사적 요인들이 상호작용했다.

민족 거주지의 현장에서 언어가 자체적으로 분열한다는 원리는 아
주 주기적으로 나타난다.

---

38 콜린 랜프류, 『언어고고학』 참조.

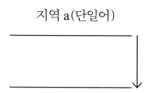

지역 a(단일어)

지역 a는 시간이 지나면 지역 b가 되지만, 더 나아가면 이 지역은 다언어가 되기도 한다. 결과적으로 다수의 b에 이르게 된다.

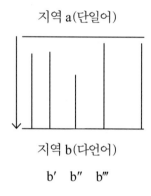

지역 a(단일어)

지역 b(다언어)

b′  b″  b‴

[99] 시기 a에 이탈리아반도는 라틴어가 지배했다. 시기 b에 이 라틴어는 변화했〈지만〉 반도의 북부에서 남부까지 똑같은 정도로 변화한 것은 아니었다. 여러 방언이 분화되었다. 이 방언의 분화 차이가 커져 분화 정도가 심화되면, 더 이상 여러 방언이 아닌 다른 언어를 말하게 된다.

슈미트는 언어분화에 대한 견해(1877)를 발표했다.[39] 그는 인도유

---

39 『인도게르만어의 친근관계』를 가리킨다. 인도유럽조어의 상태에서 이미 켄툼과 사템의 방언분화가 있었던 것으로 추정한다.

럽조어의 분화를 현장에서 일어난 방언분화의 결과로 표현했고, 적어
도 방언분화가 민족의 대이동을 함의하는 것은 아니라고 주장했다.

[100]　　　그러나 이 거주 현지에서의 방언분화는 공간상의 언어 연속성과
관련된 현상의 한 측면에 불과하다.

공간 지속성은 방언분화를 막지 못한다. 방언은 현지에서도 분화
하지만, 이 분화의 다양성을 완화시킨다. 방언들의 전이 단계가 있어서
그 차이를 거의 감지하지 못하기 때문이다.

친근관계의 문제는 계통수의 모습을 보이는데, 이 계통수는 민족
이주 개념과 잘 조화된다.

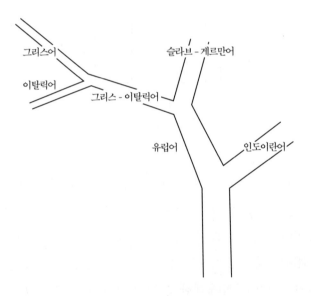

지리적 이주설에서, 이 계통수는 공통의 겹치는 영토 블록으로 교체된
다. 그래서 가장 유사하지 않은 언어들(가장 친족관계가 없는 언어들)은
지도상에서 가장 거리가 멀리 떨어진 언어들이다. 계통수와 지리적 블

록을 구별하는 가장 중요한 지점은 <u>전체 공동체가 분리된 시기 이후에도 이들 공동체는 계속 확장하며, 이는 계통수로는 설명이 불가능하다</u>는 것이다. 계통수의 공통의 줄기는 곧 공통의 시기이기 때문이다. 계통수에서는 언어의 차이가 출현하자마자 언어접촉의 가능성을 전혀 생각하지 않는다. 이와 반대로 지리적 블록에서는 언어접촉이 여전히 계속 이루어진다. 언어의 다양성이 매우 크게 되어도, 언어접촉을 단절시키는 데까지는 이르지 못한다.

[101]

블록 A

블록 B

블록 C

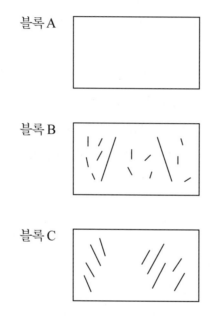

[102]  이 문제를 깊이 파고 들어가면, 방언분화와 분화도가 언제나 불규칙한 현상으로 표현된다는 사실을 관찰하게 된다. 이 방언 차이는 점차 커진다. <u>언어지도를 그려 보면, 방언이 아니라 언어현상을 다루는 것임을 알 수 있다.</u>

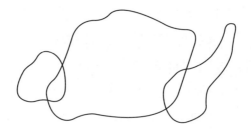

방언들은 서로 침투할 수 있고, 따라서 방언 특성만 조사하게 되고, 이 방언 특성의 조사를 통해 지리적 경계선을 긋는다. 예컨대 a가 e로 발음되는 모든 지역을 선으로 연결한다(이 〈방언〉 특성들이 서로 교차한다는 조건에서).

[103] 

〈방언이〉 극심하게 분화된다 하더라도 어떤 현상은 영토 전체에 널리 확산된다. 그렇다고 해서 방언 접촉이 없는 것은 아니며, 이 접촉을 통해 어느 시기에 전 지역에 변화가 일어날 수 있다. 따라서 다수의 방언을 포괄하는 현상은 원초적인 것이 아니라 차후에 일어난 것일 수 있다.

'파상설' ── 지리설

인도유럽어에 이 원리를 적용해 보면, 결과적으로 장거리 이동에는 민족 이주가 필요하고, 그 결과 우리가 살펴본 사태가 발생하는 것으로 생각하면 안 된다. 사람들은 인도유럽족이 유럽대륙에 들어오기 전에 유럽에는 사람들이 살지 않았다고 생각했던 것이다.

[104] 

사람들의 군집이 상대적으로 움직이지 않았음을 확인할 수 있다.

예컨대 동부의 언어들 전체에는 공통된 특징이 있다. 인도유럽조어의 동부 전 지역이 서부와 대립하는 것은 구개음 때문인데, 이 구개음이 동부 전 지역에서는 마찰음으로 변했다. 이 변화는 지리적 특성으

로서 〈원시적인 최초의 지리적 연속성,〉 즉 인도유럽 집단의 상대적인 비이동성을 증거한다. 예컨대

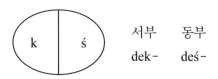

서부　동부

dek-　deś-

인도유럽의 동부는 지리적 영역이 상당히 광활하다. 또 다른 사실로, 인도이란어에서는 a, e, o 세 모음의 음색이 단 하나의 음색 a로 바뀌었다. 그러나 슬라브어와 게르만어에서는 a와 o가 뒤섞였다.

인도이란어:　a　　　　슬라브-게르만어:　a (o)

[105]　또한 슬라브어와 게르만어는 복수 여격의 어미가 m인데, 다른 언어들은 b(us)이다.

　　이 지리설, 즉 '파상설'은 많은 사실을 설명해 주지만, 어족의 차이와 일치하는 지리적 위치는 역사적 중심부가 원시언어의 중심부라는 견해를 지지한다. 히르트도 역시 최초의 근거지는 하르츠산맥과 비스[106]　와강 사이라고 생각했다. 그는 언어 외적 사실을 중시했다. 언어 확산의 중심부와 이동이란 개념은 이주와 이동 개념을 배제하지 않는다. 하지만 그것은 오히려 확산 이동이라 할 수 있다.

　　〈오래전부터〉 정착한 인도유럽족은 어떤 종족인가? 정착한 인도유럽족은 거의 없다. 거의 전 지역에서 확산 이동이 관찰된다. 힌두아리

아족은 여전히 펀자브 지방에 있지만, 힌두어파의 확산은 역사시기 이후에 일어났다. 켈트족은 기원전 5세기에 그 근거지가 어느 지방에 있었는지 정확히 확정할 수 없다. 이들은 다뉴브 강안으로 침입했고, 그리스로 침입해 들어갔다. 게르만족은 114년 이후에야 알려졌고(킴브리족과 튜턴족의 침입), 3세기에 게르마니아는 라인강뿐만 아니라 흑해 연안까지 뻗어나갔다. 그리하여 이 〈민족〉분파는 이동집단이라는 인상을 준다. 인도유럽의 이탈리아족은 오랜 과거로 거슬러 올라가지만, 이탈리아반도에는 처음에는 극소수의 종족만 들어왔다. 그리스인은 가장 안정된 민족이었고, 프리기아족과 관계 있는 트라키아족, 트로이족이 각각 정착했다. 기원전 1500년경에 (메소포타미아 북부의) 미탄니왕국[R]

[107]    이 있었다. 인도유럽족이 고착적이라는 견해에 따르면, 원시의 최초 중앙부는 오히려 발칸 북부일 것이다. 이러한 민족의 띠가 프리기아와 연결되고, 아르메니아, 쿠르디스탄, 미탄니왕국으로 이어진다.

어느 민족이 인도유럽어를 사용한다는 것은 이 민족이 인도유럽족이라는 것을 가리킨다고들 하지만, 이를 위해서는 언어현상 이외의 다른 사실(인류학)도 고려해야 한다. 언어와 인종을 대비하기 전에 언어와 민족을 대비해야 한다. 지배 민족은 언어를 흡수하거나 흡수하게 만든다. 영국은 앵글로색슨족의 정복[R]으로 인해 언어를 추방당한 희생양이

[108]    었다. 영국에서는 앵글로색슨어 외에도 프랑스어가 사용되었다. 핀란드에서는 오늘날 어떤 언어가 사용되는가? 핀란드어인가? 스웨덴어? 러시아어? 대부분의 민중 집단에게 그러한 어파는 타지에서 들어온 종족을 나타낸다는 것은 알려진 사실이다. 불가리아인은 타타르족이다. 때로 언어와 인종은 대립하기도 하고 일치하기도 한다. 흔히 동일 민족에게서 여러 언어가 공존하기도 한다. 언어는 인종을 나타내 주는가?

이 질문은 해결할 수 없다. 조사하고 검토할 사항들이 너무나 많기 때문이다.

# 찾아보기

지은이 페르디낭 드 소쉬르(Ferdinand de Saussure, 1857~1913)

1857년 11월 26일에 스위스 제네바에서 태어나 1913년 2월 22일에 운명을 달리했다. 1876~1878년에 19세기 역사비교언어학을 주도한 라이프치히대학에서 수학했으며, 21세 나이에 인도유럽어 연구의 백미라고 할 수 있는 「인도유럽어 원시 모음 체계에 관한 논고」(1878)를 발표했다. 이후 파리 고등연구원에서 10년 동안 게르만어 비교문법, 그리스어와 라틴어 비교문법을 강의한 후, 모교 제네바대학교로 돌아가 1891년 인도유럽어 비교역사언어학과 산스크리트어 교수로 임명된다. 1896~1913년 동안 그리스어, 라틴어, 산스크리트어 비교역사문법, 게르만어 비교문법, 니벨룽겐을 강의했으며, 게르만 전설을 연구했다. 이 기간 동안 과학으로서 일반언어학의 근본적인 문제를 다룬 '일반언어학 강의'를 3차에 걸쳐 했다. 1907년 1차 강의, 1908~1909년에 2차 강의, 1910~1911년에 3차 강의를 했다.

20세기 현대 언어학의 이론적 토대를 수립하고 기호학이라는 새로운 학문의 가능성을 주창한 천재 언어학자이자 구조주의의 원류로 평가받으며, 루이 알튀세르, 롤랑 바르트, 조르주 바타유, 장 보드리야르, 피에르 부르디외, 자크 데리다, 미셸 푸코, 자크 라캉, 모리스 메를로-퐁티, 레비스트로스 등 20세기 사상 지형에 지대한 영향력을 행사한 독창적 사상가로도 자리매김하고 있다.


옮긴이 김현권

1975년에 서울대 문리대 언어학과를 졸업하고, 동 대학원에서 문학 석박사과정을 마쳤다. 파리7대학(DEA)에서 수학한 바 있으며 2002년에는 초빙교수로서 파리13대학 전산언어학연구소에서 연구했다. 한국언어학회장을 역임하기도 했으며 현재 한국방송통신대학 명예교수로 일하고 있다. 역서로는 소쉬르의 『일반언어학 강의』와 『일반언어학 노트』, 벵베니스트의 『일반언어학의 여러 문제 1, 2』와 『인도유럽사회의 제도·문화 어휘 연구 1, 2』, 『마지막 강의』, 바르트부르크의 『프랑스어 발달사』, 로지의 『프랑스어 사회언어학사』, 렌프류의 『언어고고학』 등이 있고, 「소쉬르와 역사언어학의 전통」, 「동사의 다의와 전자사전에서의 표상」, 「소쉬르의 『인도유럽어 원시 모음체계 논고』와 『일반언어학 강의』의 방법론적 비교」, 「소쉬르의 《일반언어학강의》와 《제3차 강의노트》의 비교」 등 다수의 논문들을 발표했다. 또한 방송대학 대학원(아프리카 불어권 언어문화학과)에 있으면서 『아프리카 지정학』, 『아프리카 아이덴티티: 2,000개의 언어를 둘러싼 발전과 통합의 과제』, 『한 권으로 읽는 아프리카』를 번역 출간했다.